성령 운동의 발자취 : 하나님의성회 교회사

성령 운동의 발자취:하나님의성회 교회사

이영훈 지음

초판 1쇄 발행 2014년 9월 5일
초판 4쇄 발행 2015년 4월 1일

발행처 서울말씀사
편집인 김호성
등 록 제11-105호

서울 강서구 허준로 217 가양테크노타운 306
Tel. 02-846-9222
Fax. 02-846-9225

하나님의성회 교회사

성령 운동의 발자취

이영훈 지음

서울말씀사

추천사

기독교대한하나님의성회(기하성)는 초대 교회의 성령 강림 사건을 오늘날도 힘차게 증거하는 대표적인 오순절 교단으로서 성령 운동을 펼치는 교회들을 이끌어 왔습니다. 지금도 기하성의 성령 운동을 체험하며 배우고자 하는 많은 목회자들과 성도들이 세계 각국에서 해마다 한국을 찾아오고 있습니다. 기하성의 이러한 성장과 발전은 오직 하나님의 은혜로 가능했던 일입니다.

『성령 운동의 발자취 : 하나님의성회 교회사』는 미약하게 시작된 교단을 창대하게 만드신 성령의 역사를 되돌아보고자 기독교대한하나님의성회(여의도순복음) 총회장이자 여의도순복음교회 담임목사인 이영훈 목사가 펴낸 역작입니다. 이 책의 출간을 통하여 기하성을 사용하여 놀라운 일들을 행하신 하나님께서 영광 받으시기를 기도합니다. 나아가서 이 교단사를 접하는 많은 주의

종들과 신학생들, 성도님들이 도전을 받고 성령의 역사에 동참하게 되기를 바랍니다. 뿐만 아니라 본 교단의 역사를 본격적으로 연구한 이 책이 시발점이 되어 기하성의 역사, 나아가 오순절 운동의 역사에 대한 더욱 심도 있는 연구들이 많이 나오게 되기를 소원합니다.

모든 교회와 교단을 향한 하나님의 뜻은 분명합니다. 하나님의 뜻은 예수님께서 승천하실 때 말씀하신 것과 같이 모든 교회와 교단들이 성령의 권능을 받아 땅 끝까지 가서 복음을 증거하는 것입니다. 이 일을 위해 교회가 세워졌고 지금도 박해를 견디며 복음 증거에 힘쓰고 있습니다. 우리는 앞으로도 주님의 명령과 약속에 따라 믿음으로 인내하고 사랑의 수고를 해야 합니다. 이제까지 일어났던 성령의 역사보다 더 크고 위대한 성령의 역사가 앞으로 기하성을 비롯한 모든 교단에서 일어나길 기도합니다. 이 책이 새로운 성령 운동의 불씨가 되길 기원합니다.

2014년 9월
여의도순복음교회 원로목사
조용기

머리말

교회는 오순절 성령의 강림으로 시작되었고, 부흥했으며 발전했습니다. 오순절 성령의 강림으로 초대 교회가 시작되었고, 종교개혁이라는 성령의 역사로 인해 부패와 타락이 극심했던 중세 시대의 교회가 새로워졌습니다. 교회가 신앙의 생명력을 잃어버릴 위기에 처할 때마다 성령은 새로운 부으심을 통해 교회를 붙들어 주시고 능력을 부여받은 복음의 증인들을 일으켜 주셨습니다. 특히 20세기 초에 시작된 오순절 운동은 교회사에서 그 유례를 찾아 볼 수 없는 하나님 나라의 확장과 교회의 부흥을 이끌었습니다. 성령의 역사로 인해 한국 기독교와 기독교대한하나님의성회는 짧은 역사에도 불구하고 눈부신 성장을 이룰 수 있었습니다.

이제 세계 하나님의성회 교단의 역사는 백주년을 맞았으며 기독교대한하나님의성회도 창립 이후 60년이 지났습니다. 그간의 역사를 돌아보고 성령의 발자취를 건실한 기록으로 남겨야 할 때입니다. 이번에, 교단의 지나온 날들을 새롭게 돌아보고, 아울러 이전의 역사서 출간 이후 오늘날까지 하나님의성회 교단을 통해 계속된 성령의 역사를 담기 위해서 『성령 운동의 발자취 : 하나님의성회 교회사』를 집필하게 되었습니다. 본서는 기독교대한하나님의성회(여의도순복음)의 역사를 중점적으로 다루면서도 현대 오순절 운동의 태동과 확산, 미국 하나님의성회의 설립과 발전, 그리고 '하나님의성회'라는 동질적 성격을 가진 한국 오순절 운동사의 여러 줄기들을 담아내고 있습니다.

『성령 운동의 발자취 : 하나님의성회 교회사』가 현대 오순절 운동과 하나님의성회의 역사와 발전을 이해하고 연구하는 일에 도움이 되기를 바라며, 기독교대한하나님의성회와 동행하시며 부흥과 발전을 주신 하나님의 은혜에 감사를 드립니다.

2014년 9월
기독교대한하나님의성회(여의도순복음) 총회장
여의도순복음교회 담임목사
이영훈

차례

2부 기독교대한하나님의성회의 창립과 초기 역사 • 113

2013년, 기독교대한하나님의성회는 창립 60주년을 맞았다. 지난 60년간 기독교대한하나님의성회는 한국 교회에 오순절 운동을 확산시키는 데 지대한 공헌을 해 왔다. 또한 그간 오순절 운동은 한국 교회 일반의 신앙적 특징을 형성하는 중요한 요인으로 작용해 왔다. 세계에 널리 알려진 한국 교회의 특징들인 영적 부흥과 갱신, 뜨거운 기도와 신유 운동, 비약적인 교회 성장 등은 기독교대한하나님의성회를 비롯한 오순절 운동 교단들의 특징들이기도 하다.

서론

본서의 목적은 기독교대한하나님의성회(여의도순복음)의 역사를 기술하는 것이다. 그런데 기독교대한하나님의성회의 역사는 세계 오순절 운동의 역사, 특히 미국 하나님의성회의 역사와 밀접하게 연관되어 있다. 따라서 본서는 먼저 20세기 초반에 시작된 오순절 운동의 전개, 미국 하나님의성회의 역사, 그리고 각국의 하나님의성회의 현황을 개괄적으로 기술한 후에 기독교대한하나님의성회의 역사를 본격적으로 다루고자 한다. 이러한 구성을 통해 기독교대한하나님의성회의 역사를 세계 오순절 운동이라는 배경하에서 보다 넓고 깊게 살펴보고자 한다.

2013년, 기독교대한하나님의성회는 창립 60주년을 맞았다. 지난 60년간 기독교대한하나님의성회는 한국 교회에 오순절 운동을 확산시키는 데 지대한 공헌을 해 왔다. 또한 그간 오순절 운동은 한국 교회 일반의 신앙적 특징을 형성하는 중요한 요인으로 작용해 왔다. 세계에 널리 알려진 한국 교회의 특징들인 영적 부흥과 갱신, 뜨거운 기도와 신유 운동, 비약적인 교회 성장 등은 기독교대한하나님의성회를 비롯한 오순절 운동 교단들의 특징들이기도 하다.

그러나 기독교대한하나님의성회 60년의 역사를 돌아보고 기술하면서, 기독교대한하나님의성회의 성령 운동, 부흥 운동만을 조명하는 것은 자칫 그 밖의 많은 중요한 사안들을 간과하고 마는 환원주의에 빠질 위험이 있다. 물론 성령의 역동적 사역에 대한 강조와 부흥 운동이 기독교대한하나님의성회의 정체성과 역사에서 핵심적인 부분임은 분명하다. 그러나 기독교대한하나님의성회는 단순히 열정주의적 부흥 운동만이 아니라 말씀 운동, 사회적 사랑 실천 운동 또한 강조해 왔다. 그러한 의미에서 이영훈 목사는 당시 총회장으로서 2013년 5월 22일 여의도순복음교회에서 열린 기독교대한하나님의성회 60주년 기념 목회자 컨퍼런스 강연을 통해 오순절 성령 운동 및 기독교대한하나님의성회의 역사적 특징을 다음의 7가지로 정리한 바 있다. 오순절 성령 운동과 기독교대한하나님의성회의 역사를 대변해 주며, 동시에 그 미래를 제시해 주는 7가지 특징들은 다음과 같다.

첫째, 기독교대한하나님의성회의 오순절 성령 운동은 십자가 신앙 운동이다.

기독교대한하나님의성회는 오순절 교단으로서 십자가에 근거한 성령 운동을 전개해 왔다. 기독교대한하나님의성회의 성령 운동은 십자가에서의 구원의 역사를 무시한 채 성령의 은사만을 강조하지 않으며, 오히려 십자가를 모든 성령 운동의 출발점으로 삼아왔다. 교리적, 신학적으로도 기독교대한하나님의성회는 예수 그리스도께서 행하신 일로부터 오순절 신학을 전개하고 있다.

기독교대한하나님의성회의 오중복음, 그리고 오순절 운동에서 보편적으로 받아들여지고 있는 사중복음의 역사적 근원들 가운데 하나는 19세기 후반에 "그리스도인과 선교 연합"(Christian and Mission Alliance)을 이끌었던 A. B. 심슨(A. B. Simpson)의 사중복음이다. 심슨의 사중복음은 철저히 예수 그리스도의 사역을 중심 주제로 삼고 있다. 즉, 심슨은 예수 그리스도를 "구주, 성결하게 하시는 분, 치료자, 오시는 왕"으로 제시하고 있다. 심슨의 사중복음은 오순절 운동의 사중복음(중생, 성령 침례, 신유, 재림)의 형성과 발전에 적지 않은 영향을 주었다.[1] 기독교대한하나님의성회의 오중복음(중생, 성령 충만, 신유, 축복, 재림) 역시 심슨의 사중복음과 공통점이 크다. 그중 가장 중요한 공통점은 양자가 모두 그리스도께서 하시는 일을 내용으로 삼고 있다는 점이다. 특히 사중복음과 오중복음의 첫째 항목인 "중생의 복음"은 그리스도의 십자가를 모든

---

1) Donald W. Dayton, *Theological Roots of Pentecostalism* (Grand Rapids: Baker Academic, 1987), 22. A. B. 심슨과 오순절 운동의 관계 전반에 대해, Charles W. Nienkirchen, *A. B. Simpson and the Pentecostal Movement: A Study in Continuity, Crisis, and Change* (Peabody: Hendrickson, 1992) 참조.

것의 출발점으로 삼고 있다. 이는 기독교대한하나님의성회의 오순절주의가 단순히 성령 중심적인 것이 아니라 동시에 그리스도 중심적이며, 특히 십자가 중심적이라는 것을 보여 준다.

예수 그리스도의 십자가 구원 사건은 기독교 신앙의 기본이요, 핵심이다. 따라서 진정한 성령 운동은 예수 그리스도의 십자가를 중심으로 하는 운동이어야 한다. 기독교대한하나님의성회는 이러한 방향의 성령 운동을 지난 60년간 전개해 왔다. 이러한 의미에서 기독교대한하나님의성회의 신앙과 목회, 신학은 기독교 정통주의와 복음주의에 깊이 뿌리를 내리고 있다고 할 수 있다.

기독교대한하나님의성회의 그리스도 중심적인 신학과 목회는 한국 교회사의 맥락에서 살펴볼 때 더욱 뜻깊다. 기독교대한하나님의성회가 창립되던 1950년대 초반은 한국 교회가 사이비 성령 운동 및 신비주의적 이단들로 인해 혼란스럽던 시기였다. 이러한 때에 기독교대한하나님의성회는 강력한 성령 운동을 전개하면서 동시에 확고한 정통주의적, 그리스도 중심적 신앙 운동의 입장을 견지하였다. 그럼으로써 기독교대한하나님의성회는 성령 운동이 자의적이고 비성경적인 신비주의로 변질되는 것을 막는 데 일조하였다.

둘째, 기독교대한하나님의성회의 오순절 성령 운동은 성령 침례와 방언 운동이다.

사도행전은 성령께서 임하실 때 성령 침례와 함께 방언이 임하였다고 증언한다(행 2:4, 10:44-46, 19:6 참조). 그런데 기독교회의 발생 자체가 성령 강림으로 말미암았음에도 불구하고 교회는 긴 역사 가운데 성령 침례와 방언을 사도행전에 기록된 만큼 체험하거나 강조하지 못하였다. 그 결과 많은 경우 교회는 성령의 능력이 부족한 영적 빈곤에 시달리기도 하였다. 20세기에 오순절 운동이 시작되고 특히 세계적으로 가장 큰 오순절 교단인 하나님의성회가 오순절 운동을 주도하면서 세계 교회에 비로소 성령 침례와 방언 운동이 활발하게 일어나게 되었다.

특히 방언 운동은 국내외의 하나님의성회 교단이 세계 교회에 기여한 주요 공헌점 중 하나이다. 19세기 미국의 성결 운동에도 성령 침례나 신유의 교리는 있었다.[2] 그러나 많은 성도들이 방언을 체험하게 된 것은 오순절 운동의 공헌이다. 특히 방언을 성령 침례의 증거로 강조하는 것은 하나님의성회의 공헌이다. 가톨릭의 은사 갱신 운동도 하나님의성회의 직접적인 영향 하에 발생하

2) Vinson Synan, "Pentecostal Roots," in Vinson Synan, ed., *The Century of the Holy Spirit: 100 Years of Pentecostal and Charismatic Renewal, 1901-2001* (Nashville: Thomas Nelson, 2001), 15-37.

였는데, 그 시초에도 방언이 있었다.[3] 기독교대한하나님의성회도 한국에서의 방언 운동에 결정적인 영향을 미쳤다. 방언은 물론 성령 침례조차 생소하게 여기던 1950년대 한국 교회의 상황에서 기독교대한하나님의성회는 활발한 성령 침례와 방언 운동을 펼쳤다. 그 결과 60년이 지난 오늘 성령 침례와 방언은 한국에서 활발하게 성장하는 거의 모든 교회들이 금하지 않고 오히려 권장하는 신앙의 모습으로 자리를 잡았다(고전 14:5, 18, 39 참조).

셋째, 기독교대한하나님의성회의 오순절 성령 운동은 신유 운동이다.

오순절 운동은 강력한 신유 사역을 그 중요한 특징으로 하며, 이는 기독교대한하나님의성회의 역사에서도 두드러진다. 다행히 한국 교회에는 기독교대한하나님의성회 창립 이전부터 김익두 목사, 이성봉 목사 등 신유 사역자들이 활발한 사역을 펼쳤기 때문에 기독교대한하나님의성회의 신유 운동이 큰 마찰 없이 수용될 수 있었다.[4] 그러나 오순절 운동에 기반한 기독교대한하나님의성회의 신유 운동에는 그 이전의 여타 교단들의 신유 운동과 중

---

3) Peter Hocken, "The Catholic Charismatic Renewal," in Synan, ed., *The Century of the Holy Spirit*, 209-14.
4) 박명수, 『급하고 강한 바람: 조용기 목사, 여의도순복음교회, 그리고 오순절운동』(서울: 서울말씀사, 2012), 63-69.

대한 차이점이 있었다. 그것은 타 교단의 신유 운동이 산발적이었고 신유 사역자 개인의 은사에 기반한 면이 강하였다면, 기독교대한하나님의성회의 신유 운동은 기독교대한하나님의성회 내에서 보편적이었으며 개인의 은사로서의 신유에 대한 강조뿐만 아니라 기독교대한하나님의성회 신학 자체가 신유에 대한 강한 긍정을 담고 있었다는 점이다. 또한 기독교대한하나님의성회의 신유 운동은 질병을 일으키는 악한 영에 대한 대적, 즉 축사가 동반되었다는 점이 타 교단과 다른 점이다.[5]

기독교대한하나님의성회는 전 세계 각국의 하나님의성회 교단들과 마찬가지로, 그리고 그 외의 모든 오순절 교단들과 함께 하나님의 치료의 능력을 적극적으로 고백하고 목회적으로 적용하고자 노력해 왔다. 기독교대한하나님의성회는 구약 성경이 증언하는 하나님은 "치료하시는 야훼"(야훼 라파)시라는 것(출 15:26), 그리고 신약에 기록된 예수님의 지상 사역의 삼분의 이가 신유 사역(마 4:23-24)이었음에 주목한다. 더 나아가 기독교대한하나님의성회는 오순절 성령 강림 이후에 예수님의 제자들도 예수님이 행하신 것 같은 신유 사역을 행했음을 믿으며, 그것이 오늘날 교회의 사역 가운데 나타날 수 있다고 믿는다. 성령 충만을 통한 영, 혼, 육의 치료는 주님께서 다시 오실 때까지 계속되어야 한다는 것이 기독교대한하나님의성회의 신유 운동을 이끌어 온 성경적, 신학

5) 박명수, 『급하고 강한 바람』, 69.

적 입장이다.

이에 따라 기독교대한하나님의성회에 속한 교회들은 신유를 위한 기도를 예배의 중요한 순서로 삼고 있다. 대표적인 예로서, 기독교대한하나님의성회에 속한 세계 최대의 교회인 여의도순복음교회에서는 거의 모든 예배 때마다 병자들의 치유를 위한 기도를 빼놓지 않고 있다. 또한 여의도순복음교회가 발행하는 〈순복음가족신문〉에는 신유 기도 시간에 기도를 한 후 병 고침을 받은 간증들이 끊임없이 소개되고 있다. 이렇듯 지난 60년 동안 기독교대한하나님의성회의 오순절 성령 운동은 신학적, 신앙적, 목회적으로 한국 교회에 신유 운동을 정착시키는 데 크게 기여하였다.

넷째, 기독교대한하나님의성회의 오순절 성령 운동은 선교 운동이다.

적극적인 선교 중심주의는 오순절 성령 운동의 가장 중요한 특성들 중 하나이다.[6] 특히 하나님의성회는 세계 어느 나라에 창립되든지 선교 우선 정책을 펼쳐서 교단의 역량을 선교에 집중해 왔다. 세계 최대의 교회이자 기독교대한하나님의성회의 대표적인

---

6) 오순절 운동의 선교 중심성에 대해, Murray A. Dempster and Byron D. Klaus, Douglas Peterson, eds., *Called & Empowered: Global Mission in Pentecostal Perspective* (Peabody: Hendrickson, 1991) 참조.

교회인 여의도순복음교회도 선교 중심적 교회이며, 여의도순복음교회에서 파송한 65개국 710명(2014년 7월 현재)의 선교사들은 한국이 세계 2위의 선교 대국이 되는 데 있어 큰 몫을 남당하였다.

선교는 예수 그리스도의 지상 명령(마 28:18-20 참조)이므로 선교의 중요성을 인정하지 않는 교단은 거의 없다. 그러나 하나님의성회는 성령 침례를 종말론적 부흥의 신호로 받아들였기 때문에 특별한 열정과 급박성을 가지고 선교에 임하게 되었다. 또한 사도행전이 보여 주는 초대 교회는 선교와 구제를 하는 교회였다. 교회의 다른 모든 사역은 선교와 구제라는 두 가지 범주 안에서 세부적인 사항으로 이루어졌다고 해도 과언이 아니다. 기독교대한하나님의성회, 특히 여의도순복음교회는 이러한 사도행전적인 교회의 모델을 따라서 선교하는 일과 구제하는 일에 최선을 다해 왔다. 여의도순복음교회는 대성전 이외의 첫 부속 건물로 대개의 교회처럼 교육관을 짓지 않고 "세계선교센터"를 지었다.[7] 그리고 한국 교회가 해외 선교를 거의 하지 못하던 1960년대부터 활발한 해외 선교를 시작한 바 있다. 예산 절감을 위해 모든 것을 줄이던 때에도 선교비와 구제비는 삭감하지 않을 정도로 교회의 존재 이유를 선교와 구제에 두고 있다.[8]

---

7) 여의도순복음교회 50년사 편찬위원회, 『여의도순복음교회 50년사: 위대한 소명 희망목회 50년』(서울: 여의도순복음교회, 2008), 143.

8) "대형교회의 적극적인 나눔은 시대적 요구다," 〈월간 조선〉 405(2013. 12), 345-46, 350.

다섯째, 기독교대한하나님의성회의 오순절 성령 운동은 기도 운동이다.

오순절 성령 강림은 제자들이 "마음을 같이하여 오로지 기도에 힘썼을 때"(행 1:14) 일어났다. 부흥하는 교회는 "기도하는 교회"이다. 오늘날 서구 교회의 문제는 기도가 약하다는 것이다. 그러나 기독교대한하나님의성회는 창립 당시부터 기도하는 교단이었다. 지금은 한국 교회에서 보편화된 철야 기도는 기독교대한하나님의성회 및 여의도순복음교회의 영향으로 생겨난 것이다. 통성 기도 및 간절히 부르짖는 기도 역시 본래는 기독교대한하나님의성회 교회들의 전유물이었고 한때 타 교단으로부터 비난을 받기도 했지만 오늘날은 한국 교회에서 전반적으로 받아들이고 있는 기도의 모습이 되었다. 기독교대한하나님의성회는 이렇게 뜨겁게 기도하는 교회의 모습을 계속 지켜 나가고자 노력하고 있다.

오늘날 중국에서 거대한 부흥이 일어나는 가장 중요한 이유는 중국의 그리스도인들이 말씀의 기초 위에 서서 강력한 기도 운동을 전개하고 있기 때문이다. 특히 의료혜택을 잘 받지 못하는 시골에서 살고 있는 중국의 그리스도인들은 오로지 약속의 말씀에 의지하여 기도로 하나님께 매달린 결과 수많은 기적들을 체험하고 있다. 오순절 운동은 세상을 의지하지 않고 오직 하나님만을 의지하는 절대 긍정의 믿음과 기도가 있을 때 오늘날도 위대한

기적이 일어남을 믿는다.

기독교대한하나님의성회는 이러한 사도행전적인 역사를 더욱 많이 체험할 수 있도록 늘 기도를 강조하고 있다. 일례로, 여의도순복음교회에서는 기도 운동을 더욱 활발하게 일으키기 위해서 밤 11시부터 다음날 새벽 4시까지 드리는 철야 기도회를 매일 저녁 개최하고 있다. 분기당 한 번씩은 모든 성도들이 참여하는 7시간 미스바 철야 기도회를 통해 기도의 불꽃을 타오르게 하고 있다. 또한 모든 공 예배 때마다 참석한 성도들이 함께하는 통성 기도 시간을 반드시 두고 있다. 그 밖에도 매일 세 번의 새벽 기도회, 기도원 금식 성회 등 수많은 기도회와 예배, 행사 등을 통해서 기도하는 교회로서의 정체성을 이어 나가기 위해 노력하고 있다.[9]

여섯째, 기독교대한하나님의성회의 오순절 성령 운동은 말씀 운동이다.

순복음(Full Gospel) 신앙은 "성경을 가감하지 않고 기록된 그대로 믿는 신앙"이며 말씀에 확고히 기초한 성령 운동이다. 기독교대한하나님의성회는 말씀에 대한 믿음에서 더 나아가 체계적인 말

---

9) 여의도순복음교회 50년사 편찬위원회, 『여의도순복음교회 50년사: 위대한 소명 희망목회 50년』, 347-55.

씀 공부의 필요성을 강조해 왔다. 기독교대한하나님의성회의 대표적인 교회인 여의도순복음교회는 일찍이 1978년 순복음교육연구소를 설립하여 평신도 성경 교육을 실시하였다. 여의도순복음교회의 평신도 성경 교육은 한국 교회에 체계적인 성경 교육 프로그램이 많지 않았던 시절, 말씀에 대한 갈급함을 채워 주는 역할을 감당하였다. 그 결과 타 교회는 물론 타 교단의 수많은 성도들도 여의도순복음교회의 성경학교, 성경대학 등에 등록하여 말씀을 공부하였다. 오늘날도 성경 대학원, 순복음신학 아카데미 등 다양한 성경 교육 프로그램이 활발히 진행되고 있으며, 이러한 과정을 이수해야만 교회의 주요 제직이 될 수 있도록 하고 있다.

지난 60년의 역사를 뒤로 하고 다가올 미래를 준비하고 있는 기독교대한하나님의성회는 철저한 말씀 공부의 전통을 더욱 활발하게 이어갈 필요성을 절감하고 있다. 성령 운동은 말씀에 기록되어 있는 성령의 역사를 실제 신앙생활에서 체험하고 적용하는 것을 목표로 삼는다. 말씀의 근거 위에 서지 않은 체험은 추구하지도, 승인하지도 않는다. 성령 체험에 대한 이러한 기준을 유지하기 위해서는 말씀에 대한 연구가 더욱 깊이 있게 이루어져야 하며 평신도를 말씀의 기반 위에 든든히 세우는 일이 절실히 요구된다. 말씀 운동은 기도 운동과 별개이거나 대비되는 것이 아니다. 말씀 운동은 기도 운동과 함께 오순절 성령 운동의 방향을 결정지어 주는 길잡이의 역할을 해야 한다. 여의도순복음교회도 오순절 성령 운동의 전통에 따라 기도 운동을 강조하는 동시에 말씀 운동을 강조하고 있다. 뜨거운 기도가 말씀과 결합될 때만이 생활 속에서 성령의 열매가 맺히며, 성령 충만의 불길이 계속 불타오를 수 있다.

일곱째, 기독교대한하나님의성회의 오순절 성령 운동은 사회 변화, 사랑 실천 운동이다.

지난 60년간의 기독교대한하나님의성회, 그리고 각국의 하나님의성회 교단들은 사회 사역에 많은 역량을 투입해 왔다. 진정한 성령 운동은 개인의 삶을 변화시킬 뿐 아니라 사회 제도를 기독교 정신으로 변화시켜야 한다고 믿는다. 기독교대한하나님의성회는 개인의 성화는 반드시 사회적 성화로까지 이어져야 한다고 믿고 활발한 사회 사역을 펼쳐 왔다.[10] 여의도순복음교회를 비롯한 기독교대한하나님의성회에 속한 교회들의 사회적 사랑 실천 운동은 일일이 열거하기 어려울 만큼 많고 다양하다. 심장병어린이무료수술, 엘림복지타운의 노인 및 청소년 지원 사역, 국제개발 NGO 굿피플의 전 세계적인 재난 구조, 학교 및 병원 건설 사

---

10) 기독교대한하나님의성회 및 오순절 운동의 사회 신학 및 사회 사역에 대해, 아모스 용, "구원, 사회 그리고 성령 : 클리블랜드에서 버밍햄으로, 스프링필드에서 서울로 이르는 오순절적 상황화와 정치신학," 『영산신학저널』 17(2009), 35-64 참조.

업, 자유시민대학 등 탈북자들에 대한 지원 사역, 순복음성시화 환경운동본부의 성시화 운동 및 에너지 절약 사업 등 환경 운동, 다문화 가정 및 외국인 근로자들을 위한 다문화센터의 건립 및 다양한 지원 프로그램 운영, 홈리스, 독거 노인, 소년소녀가장 등 사회적 약자들을 위한 지원 프로그램 및 순복음호스피스 사역, 그리고 이 밖에도 수많은 사역을 통해 기독교대한하나님의 성회는 오순절 성령 운동이 사회적 성화로 이어지도록 노력해 왔다(4부 II 참조).

21세기의 기독교는 더 이상 복음을 듣는 사람들이나 교회의 도움을 받는 사람들 위에 군림하는 방식으로 사회 변화를 이끌어 낼 수 없다. 21세기의 사랑 실천 운동이 열매를 맺기 위해서는 겸손과 섬김의 자세로 이웃에게 도움의 손길을 내밀어야 한다. 더욱이 오늘날 한국 사회 전반에 걸쳐 나눔과 섬김의 가치와 중요성에 대해 공감대가 형성되고 있다. 이러한 시기에 지난 60년 역사에서 사회적 성화와 사랑 실천 운동을 꾸준히 전개해 온 기독교대한하나님의성회는 앞으로도 사회적 섬김을 위한 신학적 기반을 더욱 공고히 다지며 사회복지 사역에 힘쓸 것이다.

지난 60년간 기독교대한하나님의성회는 위의 일곱 가지 특징들을 형성, 발전시켜 나가면서 성장을 거듭해 왔다. 앞으로도 이를 열정적으로 실천해 나갈 때 기독교대한하나님의성회는 오순절 성령 운동 교단으로서 중심적 역할을 지속적으로 감당하게 될 것이다.

성령 운동의

발자취

현대 오순절 운동은 초대 교회의 영성과 생명력을 오늘날 다시 회복하려는 부흥 운동이며 영적인 각성 운동이다. 오순절 운동은 신약 성경에 기록된 과거의 사건이 아니라 모든 세대, 나라와 방언에 걸쳐 지금도 전 세계적으로 일어나고 있는 현재적 현상이며 교파와 교단을 초월한 전 세계적 기독교 영성 운동이다.

1부 오순절 운동의 태동과 하나님의성회

I . 현대 오순절 운동의 이해

II. 미국 하나님의성회 창립

I

현대 오순절 운동의 이해

성경적으로 볼 때 오순절 성령 운동은 오순절 날 성령 강림과 함께 시작된 초대 교회로부터 출발한다(행 1-2장). 2천 년 전 예루살렘의 한 다락방에 모여 기도하던 120명의 제자들에게 성령이 임하심으로 교회가 탄생되었고, 교회는 성령의 능력을 힘입어 지속적으로 성장하였다. 기독교는 성령 운동에 뿌리를 두고 있으며 성령 운동과 함께 성장하고 발전되어 왔다고 할 수 있다. 현대 오순절 운동의 발생 이전에도 성령은 교회와 성도들 속에서 계속해서 역사하고 계셨다. 현대 오순절 운동은 초대 교회로부터 이어져 내려온 성령 운동의 흐름을 잇는, 20세기의 시작과 함께 일어난 거대한 영적 파도라고 말할 수 있다.

1. 오순절 운동(The Pentecostal Movement)의 정의

오순절 운동을 한마디로 정의하는 것은 쉬운 일이 아니다. 왜냐하면 20세기 초 현대 오순절 운동이 발생한 이후 여러 기독교 종파가 오순절 운동에 참여했고 서로 다른 신학적 지향점과 영성들이 오순절 운동과 접목되었기 때문이다. 그리고 오순절 성령 체험 이후에도 많은 사람들은 자신들의 교단의 교리와 믿음을 그대로 지키는 경우가 많았고 오순절의 체험적 신앙을 자신들의 신앙과 신조에 접목하려 했기 때문이다.

오순절 운동에 대한 성서신학적 배경은 신약과 구약 성경의 여러 본문들 속에 잘 나타나고 있다. 구약 성경에서는 오순절을 '칠칠절' (출 34:22; 신 16:10), '맥추절' (출 23:16), '처음 열매의 날' (민 28:26)로 불렀으며 초막절(레 23:34), 유월절(출 12:11)과 함께 3대 절기로 지켰다(신 16:16). 구약의 '칠칠절' 이나 '맥추절' 은 신약 시대에 와서 '오순절' 이라는 말로 불리게 되었는데 오순절은 헬라어 '펜테코스테' (πεντηκοστή)에서 파생한 단어이며 '제50일' 을 뜻한다. 신구약 중간기를 거치면서 오순절은 시내 산에서의 율법 수여와 연결되었기 때문에 곡식을 거두는 추수일과 율법을 받은 율법일로 같이 지켰다. 신약 시대에는 오순절 성령 강림(행 2:1-4) 이후, 방언과 같은 성령의 은사를 체험하게 되었고 예수님을 그리스도로 선포하기 시작했다(행 2:36). 그리고 오순절 성령 강림으로 인해 교회가 탄생하게 되었다. 사도행전의 성령의 역사는 20세기 초 현대 오순절 운동을 통해 재현되었다. 현대 오순절 운동은 초대 교회의 영성과 생명력을 오늘날 다시 회복하려는 부흥 운동이며 영적인 각성 운동이다. 오순절 운동은 신약 성경에 기록된 과거의 사건이 아니라 모든 세대, 나라와 방언에 걸쳐 지금도 전 세계적으로 일어나고 있는 현재적 현상이며 교파와 교단을 초월한 전 세계적 기독교 영성 운동이다.

오순절 운동은 성경 말씀으로 돌아가고자 하는 운동이며 하나님의 말씀에 근거한 영성 운동이다.[1] 영적 각성과 부흥은 언제나 하나님의 말씀에 대한 갈급함과 말씀에 대한 헌신과 충성을 통해서 이루어졌다(왕하 18:6; 대하 15:8-19).[2] 오순절 운동은 또한 이성과 철학에 근거한 신학적 논쟁에 관심을 두기보다는 초대 교회의 영성을 회복하고자 하는 성령 충만의 체험적 신앙을 강조하고 있다. 오순절 운동은 하나님의 말씀을 사모하고 성령체험을 갈망하는 영적인 갈급함에서 시작되었다. 그러므로 오순절 운동은 신학적 논쟁에 앞서 성경적이며, 체험적 신앙으로 이해할 필요가 있다.[3]

---

1) John T. Nichol, *Pentecostalism* (Plainfield, NJ: Logos International, 1966), 2.
2) Vinson Synan, *Aspects of Pentecostal-Charismatic Origins* (Plainfield: Logos International, 1975), 9.
3) 이영훈, 『성령과 교회』 (서울: 교회성장연구소, 2013), 20-21.

2. 현대 오순절 운동의 분류

1900년대 초에 시작된 현대 오순절 운동은 개신교 모든 교단뿐 아니라 가톨릭 교회까지도 영향을 끼쳐 전 세계 교회의 주목을 받고 있다. 방언이 성령 체험의 최초의 외적인 증거라고 주장하는 고전적 오순절주의자들의 뒤를 이어 가톨릭 교회들까지 참여한 "은사주의 운동"이 1960년대 이후부터 등장했다. 1980년대 이후 지금까지는 "신은사주의 운동"[4]이 전 세계 교회와 교파들에 확산되고 있다.

---

4) 신은사주의 운동은 '제3의 물결'(Third Wave), '독립교회'(Independents), '초교파주의'(Postdenominationlists), '신사도운동'(Neo-Apostolics) 등을 총칭하는 1990년대부터 시작된 영적 운동이다. 그중에서 풀러신학대학의 교회성장학 교수였던 피터 와그너(Peter Wagner)는 20세기 초반의 고전적 오순절 운동과 60년대 일어난 은사 운동, 혹은 신오순절 운동과는 다른 새로운 성령 운동이 1980년대에 일어났음을 말하면서 이 운동을 '제3의 물결'이라는 용어로 설명했다. 제3의 물결은 다양한 교단과 교파에 속한 교회들이 갈수록 영적인 갈급함을 느끼는 교인들의 욕구를 채워 주어야 할 필요성이 증대되는 상황에서 나타났다. 제3의 물결의 대표적인 교회인 빈야드 교회의 설립자인 존 윔버(John Wimber) 목사는 고전적 오순절 운동과 은사주의 운동의 깊은 영향을 받았으나 방언이 성령 침례의 최초의 외적 증거라는 교리를 받아들이지는 않는다. 신은사주의 운동에 속한 부류 중에는 신학적으로 검증되지 않은 극단적인 이적과 기사를 추구하는 사람들이 다수 포함되어 있기 때문에 비판의 대상이 되기도 한다. 이들은 전통적인 오순절 교단과 교리에 대해서 회의적이며, 예배와 교회 안에서의 질서를 무시하는 경향이 있다.

(1) 고전적 오순절 운동(Classical Pentecostal Movement)

고전적 오순절 운동은 20세기 초 미국에서 일어났다. 미국에서 오순절 운동이 시작된 이후 1914년 오순절 교단을 대표하는 하나님의성회 교단이 설립되었고, 다른 오순절 교단들도 생겨났다. 오순절 운동에 속한 교회들은 모든 모임과 예배에 성령의 임재하심과 성령의 은사들이 나타나기를 기대한다. 오순절 운동에서 볼 수 있는 하나의 특징은 방언을 성령 침례의 대표적인 외적 증거로 강조하고 있다는 점이다.[5] 오순절주의자들의 방언에 대한 이러한 이해와 주장은 오순절 신학의 성령론의 기초를 놓는 데 중요한 역할을 했다.

하나님의성회 교단 신조는 "믿는 자들에게 임하는 성령 침례는 하나님의 영이 주시는 대로 다른 방언(dialect)으로 말하는 최초의 외적 표적(initial physical sign)에 의하여 증거된다(행 2:4)." 고 하여[6] 방언과 성령 침례의 연관성을 강조하고 있다. 하나님의성회를 포함한 초기 오순절 운동 이후에 생겨난 오순절 교단들은 대부분 이러한 입장을 따르고 있다.

(2) 은사주의 운동(Charismatic Movement)

은사주의 운동의 주목할 부분은 성령 운동이 오순절 교단뿐만

5) Nichol, *Pentecostalism*, 28.
6) '참고 1. 미국 하나님의성회 신조: 근본 진리문' 을 참조.

아니라 다른 개신교 교단들과 가톨릭 교회까지 확산되었다는 것이다. 은사주의 운동은 1960년 4월 성공회 신부였던 데니스 베네트(Dennis Bennett)의 사역을 그 효시로 본다.[7] 그는 미국 캘리포니아의 벤 나이스 성공회 교회 강단에서 공개적으로 "성령이 나의 입술을 사로잡아 방언과 새로운 형식과 내가 이해할 수 없는 능력 있는 찬양과 감사의 말을 하도록 인도하셨다."라고 고백한 후 은사주의 운동을 펼쳐 나갔다.[8] 오순절 운동에 있어서는 기존 교단과 교회를 떠난 성도들이 새로운 교단을 만들었다. 그러나 은사주의 운동의 경우에는 성공회, 장로교, 감리교 등 기존의 기독교 주류 교단에 속한 그리스도인들이 성령 체험 이후에도 오순절 교단과 교회로 옮기지 않고 자신들의 교단 내에서 오순절적 성령 운동을 전개했다. 여기에 속한 대표적 신학자로는 로드만 윌리암스(Rodman Williams)가 있다.[9] 은사주의 운동은 방송과 대형 집회를 통해 활발히 전개되어 갔으며 대학 내에서도 빠르게 확산되었다. 은사주의 운동은 가톨릭 교회에까지 확산되었다. 1966년 미국 피츠버그의 듀케인 대학(Duquesne University)에 속한 몇몇 가톨릭 교수들과 학생들이 함께 모여 사도행전에 나타난 오순절 역사를 간

---

7) 이영훈, "현대 성령 운동의 역사적 고찰," 『성경과 신학』 20(1996), 153.

8) Karla Poewe, ed., *Charismatic Christianity as a Global Culture* (Columbia: The University of South Carolina Press, 1994), 4; John Dart, "Charismatic and Mainline," *Christian Century* 123-5 (March 2006), 22-27 참조.

9) 로드만 윌리암스(J. Rodman Williams, 1918-2008)의 주요 저서는, 로드만 윌리암스, 『오순절 조직신학』 I, II, III, 이영훈 · 박정렬 · 명성훈 역(군포: 한세대학교출판부, 2001)이다.

절히 사모하며 기도회를 가졌는데 그 자리에 성령이 임했고 성령의 은사들이 나타나게 되었다.[10] 이러한 일은 인디아나 주의 노틀담 대학(University of Notre Dame)에서도 일어났고 이후 많은 가톨릭 신자들이 성령 충만을 받는 일들이 계속해서 나타났다.[11] 그 결과 가톨릭 은사 갱신 운동(Catholic Charismatic Renewal)이 로마 가톨릭 교회 안에서 중요한 흐름으로 자리를 잡았으며 프랜시스 맥너트(Francis MacNutt)와 같은 가톨릭 신부는 성령 침례를 체험한 후 활발한 신유 사역을 전개하기도 하였다.[12]

3. 현대 오순절 운동의 역사적 배경

(1) 존 웨슬리(John Wesley)와 두 번째 은혜의 사역

웨슬리는 칭의와 성화를 구분해서 이해했다. 칭의는 예수 그리스도를 구세주로 영접하는 회심을 통해서 얻게 되는 것이고, 성화는 구원 이후에 성도들이 말씀과 기도 생활을 통해서 추구해야 할 영적인 단계이다. 웨슬리는 처음에는 하나님의 전적인 은총으로

10) 이영훈, 『성령과 교회』, 38.

11) Vinson Synan, *The Holiness-Pentecostal Tradition* (Grand Rapids: William B. Eerdmans Publishing Co., 1997), 246.

12) S. Strang, "MacNutt, Francis Scott," in Stanley M. Burgess and Eduard M. Van Der Maas, eds., *The New Internationals Dictionary of Pentecostal and Charismatic Movements* (Grand Rapids: Zondervan Publishing House, 2003), 855-56.

감리교 운동을 창시한
존 웨슬리

말미암아 믿음으로 의롭게 된다고 하는 칼빈주의 전통을 따랐지만, 알미니우스의 저술들을 접하게 되면서 칼빈주의에서 알미니안주의적인 신앙과 신학으로 점차 바뀌게 되었다.[13] 웨슬리는 구원을 받았다고 하더라도 죄의 잔재는 여전히 성도들의 삶 가운데 남아 있으며, 이런 죄의 잔재는 에덴동산에서의 아담과 하와의 타락의 결과라고 생각했다. 그는 이러한 죄의 잔재는 칭의 이후에 뒤따르는 하나님의 두 번째 은혜의 사역(second work of grace)을 통해서 해결될 수 있다고 생각했다.[14] 두 번째 체험은 성도의 내적인 죄를 정화시키고 그리스도인으로서 신앙적 성숙의 단계로 들어가는 것을 의미한다. 웨슬리는 이러한 영적 체험을 성령의 내적 감화(inward impression)로 이해했으며,[15] 웨슬리를 따르는 감리교인들은 성화를 '두 번째 축복' (Second Blessing)으로 이해했다.[16] 웨슬리는 이러한 '두 번째 축복' 을 성령 침례라고 부르지 않았다. 하지만 교리적인 측면에서 볼 때, 감리교 운동이 중생(또는 칭의) 이후 '은혜의 두 번째 사역'을 강조하는

13) 웨슬리는 〈알미니안〉이라는 제목의 신학 잡지를 편집하기도 했다. Dale M. Yocum, *A Study in Wesleyanism & Calvinism*, 손택구 역, 『웨슬레신학과 칼빈신학의 비교』 (서울: 보이스사, 1998), 34.

14) Synan, *The Holiness-Pentecostal Movement in the United States*, 7.

15) Dayton, *Theological Roots of Pentecostalism*, 43.

16) Synan, *The Holiness-Pentecostal Movement in the United States*, 18.

것은 오순절 성령 운동이 중생과 성령 침례를 구분하는 것에 영향을 주었다고 할 수 있다. 웨슬리의 영향을 받은 감리교인들 중에 많은 사람들은 칭의와 '완전한 성화' (entire sanctification)로 구분되는 두 단계의 구원론(two-stage soteriology)을 받아들였다. 그들은 '완전한 성화' 와 성령 침례를 구분하려는 경향이 있었고, '완전한 성화' 를 '정화' (cleansing)로 이해하고 성령 침례를 '충만' (filling)으로 이해했다. 오순절주의자들은 감리교인들의 중생 이후의 영적인 체험, 완전한 성화 등을 받아들여 그들의 교리에 접목시켰다.[17]

(2) 성결 운동(The Holiness Movement)의 영향

미국의 남북 전쟁 이후 감리교의 부흥사, 목사, 평신도들까지 가세한 성결 운동은 미국 전역에 새로운 영적 부흥을 이끌었다. 특별히 L.A.를 포함한 미국의 서부 지역에서의 성결 운동이 다른 지역보다 더욱 활발하게 진행되었다. 19세기 미국을 '감리교의 시대' (the Methodist Age)로 표현할 정도로 미국 내의 성결 운동과 감리교의 영향력이 컸다.[18] 성결 운동의 핵심은 형식화되어 가고 있는 예배와 세속화되어 가고 있는 교회들을 갱신하고자 하는 것이

17) William W. Menzies and Robert P. Menzies, *Spirit and Power: Foundations of Pentecostal Experience* (Grand Rapids: Zondervan Publishing House, 2000), 18.

18) C. C. Geon, "The Methodist Age in America History," *Religion in Life* 34 (Autumn 1965), 562-72; Donald W. Dayton, *Theological Roots of Pentecostalism*, 64.

었으며, 성도들이 체험적인 신앙을 갖기 위한 '마음의 종교' (heart religion)로의 전환을 시도하였다.[19] 존 니콜(John T. Nichol)은 성도들이 인간적인 노력을 포기하고 성령께 전적으로 의지하고 성령을 통해 그리스도의 삶을 이루어 나갈 때 완전한 성결을 이룰 수 있다고 생각했다. 그리고 성령께서 성도들의 마음에 내주하실 때 영적인 체험을 할 수 있으며, 이것이 제2의 축복인 성령 침례라고 말하고 있다.[20] 성결 운동에 영향을 받은 사람들 중에는 성령 침례의 외적인 현상에 대한 이해를 서로 달리하는 부류들이 있었다. 성화의 체험은 통성 기도, 몸의 떨림, 웃음 등의 외적인 현상을 동반한다고 믿는 부류와 성령 침례는 꿈, 환상, 방언 등과 같은 초자연적인 표적과 기사를 통해서 확증되어야 한다고 하는 부류가 있었다.[21] 후자는 성령의 은사나 외적인 표적이 없다면 성령 침례를 받았다고 볼 수 없다는 입장이다.

(3) 북미의 영적 대각성 운동

20세기 오순절 운동은 신학적으로는 감리교의 성령 운동에서 많은 영향을 받았고, 부흥의 방법론에서는 19세기 말에 무디(D. L. Moody)와 피니(C. Finney)에 의해서 주도된 부흥 운동과 미국 내의 영적 대각성 운동(The Great Awakening)과 관련이 있다. 특별히 미국

---

19) Synan, *The Holiness-Pentecostal Movement in the United States*, 22.
20) Nichol, *Pentecostalism*, 5-6.
21) Nichol, *Pentecostalism*, 6.

의 영적 대각성 운동은 알미니안주의 신학을 배경으로 가지고 있고, 미국 기독교의 알미니안주의화에 영향을 미쳤다. 초기 오순절 운동을 이끌었던 피니는 처음에는 칼빈주의의 예정론을 바탕으로 한 신앙을 가지고 있었지만, 후에는 알미니안적인 입장을 취하며 구원을 위한 인간의 자유 의지를 강조했다. 피니는 부흥사로서 성령 체험의 중요성을 강조했으며, 중생 이후의 성령 체험을 '성령 침례'로 규정하고 성도들에게 개인적이고, 영적인 체험의 중요성을 역설했다.[22] 미국의 성결 운동에 앞장섰던 아사 마한(Asa Mahan)은 그리스도인의 성화와 성령 침례를 서로 다른 것으로 이해했지만, 초기 오순절 운동을 이끌었던 피니는 마한과 달리 성화라는 개념을 따로 언급하지 않고 중생이후의 성령 침례를 강조했다. 이러한 성령 침례와 성화에 관한 피니의 신학적 이해는 토레이(R. A. Torrey)와 채프만(J. W. Chapman)에게 영향을 미쳤다.[23] 성결 운동에 영향을 받았던 대부분의 고전적 오순절주의자들은 성령 침례를 통한 성결한 삶을 추구했고, 성령에 이끌린 즉흥적인 설교와 새신자들의 결신의 시간을 예배와 집회

찰스 피니

22) Dayton, *Theological Roots of Pentecostalism*, 70.

23) 이영훈, "여의도순복음교회의 신앙과 신학," 『제7회 국제신학학술세미나』(1998), 141.

가운데 중요한 요소로 삼게 되었다.[24] 이런 성령에 이끌린 예배와 웨슬리 신학에 근거한 성결한 삶과 체험적 신앙은 초기 오순절 운동의 핵심으로 자리매김했고, 북미의 영적 각성 운동의 동력이 되었다.

(4) 영국의 부흥 운동

영국의 부흥 운동은 1820년대의 '성경 운동' 을 시작으로 1870년대의 '무디의 부흥 운동' 과 케직 운동[25]으로 이어졌다. 케직 부흥 운동의 지도자들은 예수 그리스도와 함께 시작된 은혜의 시대가 그리스도의 재림으로 끝나고 천년왕국의 시대가 도래할 것이라는 다비(John N. Darby)의 세대주의적인 역사 해석을 받아들이고 있었다. 그들은 그리스도의 재림의 표적이 전 세계적인 부흥 운동이며, 인류는 전 세계적 부흥을 통해서 마지막으로 복음을 받아들일 기회를 갖게 될 것이라고 믿었다.[26] 케직 운동은 신학적으로는

---

24) Robert M, Anderson, *Vision of the Disinherited* (Peabody: Hendrickson Publishers, 1992), 28.

25) 최초의 케직 대회 직전에 성경적 성결의 증진을 위한 두 번의 예비 모임이 1874년 옥스퍼드에서, 1875년에 브라이턴에서 열렸다. 그런 후 첫 번째 모임인 실질적 성결의 증진을 위한 단합 모임이 1875년 6월 29일부터 7월 6일까지 케직에서 열렸다. 그때부터 매년 정기적으로 케직에서 대회가 소집되기 시작했다. D. D. Bundy, "Keswick Higher Life Movement," in Stanley M. Burgess and Eduard M. Van Der Maas, eds., *The New Internationals Dictionary of Pentecostal and Charismatic Movements*, 820-21.

26) Arthur T. Pierson, *Forward Movement of the Last Half Century* (London: Garland Publishing, 1984), 42-43.

칼빈주의를 따르고 있었고, 웨슬리의 완전주의를 받아들이지 않았다. 그 결과 케직 운동을 이끌었던 사람들은 성화와 성령 침례를 동일시하는 정통 성결 교리를 받아들이지 않았으며 성화를 회심의 순간부터 일생 동안 진행되는 신앙의 과정이라고 보았고, 성령 침례는 성화와는 다른 '능력 부여' 라고 생각했다.[27] 또한 성화보다는 성령 침례를 통한 은사적 체험을 강조하면서 정통 성결 운동과는 뚜렷한 신학적 차이를 보이게 되었다.[28] 케직 부흥 운동을 이끌었던 사람들 가운데 오순절 운동에 큰 영향을 미친 사람들은 고든(A. J. Gordon), 메이어(F. B. Meyer), 심슨(A. B. Simpson), 머레이(Andrew Murray), 그리고 토레이 등이다.[29] 특별히 토레이의 성령론은 오순절 운동의 기원에 큰 영향을 미쳤고,[30] 웨슬리와 피니 이후 초기 오순절 신학을 체계화하는 데 가장 큰 영향을 끼친 인물이라 할 수 있다.[31]

R. A. 토레이

27) Robert M, Anderson, *Vision of the Disinherited*, 40-41.

28) Synan, *Aspects of Pentecostal-Charismatic Origins*, 86.

29) 프레데릭 D. 브루너, 『성령신학』, 김명용 역(서울: 나눔사, 1993), 43.

30) 토레이의 성령론에 관한 견해는 그의 저서들인 Reuben A. Torrey, *Baptism with the Holy Spirit* (New York: Fleming H. Revell, 1897); *What the Bible Teaches* (Grand Rapids: Fleming H. Revell, 1898); *The Person and Work of the Holy Spirit: As Revealed in the Scriptures and in Personal Experience* (London: James Nisbett, 1910); *The Holy Spirit: Who He is and What He Does* (Westwood: Revell, 1927)를 참조.

31) 브루너, 『성령신학』, 44.

(5) 오순절주의의 신학적 핵심 논쟁

① 전천년주의(Pre-Millennialism)

오순절 사건(행 2장)에서 베드로는 요엘의 예언을 인용하여 오순절에 일어난 일은 이미 예언된 바 있는 마지막 날의 성령 강림이라고 주장한다(행 2:16-21). 사도행전과 요엘서를 포함해서 오순절주의자들이 빈번하게 사용하는 성경 본문들은 성령론과 종말론이 결합된 개념들이 자주 등장한다. 해밀턴(N. Q. Hamilton)은 바울의 서신들에서 현재와 미래의 간격을 메우는 것은 오직 성령이라고 말하면서 성령은 분명히 종말론과 서로 연결이 되어 있다고 주장한다.[32)]

오순절주의의 종말론은 후기 성결 운동의 영향을 받은 '전천년주의' 이다. 세계 복음화가 지연되면서 성결 운동의 종말론은 웨슬리의 '실현된 종말론' 과 '후천년주의' 에 회의를 품었던 '전천년주의' 로 나뉘게 되었다. 후천년주의자들은 인간의 적극적인 의지와 노력에 의해 점진적으로 사회 개혁과 세계 복음화가 실현되면 인간의 삶 가운데 죄악의 요소들이 멸절되고 하나님의 의가 이루어진다는 주장을 한다. 하지만 이런 후천년주의자들의 주장들은 '하나님의 주도적 역사' , '즉각적인 변혁 사건' , 그리고 '성령 침례를 위한 인간의 기다림' 등과 같은 전천년주의의 강조점

---

32) Dayton, *Theological Roots of Pentecostalism*, 144.

들로 대체되었다.[33] 전천년주의자들은 7년 환난 전에 교회가 휴거되고, 7년 환난 후에는 그리스도의 천년 왕국 통치가 임한다고 가르치면서, 임박한 그리스도의 재림에 앞서 적극적인 복음 전도와 성도들의 성결한 삶을 강조하였다. 이러한 전천년주의자들의 종말론은 후에 오순절주의의 종말론 형성에 큰 영향을 미쳤다.[34]

② 신유 운동

20세기 오순절 운동이 시작되기 전까지 성령의 은사에 대한 관심은 매우 약화되어 있었다. 그러나 오순절 운동을 통해 영적인 능력과 은사에 대하여 새로운 관심을 불러일으켰다. 초대 교회에서 부활 교리와 함께 강조되었던 신유는 AD 313년 콘스탄틴(Constantine) 대제의 기독교 공인 이후 종유성사라는 성례전 속에 갇히게 되었으며, 개혁주의자들과 세대주의자들에 의해 초대 교회에 일어났던 일시적인 은사로 전락하게 되었다.[35]

하지만 오순절 운동은 성령 침례와 더불어 '신유'를 핵심 교리 중의 하나로 받아들이고 있다. 왜냐하면 신유는 그리스도의 구속 사역들 가운데 중요한 부분이었을 뿐만 아니라, '예수 그리스도는 어제나 오늘이나 영원토록 동일하시니라'(히 13:8)는 말씀에 근거하여 오늘날에도 동일하게 하나님의 권능이 인간의 삶 가운데 임재하고 있다는 것을 믿고 또 체험함으로 초대 교회에 나타났던

33) Dayton, *Theological Roots of Pentecostalism*, 165.

34) Edith L. Blumhofer, *The Assemblies of God*, vol. I (Springfield: Gospel Publishing House, 1989), 23.

35) Dayton, *Theological Roots of Pentecostalism*, 115-17.

성령의 역사가 오늘날에도 일어날 수 있다는 신학적 바탕을 제공했다.[36] 그리고 오순절주의자들은 죄와 질병으로부터 고통받고 있는 인간의 삶을 그리스도께서 십자가의 승리를 통해서 구원하셨다고 하는 그리스도의 구원 사역과 신유를 접목시킨 교리를 발전시켰다. 이것은 영혼 구원에만 집중되어 있던 복음주의적 메시지를 보완하여 전인구원의 복음을 강조하게 된 것이다. 오순절주의는 성경에 나타난 성령 체험의 중요성을 강조하며, 말씀의 생활화 및 예수 그리스도의 재림을 준비하기 위하여 강력한 복음 전파(선교)에 모든 노력을 기울여 왔다. 그리하여 오순절 운동은 강력한 복음 전파와 함께 성령의 사역을 새롭게 부각시키고 성도들의 삶 가운데 반드시 필요한 영적인 능력의 체험을 강조함으로써 전 세계적인 부흥을 이끌게 되었다.[37]

4. 영국 오순절 운동과 지도자들

(1) 웨일즈 부흥 운동

1906년 미국의 아주사 부흥 운동이 일어나기 전, 영국 웨일즈 지방에서는 19세기 말부터 20세기 초까지 소규모 부흥 운동이 계속해서 일어나고 있었다. 그중에서 1904-1905년 사이에 가장 강

36) Blumhofer, *The Assemblies of God*, 26.
37) Blumhofer, *The Assemblies of God*, 35-36,

력하게 나타났던 성령 운동을 웨일즈 부흥 운동이라고 지칭하고 있다. 1904년 가을부터 강력한 부흥 운동이 웨일즈 지역에서 일어나기 시작했으며, 6개월 동안 무려 32,000명의 사람들이 회심을 하게 되었다.[38] 웨일즈 운동의 특이점은 누구에 의해서 웨일즈의 부흥 운동이 시작되었는지를 규명하기가 쉽지 않다는 것과 20세기 초 세계 여러 나라에서 일어났던 오순절 부흥 운동에 큰 영향을 미쳤다는 것이다. 웨일즈 부흥 운동에서 중요한 역할을 한 사람들은 세스 죠수아(Seth Joshua), 요셉 젠킨스(Joseph Jenkins), 그리고 에반 로버츠(Evan Roberts)라고 할 수 있다. 이들은 서로 다른 교단적, 신앙적 배경을 가지고 있었다. 죠수아는 근본주의적 성결주의자였고, 젠킨스와 로버츠는 칼빈주의적 감리교회의 사역자들이었다. 이들은 웨일즈 부흥 운동을 통해서 알게 되었고 협력을 통해서 웨일즈 성령 운동을 더욱 크게 부흥시켰다.[39] 웨일즈의 성령 운동은 인종과 국경을 초월해서 유럽, 미국, 남미, 아프리카, 호주, 중국, 인도로 확산되었다. 알렌 앤더슨은 20세기 오순절 운동의 지도자들이 웨일즈 운동에서 영적인 영감

에반 로버츠

38) Anderson, *An Introduction to Pentecostalism: Global Charismatic Christianity*, 36.

39) Bundy, "Welsh Revival," *Dictionary of Pentecostal and Charismatic Movements*, 1187-88.

을 얻었으며, 직접 또는 간접적인 영향을 받았다고 주장한다. 앤더슨은 특별히 웨일즈의 부흥 운동은 유럽과 인도의 부흥 운동(1905-1906)에 큰 영향을 미쳤다고 주장한다.[40] 많은 오순절 신학자들은 웨일즈 운동을 20세기 오순절 운동의 효시로 받아들이고 있다. 왜냐하면 성령으로 찬양하고, 예언하고, 통성으로 기도하는 등의 많은 성령의 은사들이 웨일즈의 성령 운동에서 나타났을 뿐만 아니라, 수많은 오순절의 영적 지도자들이 웨일즈의 성령 운동에 영향을 받았기 때문이다.[41]

(2) 스미스 위글스워스(Smith Wigglesworth)

1895년 영국의 요크셔(Yorkshire)에서 태어난 스미스 위글스워스는 여섯 살 때부터 일을 해야 할 정도로 가난한 가정에서 자랐다. 그의 가정은 가난했지만 신실한 감리교도 집안이었다. 위글스워스는 가난 때문에 교육을 많이 받지 못했지만, 청소년 시절부터 전도에 힘썼다. 17세 때부터 시작한 플리머스 형제단과의 교제를 통해서 그의 신앙은 더욱 성숙되었고, 20세 때에는 주위의 가

스미스 위글스워스

40) Anderson, *An Introduction to Pentecostalism: Global Charismatic Christianity*, 36-37.

41) Bundy, "Welsh Revival," *Internationals Dictionary of Pentecostal and Charismatic Movements*, 1187-88.

난한 아이들에게 음식을 대접하며 복음을 전했다. 위글스워스는 매주 금식을 하며 복음을 전했고, 1907년 11월 성령 침례를 받고 방언을 말하기 시작하였다. 그 후 자신의 설교에 확신과 능력이 임하는 것을 느꼈다. 실제로 그가 설교를 할 때면 많은 참석자들이 성령 침례를 받는 일들이 일어났으며 동시에 병이 낫는 역사가 따랐다. 그는 언제 어디서든 설교 이후에 병든 사람들을 위해 기도하는 시간을 가졌다.

위글스워스는 불신자의 구원과 병자의 신유, 그리고 신자의 성령 침례에 자신의 사역의 초점을 두고 일평생 영국뿐만 아니라 유럽, 아프리카, 오세아니아 대륙을 방문하며 부흥회를 인도한 열정적인 사역자였다.[42]

(3) 스티븐 제프리스(Stephen Jeffreys)

위글스워스와 비슷한 시기에 활동한 스티븐 제프리스는 1904년 11월 웨일즈 부흥(Welsh Revival)을 통해 회심한 이후, 1907년 한 모임에서 성령 침례를 받고 방언을 말하는 체험을 하였다. 그는 성령 침례와 방언의 체험이 더욱 확신 있게 예수 그리스도께서

스티븐 제프리스

42) W. E. Warner, "Wigglesworth, Smith," *Dictionary of Pentecostal and Charismatic Movements*, 1195.

구주가 되심을 증언하는 원동력이 되었다고 주장하였다. 이후 제프리스는 강력한 신유 사역을 펼쳤다. 수많은 시각 장애인들이 그의 집회에 참석하여 시력을 회복하는 기적을 체험하였다. 제프리스는 그의 사역을 통해 각계각층의 수많은 사람들을 주님께 인도하였다.

제프리스는 영국 여러 지역에 하나님의성회 소속 교회들을 세웠고, 많은 사람들이 모이는 성회들을 지속적으로 인도하였을 뿐만 아니라, 미국, 뉴질랜드, 호주, 남아프리카 등지를 방문하여 부흥회를 여는 등 현대 오순절 운동에 있어서 중요한 역할을 감당했다.[43)]

(4) 도날드 기이(Donald Gee)

1891년 영국 웨일즈에서 태어난 도날드 기이는 1904년 예수님을 믿게 되었다. 그는 1912년 여름 친척 집을 방문하였다가 그의 친척 집 부근에서 열린 한 부흥 집회에 참석하여 다른 사람들이 방언을 말하는 것을 처음 듣게 되었고 적지 않은 도전을 받았다. 그다음 해인 1913년 3월 수요일 저녁 예배의 말씀을 전하기 위해 아일랜드로부터 온 목사로부터 하나님의 약속을 믿는 사람들은

도날드 기이

43) D. W. Cartwright, "Jeffreys, Stephen," *Dictionary of Pentecostal and Charismatic Movements*, 808-9.

모두 성령 침례를 받게 될 것이라는 말씀을 듣게 되었다. 하나님의 약속을 믿는다고 고백한 기이는 성령 침례의 외적인 증거인 방언을 말하기를 사모하게 되었고, 2주 만에 침대 옆에서 기도하다가 방언을 말하는 체험을 하게 되었다. 그는 방언으로 찬양을 부를 정도로 성령으로 충만하였다.

1923년 기도 중에 자신을 향한 주님의 계획을 발견한 기이는 여호수아서 1장 6절 말씀을 종이에 써서 벽에 붙여 놓고 삶의 모토로 삼았다. 이후 성경 교사로서 명성이 널리 퍼지게 된 기이는 영국 하나님의성회 총회장을 맡아 교단 부흥에 힘썼고, 미국, 유럽, 남아프리카, 호주와 뉴질랜드 등지를 방문하며 부흥회를 인도하고 말씀을 가르쳤다. 동시에 교회의 연합과 일치를 위해서도 헌신하였다. 기이는 독학으로 공부하였음에도 오순절 운동의 발전과 신학적 정립을 위해 많은 저서와 글을 남겼으며, 음악에도 소질이 있어서 종종 대형 집회의 피아노 연주자나 오르간 연주자로 초대받기도 하였다.[44)]

5. 오순절 운동의 기원

1860년대의 남북 전쟁 이후 미국 교회들은 영적 침체와 도덕적

---

44) D. D. Bundy, "Donald Gee," *Dictionary of Pentecostal and Charismatic Movements*, 330-32.

무기력 현상을 겪게 되었다. 교회의 출석 교인 숫자는 늘어났지만 영적으로 건강한 성도들의 비율이 줄어들고 있었다. 또한 교회가 점차 부유해지고 제도화됨에 따라 일찍이 가난하고 소외된 자들의 교회로 알려진 교회들이 잘사는 중산층을 위한 교회로 탈바꿈하면서 가난한 이들은 교회에서 소속감을 잃게 되었고 진정으로 마음을 열고 다가갈 교회를 그리워하게 되었다.[45)]

이와 같이 종교적으로 무기력하고 열정을 잃은 형식주의를 탈피하기 위해 많은 신자들이 기도와 금식과 성경 공부에 몰두하기 시작하였다. 또한 재림에 대한 기대감이 높아지면서 교회의 마지막 시대를 향한 하나님의 뜻을 알고 이전보다 더 헌신된 삶을 살기 원하는 성도들이 늘어났다. 그래서 점차 그들의 모임의 주제는 마지막 시대에 성령을 부어 주시겠다는 하나님의 언약에 초점이 맞추어졌다.

(1) 찰스 팔함(Charles F. Parham)의 사역과 토페카(Topeka)에서의 성령 강림

현대 미국의 오순절 운동은 토페카에서의 성령 강림을 그 출발점으로 삼고 있다. 토페카 이전에도 성령의 역사가 간헐적으로 있었지만 오순절 운동의 시작이라고 할 만한 본격적인 성령 운동은 캔자스 주 토페카 시에 위치한 벧엘성경학교(Bethel Bible School)에

45) Nichol, *The Pentecostalism*, 25-26.

서 시작됐다. 벧엘성경학교는 19세기 말경 현대 오순절 운동의 선구자로 여겨지는 찰스 팔함에 의해 세워진 성경 교육 기관이다.

찰스 팔함

팔함은 1873년 6월 4일 아이오와 주의 머스커틴(Muscatine)에서 출생하였다. 그는 13세 때 예수님을 구주로 영접하였고 일 년 후 감리교회에서 평신도로서 사역을 시작하였다. 16세의 나이에 신학교에 입학한 팔함은 기대와는 달랐던 신학교 생활에 실망하였고 결국 목회를 그만두기로 마음먹은 후 방황기를 맞았다.

그리고 얼마 지나지 않아 팔함은 열병에 걸려 고생을 하게 되었다. 그는 이 병을 통해 하나님을 다시 찾게 되었고, 하나님께서 자신을 치료해 주시면 다시 목회를 하겠다고 기도하였다. 그의 기도는 응답되었고 신학교도 무사히 졸업할 수 있었다. 신학교를 졸업한 팔함은 19세의 나이로 캔자스 주에 있는 감리교회에서 사역을 시작하였다.

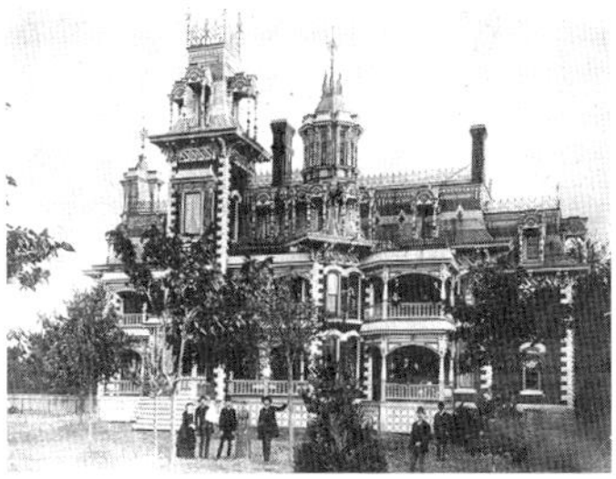
1900년 캔자스 주 토페카에 세워진 벧엘성경학교

팔함은 23세 때인 1896년 사라 티슬스웨이트(Sarah Thistlethwaite)와 결혼을 하였고, 1898년 캔자스 주 토페카에서 '벧엘 치유의 집'(Bethel Healing Home)을 운영하다가 현대 오순절 운동의 시발점이 된

'벧엘성경학교' 를 새롭게 설립하였다. 벧엘성경학교는 성경만을 교재로 사용하고, 학생들에게 기도실에서 3시간씩 기도하도록 훈련시키며, 노방 전도와 축호 전도 실습을 강조하는 매우 복음적인 사역자 훈련소였다.

1900년 가을 학기 종강을 앞두고 팔함은 학생들에게 "성령 침례를 받은 증거는 무엇인가?"라는 주제의 숙제를 내주고 부흥회를 인도하기 위해 며칠간 학교를 비우게 되었다. 그가 돌아와 학생들에게 숙제의 답이 무엇인지 물었을 때 학생들은 한목소리로 '방언' 이라고 대답하였다.[46] 사도행전을 통해 성령께서 임하실 때 모인 자들이 거의 매번 방언을 말했던 사실을 발견한 것이다. 학생들은 자신들도 사도행전에 기록된 성령 침례를 사모하며 기도하기로 작정하였다.

40여 명의 학생들은 1900년 12월 31일 송구영신 예배로 모인 70여 명의 성도들과 함께 밤을 새워 기도하기 시작하였다. 그러자 20세기를 시작하는 1901년 1월 1일 벧엘성경학교에서는 놀라운 성령의 역사가 나타났다.[47] 아그네스 오즈만(Agnes Ozman)이라는 여학생이 팔함의 안수를 받으며 기도하던 중 성령 침례를 받고 전혀 배워본 적이 없는 중국어로 방언을 말

아그네스 오즈만

46) Synan, *Aspects of Pentecostal-Charismatic Origins*, 9.
47) 이영훈, "현대 성령 운동의 역사적 고찰," 149.

하기 시작했다. 그녀는 20세기의 시작과 함께 시작된 오순절 성령 운동에서 방언을 말하기 시작한 첫 번째 사람으로 기록되고 있다. 오즈만의 성령 침례 이후 3일이 지나서, 팔함을 포함한 벧엘 성경학교의 다른 학생들이 성령의 충만함을 경험하고 스웨덴 언어 등으로 방언을 말하기 시작했다.[48)]

사실상 방언 현상들은 교회 역사를 통해 간헐적으로 나타나고 있었다. 예를 들면 런던에서는 1831년 에드워드 어빙(Edward Irving)의 사역과 1875년 무디의 사역을 통해 이미 방언 현상들이 나타나고 있었던 것이다.[49)] 그러나 그 시기에 나타난 방언 현상은 바울 서신에 언급된 성령의 은사들 중 하나로만 여겨졌다(고전 12:10; 14:39). 토페카에서 나타난 방언 현상이 중요한 것은, 이때부터 비로소 방언이 성령 침례를 받을 때 나타나는 외적 현상으로 이해되기 시작했다는 점이다. 팔함은 성화를 성령 침례로 이해했으며, 성령 침례와 방언을 직접적으로 연결시켜 방언이 성령 침례의 외적 증거라고 주장한 최초의 사람이다.[50)] 그 이후 많은 고전적 오순절주의자들에게 있어서 방언은 곧 성령 침례를 받은 증거로 이해되었다.[51)] 성령 침례의 최초의 외적 증거로 받아들여지면서 방언은 오순절주의자들에게 있어 성령의 다른 은사들보다 더

---

48) Anderson, *An Introduction to Pentecostalism: Global Charismatic Christianity*, 34.
49) Synan, *The Holiness-Pentecostal Movement in the United States*, 98-99.
50) 이영훈, "한국 오순절 운동과 신유," 『성결교회와 신학』 11(2004), 180.
51) Nichol, *The Pentecostalism*, 28.

욱 중요한 의미를 가지게 되었다.[52]

팔함과 그의 학생들은 그들이 받은 성령 침례를 모든 그리스도인들이 받아야 한다고 확신하였고, 따라서 자신들이 체험한 성령의 역사를 널리 확산시키려는 뜻을 품었다. 그들은 몇 번씩 좌절을 맛보면서도 미국의 여러 지역을 돌며 성령 집회를 개최한 결과 조금씩 결실을 맺기 시작하였다.

1903년 여름 한 신유 집회에서는 맹인이 될 위기에 처한 한 여성이 기적적으로 치료받는 일이 일어났다. 이 여성은 자신의 집으로 팔함 일행을 초청해 부흥 집회를 열기도 하였다. 이 집회가 계기가 되어 팔함은 캔자스 주 박스터 스프링스에 현대 오순절 운동이 낳은 첫 번째 교회를 설립하게 되었다.

1905년 7월, 팔함은 25명의 전도대원들과 함께 텍사스 주 휴스턴에 믿음성경학교(Faith Bible School)를 개설하였다. 이 학교에 등록한 50여 명의 학생들은 공부를 마친 후 오순절 운동의 개척자들로 활동하게 되었다. 팔함은 전인구원의 오순절 메시지(Pentecostal Message)를 "순복음 메시지"(the Full Gospel Message)라고 지칭했으며, 팔함에 의해 순복음(Full Gospel)이라는 말이 널리 사용되기 시작했다.[53] 순복음(Full Gospel)은 중생, 성령 침례, 신유, 재림의 네 가지 신학적 주제를 가지고 있으며 사중복음(Fourfold

---

52) Vinson Synan, *In the Latter Days* (Ann Arbor: Servant Publications, 1991), 48.
53) 이영훈, "현대 성령 운동의 역사적 고찰," 150.
54) 이영훈, "여의도순복음교회의 신앙과 신학," 142-43.

Gospel)의 신학적 바탕이 되었다.54)

찰스 팔함과 전도대원들

텍사스 주 휴스턴에 세운 믿음성경학교

(2) **윌리엄 시무어**(William J. Seymour)**와 아주사 거리 부흥**(Azusa Street Revival)

토페카 부흥이 현대 오순절 운동의 출발점이라 한다면, 아주사 거리의 부흥은 오순절 운동의 본격적인 확산을 가져온 계기가 되었다. 팔함의 제자요, 성결 운동의 이름 없는 흑인 설교자였던 시무어는 아직 소규모의 지역적 운동을 넘어서지 못했던 오순절 운동을 국제적인 운동으로 발전시키는 주역이 되었다. 따라서 토페카 부흥이 오순절 운동의 시초라면, 아주사 거리의 부흥 운동은 세계적 운동으로서의 오순절 운동의 기초를 놓은 것으로 볼 수 있다.

윌리엄 시무어

시무어는 팔함이 세운 휴스턴의 믿음성경학교에 입학하여 신학 공부를 하였다. 그는 1905년부터 이듬해까지 칭의, 성화, 성령 침례와 방언, 신유, 재림 등의 교리를 배웠다.

1906년 시무어는 L.A.의 허친슨(J. Huchinson) 목사가 시무하는 교회의 초청을 받아 설교를 하게 되었는데, 그때 사도행전 2장 4절을 근거로 성령 침례의 표적이 방언임을 선포하였다. 허친슨 목사는 부흥회를 취소하고 그의 교리가 잘못된 것이라고 선포하였다. 시무어는 그 후 보니 브레 거리(Bonnie Brae Street)에 위치한 어느 성도의 집에서 머물며 말씀을 전하고 집회를 갖기 시작했다. 1906년 4월 8일에 그 가정에 모였던 7명의 사람들이 성령 침례를 받고 방언을 말하기 시작했다.[55] 이날 일어난 일에 대한 소문은 곧 주변에 퍼졌고 수많은 사람들이 몰려들기 시작하였다.

아주사 거리 312번지 건물

시무어와 아주사거리선교회 초창기 성도들

수많은 인파로 인하여 더 이상 가정에서 모임을 가질 수 없게 되자 장소를 아주사 거리에 있는 창고 건물로 옮기게 되었다. 이곳에서 시무어는 교파와 인종을 초월해 모인 사람들 앞에서 집회를 인도하였다.

55) 이영훈, "현대 성령 운동의 역사적 고찰," 151.

시무어가 아주사 거리에서 집회를 인도할 때에 수많은 사람들이 성령 침례를 받게 되었고, 병고침의 은혜를 체험함으로 오순절 부흥의 역사에 기념비적인 부흥이 일어나기 시작했다. 수십 명의 사람들이 성령의 권능 아래 쓰러졌고 각기 다른 방언을 말하기 시작했다. 이 광경을 목격한 『로스앤젤레스 타임즈』의 기자는 집회에 참석한 사람들이 종교적인 광란 속에서 알아들을 수 없는 말들을 쏟아 내고 있었다고 기술했다.[56] 지역 신문들은 앞다투어 아주사 거리의 성령 침례를 보도하기 시작했고, 샌프란시스코에서 있었던 지진에 빗대어 성령의 임재를 "영적인 지진"으로 묘사했다.[57] 집회는 성령의 인도하심을 따라 찬송하고 기도하며, 말씀을 듣고 성령 충만을 체험하는 시간으로 진행되었다. 아침 10시부터 자정까지 계속되는 집회를 통해 많은 사람들이 오순절적 체험을 하였다.

아주사의 오순절 부흥 운동은 미국뿐만 아니라 세계의 여러 나라에 영향을 미치기 시작했다. 많은 사람들이 남미, 아시아, 유럽에서 성령 침례를 사모하며 아주사 거리로 몰려 왔다. 성령 침례를 체험한 사람들은 오순절 성령의 운동을 각 나라에 전파하고자 하는 사명을 품고 본국으로 돌아가기도 하고, 선교지로 떠나기도 하였다.[58]

---

56) "Weird Babel of Tongue," 〈Los Angeles Times〉 1906년 4월 18일 자, 1면.

57) "Heart is Torn from Great City," 〈Los Angeles Times〉 1906년 4월 19일 자, 1-9면; Vinson Synan, *The Holiness-Pentecostal Tradition*, 98.

58) Allan Anderson, *Spreading Fires: The Missionary Nature of Early Pentecostalism* (London: SCM Press, 2007), 46-57.

그중에 노스캐롤라이나 주에서 사역하던 케슈웰(Gaston B. Cashwell) 목사는 아주사 집회에 참석해 성령 침례를 받은 후 곧 자신의 고향으로 돌아가 지역의 교단 목회자들과 함께 오순절적 성령 체험을 위한 집회를 개최하였다. 참석한 대다수 성결교 목회자들이 성령 침례를 받고 춤추며 방언을 말하였다. 그들이 각각 자신의 교회로 돌아가 성령 침례의 필요성을 외치자 각처에서 성령 침례의 역사가 일어났다. 이것이 계기가 되어 국제오순절성결교회(International Pentecostal Holiness Church)가 세워졌다. 이처럼 아주사 거리의 부흥을 직접 체험한 사람들이 고향으로 돌아가서 오순절 운동을 일으켰으며, 마침내 미국 전역과 세계 각국에 큰 성령의 역사를 확산시켰다.

아주사 거리에서 진행된 시무어의 집회는 3년 동안이나 여러 교파와 인종들이 뒤섞인 가운데 매일 오전 10시부터 밤 12시까지 정해진 순서나 광고 없이 기도, 설교, 간증 등으로 매일 계속되었다.[59] 그러나 집회 시에 실제로 설교를 길게 하는 경우는 드물었고, 설사 설교를 한다 할지라도 사도행전 2장 4절과 마가복음 16장 17-18절을 주제로 하여 짧게 끝내는 것이 보통이었다. 대부분의 시간은 찬송과 간증과 기도로 보내고는 하였다. 또한 성령의 권능 아래 사람들은 방언과 방언 통역, 예언, 축사, 신유 등을 행하였다.[60]

---

59) Frank Batleman, *Azusa Street: The Roots of Modern-day Pentecostal* (Plainfield: Logos International, 1980), 54-55.

60) Anderson, *Vision of the Disinherited*, 68.

성령 사역을 효과적으로 수행하기 위해 시무어와 동료들은 '아주사거리선교회' 를 조직하였고, 4면의 월간 소식지인 『사도적 믿음』(*The Apostolic Faith*)을 간행하였다. 이를 통해 부흥의 소식은 더욱 널리 확산되어 갔다.

(3) 윌리엄 덜함(William H. Durham)과 시카고 부흥

1873년 켄터키 주에서 태어나 침례교 가정에서 성장한 윌리엄 덜함은 1901년 시카고 지역에서 노스에비뉴선교회(The North Ave. Mission)를 창립하였다. 아주사 부흥의 소식을 접한 그는 1907년 3월에 직접 집회에 참석하여 성령 침례를 받고 시카고로 돌아가 오순절 운동을 전파하는 설교가로 활동하기 시작하였다. 그 후 시카고에는 덜함의 말씀 사역을 통해 강한 성령의 역사가 나타났다.

윌리엄 덜함

심지어 덜함이 사도행전에 기록된 말씀을 전할 때 그 자리에서 있던 다리를 못 쓰던 청년이 즉시로 고침받는 신유의 사건이 일어나기도 하였다. 복음전도자 덜함의 사역에 은혜를 받은 사람 가운데는 후에 하나님의성회 초대 총회장으로 활동한 벨(E. N. Bell) 등이 있다.

오순절 운동에 속한 여성 신유 사역자이자 후에 사중복음교회(Foursquare Church)를 설립한 에이미 샘플 맥퍼슨(Aimee Semple McPherson)도 1909년 덜함에게 안수를 받고 전도사가 되었다. 그녀

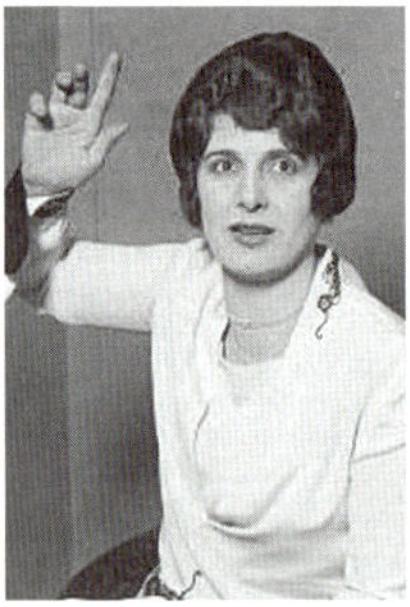

에이미 샘플 맥퍼슨

는 1920년대와 30년대 미국에서 가장 널리 알려진 신유 사역자들 중 한 사람이었다.[61] 맥퍼슨은 신유가 순간적이고 완전하게 이루어진다고 주장하여 비판을 받았지만, 그녀의 집회에는 교파를 초월해서 수많은 사람들이 참석하였다.[62] 이렇듯 덜함이 이끄는 노스에비뉴선교회를 중심으로 전개된 시카고 지역의 부흥은 시카고 지역을 넘어서는 광범위한 영향을 미쳤다.

그러나 현대 오순절 운동의 선각자들인 팔함과 시무어, 그리고 덜함은 성화에 관한 신학적 견해 차이로 인해 갈등을 빚기도 하였다.[63] 덜함은 갈보리의 십자가는 단지 죄의 용서만이 아니라 성화의 과정에도 영향을 미친다고 보았다. 이것은 죄의 용서, 혹은 칭의 이후에 별도로 체험하는 제2의 축복(second blessing)을 통해 성화를 받아야 한다고 주장한 기존의 성결 교리와는 명백하게 구분되는 가르침이었다. 이러한 덜함의 가르침은 칭의 이후에 성화를 위한 별도의 은혜가 필요 없이 갈보리의 십자가가 이미 모든 것을 완성했음을 가르친다는 의미에서 '갈보리 십자가에서 완성된 사역의 신학'(finished work of Calvary theology)이라고 불렸다. 덜함은 성

---

61) C. M. Robeck, Jr., "Aimee Semple McPherson," *Dictionary of Pentecostal and Charismatic Movements*, 568-71.

62) 이영훈, "한국 오순절 운동과 신유," 182.

63) Frank Batleman, *Azusa Street: The Roots of Modern-day Pentecostal*, 150-51; Edith L. Blumhofer, *The Assemblies of God*, 219.

도가 성화를 위하여 할 일은 제2의 축복을 통한 완전한 성화를 구하는 것이 아니라, 갈보리를 통해 이미 받은 성화의 은혜를 이어나가서 점진적으로 더욱 성화되는 것이라고 주장하였다. 덜함의 이러한 신학은 신앙생활에 있어서 2차적 체험을 중요하게 가르쳐 온 성결 운동 출신 오순절주의자들의 주장과 대치되는 것으로서, 많은 반대를 낳기도 했으나 1914년 하나님의성회의 창립에 지대한 영향을 미쳤다.

6. 현대 오순절 운동의 확산

(1) 아주사 거리 부흥의 영향

20세기 초 미국에서 일어난 현대 오순절 운동은 동시다발적인 양상을 띠며 전 세계적인 부흥 운동으로 급속히 확산되었다. 1906년 노르웨이의 감리교 목사인 토마스 바렛(Thomas B. Barratt)은 도시 선교를 위해 모금하려고 뉴욕을 방문했을 때 우연히 아주사 거리 부흥 소식을 듣고 편지로 아주사 부흥을 이끈 지도자들로부터 방언의 중요성을 배우게 되었다. 3개월간 기도에 전념한 바렛은 마침내 10월에 성령 침례와 방언을 받은 후 12월에 오슬로로 돌아가서 오순절 부흥 운동을 일으켰다. 노르웨이에서 일어난 부흥의 소식을 들은 이웃 나라에서도 여러 목사들이 오슬로를 방문하여 바렛이 이끈 부흥회를 통해 은혜를 받고 성령 침례를 체험한 후 각자 고국으로 돌아가서 오순절 운동을 이끌었다.[64] 그 가운데 스웨덴 침례교회 목사였던 레위 피드루스(Lewi Pethrus)가 있다. 그는 1907년 1월 오슬로에서 성령의 역사를 체험하고 스톡홀름으로 돌아가 부흥 운동을 전개하였고 스웨덴 하나님의성회를 조직하였다.[65]

오순절 성령 운동은 라틴 아메리카로 이어졌다. 1889년 미국에서 칠레로 파송 받은 감리교 선교사 윌리스 후버(Willis C. Hoover)는 1909년 자신이 담임하던 발파라이소(Valparaiso) 교회에서 기도회 시간에 오순절적인 성령 체험을 하였다. 이후 많은 사람들이 성령 체험을 사모하여 교회로 몰려들기 시작했고 이듬해인 1910년 후버 선교사는 칠레에 오순절 감리교회(Pentecostal Methodist Church)를 창립하였다.[66] 또한 스웨덴계 미국 이민자였던 다니엘 버그(Daniel Berg)와 구나 빙그렌(Gunnar Vingren)은 시카고에서 오순절 성령 체험을 한 후 1910년 브라질에 선교사로 가서 오순절 성령 운동을 전개하며 하나님의성회를 세웠다.[67]

아시아 지역도 예외가 아니었다. 예를 들면 아주사 거리 부흥을 직접 체험한 알프레드 가르(Alfred Garr)와 릴리안 가르(Lillian Garr) 선교사 부부는 1907년 인도에 들어가서 콜카타 지역의 영적

---

64) 서철원, 『성령신학』(서울: 총신대학출판부, 1995), 25.

65) Stanley H. Frodsham, *With Signs Following* (Springfield: Gospel Publishing House, 1946), 77-82.

66) Synan, *In the Latter Days*, 57-62.

67) Synan, *In the Latter Days*, 62-64.

부흥을 이끌었고, 1901년부터 인도에서 사역하던 독일계 미국 선교사 조지 버그(George E. Berg)도 1908년 아주사 거리를 직접 방문하여 성령 침례를 받은 후 인도로 돌아가 방갈로 지역을 중심으로 오순절적 사역을 수행하였다.[68)]

오순절 성령 운동은 아프리카의 부흥에도 영향을 미쳤다. 1900년대 초 아프리카의 성령 운동은 아프리카 남부 지역에서 시작되었다. 미국 선교사 레이크(John G. Lake) 등은 남아공의 요하네스버그에 있는 원주민 교회에서 부흥회를 인도하면서 오순절 메시지를 전하였다. 초창기에 참석한 사람들은 주로 백인들이었는데 이들 중 수십 명이 성령 침례를 받는 역사가 일어났다.[69)]

(2) 전 세계적 확산의 요인

아주사 거리에서 시작된 부흥 운동이 빠르게 확산되어 미국 전역을 넘어 세계 여러 나라에 영향을 미치며 급속히 확산될 수 있었던 가장 큰 이유는 오순절 성령 운동이 교단과 교파를 초월한 기독교 전체의 영적 갱신 운동이었고, 성령의 역사였기 때문이다. 성령의 역사는 방언과 신유의 체험으로 신앙의 확신을 더해주면서 많은 목회자와 성도들의 영적 갈급함을 해소시켜 줄 수 있었다. 오순절 운동에서 신유는 성령 침례만큼 중요하다. 왜냐

68) Stanley M. Burgess, "Pentecostalism in India: An Overview," *Asian Journal of Pentecostal Studies* 4/1(2001), 90.
69) Nichol, *The Pentecostalism*, 50.

하면 신유는 그리스도의 대속과 연관되어 있으며 하나님의 권능의 임재를 실제적으로 증거해 주기 때문이다.[70)]

또한 절망에 빠진 사람들에게 전달된 오순절적 소망의 메시지는 사람들에게 강한 호소력을 가지고 있었다. 복음을 듣고 은혜를 체험한 많은 사람들은 이것이 요엘서에 기록된 예언대로 마지막 때에 임한 늦은 비 성령의 역사임을 확신하며, 열심을 품고 복음 전도와 선교에 헌신하게 되었다. 아주사 부흥 운동 직후 오순절 운동은 북미는 물론 영국, 덴마크, 스웨덴, 네덜란드, 독일, 폴란드, 인도 등으로 확산되었고, 1908년 중국, 1913년 중남미, 아프리카 등으로 퍼져 나갔다. 1926년부터 1936년까지 미국 내의 개신교 교인의 수가 2백만 명 감소했지만(-8%), 같은 기간 동안 하나님의성회(Assemblies of God)의 성도들은 208.7% 증가했고, 하나님의교회(Church of God)는 92.8% 성장했다.[71)] 하나님의성회 총회장을 역임한 짐머만(Thomas F. Zimmerman)은 다음과 같이 오순절 운동의 성장 요인을 제시하였다.[72)]

---

70) 이영훈, 『성령과 교회』, 30.

71) 이영훈, "현대 성령 운동의 역사적 고찰," 152.

72) Thomas F. Zimmerman, "The Reason for the Rise of the Pentecostal Movement," in L. Grant McClung Jr. *Azusa Street and Beyond: Pentecostal Missions and Church Growth in the Twenties Century*, ed., (South Plainfield: Logos Publishing, 1986), 58-61.

첫째, 오순절 운동이 성경을 하나님의 말씀으로 믿고 따랐기 때문이다.

둘째, 오순절 운동이 성령의 임재를 통해 거룩하고 변화된 삶을 보여 주었기 때문이다.

셋째, 오순절 운동이 그리스도를 통한 구속의 은혜를 강조했기 때문이다.

넷째, 오순절 운동이 자유롭고 열정적인 예배를 사모했기 때문이다.

다섯째, 오순절 운동이 전심으로 전도에 매달렸기 때문이다.

1세기가 지난 지금, 전 세계에서는 오순절 교단들이 개신교 중에서 가장 큰 교세를 형성할 만큼 괄목할 교회 성장의 역사를 이루어 왔다. 특별히 비서구권에 속한 나라들에서의 오순절 운동의 급속한 확산은 전 세계 교회와 신학계의 주목을 받고 있다.

II

미국 하나님의성회 창립

1. 미국 하나님의성회 교단 창립의 배경

미국의 오순절 운동은 오늘날 세계적인 오순절주의의 형성에 있어 주요한 역할을 했다. 미국 하나님의성회는 1914년 아칸소 주 핫 스프링스(Hot Springs)에서 창립된 이래 오늘날 미국에서 가장 영향력 있는 오순절 교단으로 활동하고 있다.[73] 1900년대 초, 팔함의 신학과 시무어의 아주사 부흥 운동을 통해 출현한 오순절주의 교회들이 역사적, 신학적 요인(내적, 외적 요인)들로 인해 교단 조직의 필요성을 인식하게 됨으로써 미국 하나님의성회가 등장하게 되었다.

---

73) Margaret Poloma, "Assemblies of God," *World Religions & Spirituality Project VCU*, 2. http://www.has.vcu.edu/wrs/profiles/AssembliesOfGod.htm.

(1) 아주사의 오순절 부흥 운동

미국의 초기 오순절주의의 신학은 감리교에서 웨슬리의 완전성화 개념을, 개혁 교회로부터 신자의 능력 부여를 위한 성령 충만의 개념을, 플리머스 형제단에게서 세대주의 전천년설 및 신유 운동 등 다양한 교리적 개념들을 수용하였다. 미국의 초기 오순절주의는 이러한 교리적 개념들 위에 팔함의 성령 침례와 방언(성령 침례에 대한 최초의 증거로서)에 대한 개념을 공유함으로써 오순절 운동의 정체성을 형성했다.[74]

19세기 말 신유 운동은 오순절주의의 신학적 개념 중의 한 부분으로 수용되었지만 단지 신유 운동만으로 오순절주의의 정체성을 나타낼 수 있는 것은 아니었다. 복음주의나 근본주의 영성 운동과 오순절 부흥 운동의 특성을 차별화하는 독특한 신학은 찰스 팔함의 신학이다. 방언을 성령 침례의 증거라고 보는 팔함의 신학은 오순절주의의 독특한 정체성을 대표하게 되었다. 오늘날 오순절 교단의 교리는 보수 복음주의 교단의 교리와 같은 신학적 전통 위에 있다. 그런데 성령론 부분에 있어, 특히 성령 침례와 방언, 성령 충만의 강조는 오순절 교단의 가장 두드러진 신학적 특징이 되었으

---

74) Garry B. McGee and Darrin J. Roders, "The Assemblies of God: Our Heritage in Perspective," in IFPHC.org, 1. https://ifphc.org/index.cfm?fuseaction=history.main; 여의도순복음교회는 전통적인 오순절 운동의 신학적 정체성을 기반으로 하여 성령 침례와 방언, 성령 충만을 강조함으로써 성도들로 하여금 역동적인 신앙을 견지하도록 이끌고 있다. 이영훈, "여의도순복음교회, 새로운 50년을 바라보며," 〈기독교사상〉 606(2009. 6), 210.

며 타 교단과 차별화되는 오순절적 특성이기도 한 것이다.[75)]

홀렌베거(W. J. Hollenweger)에 의하면 1901년 팔함의 벧엘성경학교에서 아그네스 오즈만이 성령 침례를 받고 방언을 말한 사건은 오순절적 체험의 증거로서 이 사건이야말로 오순절 운동의 출발이었다.[76)] 그러나 진정한 의미에서 미국 오순절 운동은 흑인 설교자 윌리엄 시무어의 L.A. 아주사 거리 부흥 운동(Azusa Street Revival)에서 시작된다.[77)] 이 아주사 부흥 운동에서 은혜를 받은 많은 사람들에 의해 '성령 침례와 방언'으로 특징지어지는 오순절 신학과 오순절 부흥 운동이 전 미국으로 번져 나갔으며, 나아가 미국 외의 지역으로 퍼져나가게 되었다.[78)] 흑인이 주류인 '그리스도하나님의교회'는 오순절 교회로 전환하기도 하였다. 그러나 많은 백인 계열의 교회들은 아주사 부흥 운동의 극단적 체험을 꺼리고 팔함의 사도 신앙 운동(Apostolic Faith Movement)에 참여했

---

75) 이영훈, "조용기 목사의 성령론이 한국 교회에 미친 영향," 『영산의 목회와 신학 II』(군포: 한세대학교 말씀사, 2008), 147.

76) Poloma, "Assemblies of God," 3; 토페카 성령 충만 이전, 방언 현상들은 교회 역사 속에서 간헐적으로 발견되었다. 그 같은 방언은 바울서신에 언급된 성령의 은사 중 하나로 여겨졌다(고전 12:10, 14:39). 그런데 토페카 사건에서부터 처음으로 성령 침례의 개념이 '최초의 증거로서의 방언'과 연결되었다. 이영훈, "오순절 운동이 한국 교회에 미친 영향," 『성령과 교회』(서울: 교회성장연구소, 2013), 33-34.

77) 팔함의 토페카 부흥은 오순절 운동의 시초가 되었다. 여기에 오순절 운동이 세계적인 부흥 운동으로 확산되는 것은 아주사 부흥 운동에서 비롯되었다. 이영훈, "오순절 운동이 한국 교회에 미친 영향," 『오순절신학논단』 1(1998), 94.

78) Poloma, "Assemblies of God," 4; McGee and Roders, "The Assemblies of God: Our Heritage in Perspective," 1-2.

다. 그러나 그중의 어떤 이들은 사도 신앙 운동의 지나친 조직화가 종말론적 부흥 운동의 역동성을 저해한다고 생각하고 자치권이 보장되는 느슨한 조직의 협력체를 형성하려는 움직임을 가지게 되었다. 그리하여 1913년, 백인 그리스도하나님의교회에 소속해 있던 벨, 고스(H. A. Goss), 오퍼맨(Daniel C. O. Opperman), 콜린스(A. P. Collins), 핀슨(Mack M. Pinson)과 같은 사역자들이 함께 모여 다양한 오순절 간행물들을 통해 '총회'(Assembly)의 소집을 시도하게 되었다.[79)]

(2) 교단 조직의 필요성에 대한 인식

성령의 체험을 강조하는 오순절주의 신자들은 '조직화'에 대해 꺼리는 경향이 있었다. 조직화는 성령의 역사를 제한하는 걸림돌이 될 수 있다는 생각을 가지고 있었기 때문이었다. 그러나 오순절 신자들이 '교단' 형성의 필요를 절감하게 되는 시대적, 현실적 요인들이 생겨나게 되었다. 오순절주의 신학자 윌리엄 맨지스(William Menzies)에 따르면, 1914년경 오순절주의 교회들은 타 개신교 교단들로부터 배척되는 상황에 몰렸다. 그들의 관점으로는 오순절 교회가 감정적이고, 초자연적 기적과 표적에 지나치게 열중하는 것으로 여겨졌다. 따라서 그들은 오순절주의 교회들을 자신들의 교제권 안으로 받아들이려 하지 않았다. 또한 내적 요인으로

---

79) Poloma, "Assemblies of God," 4.

는 몇몇 카리스마적인 지도자들 주변으로 추종자들이 모여 일종의 파당이 형성되고, 신원이 확실하지 않은 자칭 오순절주의자들이 지역 교회에 가져다 주는 혼란, 또한 해외 선교와 관련한 재정적, 법률적 대표성 문제들이 오순절주의자들로 하여금 조직화된 교단의 필요를 느끼게 하였다. 나아가 오순절적 체험에 대한 절제 및 성경적 기준 등 교리 확립에 대한 필요성 역시 조직화 또는 교단을 형성해야 할 이유에 부가되었다.[80)]

2. 미국 하나님의성회 교단의 형성(1914)

(1) 총회 소집

하나의 교단으로서의 조직화에 대해 오순절주의 안에서도 의견이 다양했다. 어떤 이들은 이미 존재하는 제도적 기반 위에 오순절적 가르침을 혼합한 협회(Associations)를 조직하기도 하였으나 대부분의 오순절주의자들은 지역 협회 이상의 어떤 조직체도 형성하지 않았다. 그들은 오순절주의 정기간행물을 구독하고, 간헐적인 캠프 미팅이나 회의들에 참석함으로써 오순절주의의 동질감을 유지하였을 뿐이다. 조직화에 대해 반대하는 이유는 개별 지

80) William W. Menzies, *Anointed to Serve: The Story of the Assemblies of God* (Springfield, Missouri: Gospel Publishing House, 1971), 80-84.

역 교회의 자치권을 보존하려는 것과 영성적 이유, 즉 협력이 성령의 인도를 따르는 데 방해가 될 수 있다는 것, 또 조직화가 성령의 역사를 소멸시킬 것이라는 의식 때문이었다. 이외에도 오순절주의자들은 기존의 교단으로부터 거부당한 경험으로 인해 교단적 구조를 꺼리는 면도 있었다.[81]

1913년 12월 20일, 〈말씀과 증언〉(Word and Witness)지는 핀슨, 콜린스, 고스, 오퍼맨, 벨의 서명 아래 공식적으로 "오순절 성도 및 그리스도하나님의교회" 의 총회를 소집하는 기사를 게재했다.[82] 총회 소집을 통해 다루어질 주제, 즉 총회 소집의 목적으로는 하나님의성회 총회의 전문과 헌법을 만드는 일, 상임실행위원회의 상임 위원들(the Executive Presbytery)을 지명하는 일(12명)[83], 사역자들의 훈련을 위한 신학교의 설립에 관한 일[84]을 다루는 것이었다.[85]

그러나 이 같은 소집의 초대에 대해 처음 사람들의 반응은 그

---

81) Edith L. Blumhofer, *The Assemblies of God: A Chapter in the Story of American Pentecostalism*, Vol. 1-To 1941(Springfield, Missouri: Gospel Publishing House, 1989), 199-200.

82) Menzies, *Anointed to Serve*, 93에서 재인용.

83) 총회가 지명한 위원들은 다음과 같다: 벨(E. N. Bell), 콜린스(A. P. Collins), 에릭슨(R. L. Erickson), 포클러(C. B. Fockler), 플라워(J. R. Flower), 고스(Howard Goss), 커(D. W. Kerr), 레오나드(Thomas K. Leonard), 오퍼맨(D. C. O. Opperman), 핀슨(M. M. Pinson), 신클레어(John Sinclair), 웰치(John W. Welch).

84) 미시시피 주 유니온 근교의 르우벤 벤자민 치솜(Rueben Benjamin Chisolm)이 운영하는 문예학교(the Literary School)와 오하이오 주 핀들래이(Findlay, Ohio)의 복음신학교(the Gospel School). 이들 학교는 총회의 직접적인 승인을 받고 1914년 설립되었다.

85) Blumhofer, *The Assemblies of God*, 201-8.

다지 긍정적이지 못했다. 최초의 소집 공고 이후 몇 달간 다시 〈말씀과 증언〉지에 신학 개념 또는 명칭상의 문제와 관련된 분립 및 파당의 오류를 시정하고, 신학교 설립 및 출판, 선교 사역의 협력을 위해 자원들을 통합함으로써 이루어질 일들과 관련하여 총회를 소집한다는 설명의 글을 게재했다. 마침내 1914년 3월 20일, 최종적으로 〈말씀과 증언〉지에 총회 소집이 기사화되었고, 일련의 반대를 넘어 총회 소집을 추진하였다. 핫 스프링스에서 목회하던 고스는 '그랜드 오페라 하우스'(Grand Opera House)를 6개월 동안 임대하였다. 포트워스에서 단기 성경 학교 강의를 마치고 핫 스프링스에 도착한 다니엘 오퍼맨은 고스가 복음 전도 여행을 가 있는 동안 다가올 총회를 위한 준비를 차근차근해 나갔다.[86]

마침내 1914년 4월 6일, 제1차 총회(the 1st General Council)가 고스와 그의 회중의 주재 아래 아칸소 주 핫 스프링스의 그랜드 오페라 하우스(Grand Opera House)에서 열렸다. 벨은 총회장으로, 플라워(J.R. Flower)는 총무(재무 서기)로 선출되었다. 아직 공식적인 조직이나 교리 제정에 대해서는 조심스러웠지만 선교 활동이나 기존 자원과 관련된 사업, 성경 교육 센터 설립 등의 일에 있어서는 협력을 강화하기로 하였다.[87]

---

86) Menzies, *Anointed to Serve*, 95-96.

87) Poloma, "Assemblies of God," 5; McGee & Roders, "The Assemblies of God: Our Heritage in Perspective," 2.

하나님의성회 초대 의장 벨

핫 스프링스에 있는 그랜드 오페라 하우스

(2) 1914년 제1차 총회(핫 스프링스 총회)와 결의 사항

보스워드(F. F. Bosworth), 콕스(A. B. Cox), 플라워, 고스, 오퍼맨, 핀슨 등을 비롯한, 20여 개 주 300여 명의 사람들이 핫 스프링스 미팅에 참석하였다. 대회는 1914년 4월 2일에 개시되었으나 며칠 동안 어떤 사역도 진행하지 않고 3일간 설교, 기도, 교제에 전념했다. 1914년 4월 6일, 실행의장 벨이 개회를 시작했다.[88] 그런데 이 총회가 경직되고 권위적인 구조로 발전될 것을 우려한 사람들이 오하이오 주 핀들래이의 대표 레오나드(T. K. Leonard) 주재로 작은 비공식적 위원회를 열었다. 이 사실은 공식 위원회가 열리기 전에 드러났으며, 공식 위원회는 조사에 나섰다. 그러나 레오나드가 '공식 위원회'의 서기 플라워에게 진술한 문서의 내용은 양측이 공감하는 '연합'(unity)을 추구하는 내용이었다. 따라서 양측 집단 사이에 합동으로 승인된 문서가 대회에 제시되었으며, 결의

88) Menzies, *Anointed to Serve*, 97-98; Blumhofer, *The Assemblies of God*, 202.

는 만장일치로 통과되었다. 1차 선언의 내용은 그리스도로 말미암은 교회, 성경의 권위, 하나님의성회의 정체성에 대한 선언을 담고 있다.[89] 또한 2차 결의문이 제출되어, 하나님의성회 교회들의 자발적인 협력의 원칙 및 합법적인 법인 개념이 명시되었다. 1차, 2차 결의문이 만장일치로 통과된 일은 모두에게 고무적인 경험이었다.[90]

1차 총회의 중요한 결의 사항들은 다음과 같다. 첫째로는 그리스도하나님의교회, 하나님의성회, 사도신앙선교회, 순복음오순절선교회 등 다양한 명칭의 오순절 교회들을 '하나님의성회'(Assemblies of God)라는 같은 이름 아래 두기로 결정했다. 즉, 교단의 공식적 명칭으로 '하나님의성회' 라는 명칭을 채택하고, 국내외 선교 사업 및 총회와 교제를 위한 실제적인 목적을 위해 사용하기로 하였다.

1914년 제1차 총회에서 선출된 하나님의성회 초대 집행 이사들

또한 성경적 원칙에 근거하는 일반적 신앙의 원칙 외에 어떤 공식적인 명확한 교리적 진술도 행해지지 않았다. 벨의 〈말씀과 증언〉지와 플라워의 〈기독교 복음〉(Christian Evangel)지, 두 개의 정간물이 새로이 형성된 총회의 공식적 기관지로 지명되었다. 두 개

89) Menzies, *Anointed to Serve*, 99.
90) Menzies, *Anointed to Serve*, 102.

의 신학교, 즉 미시시피 주 유니온 근처 치솜의 '문예학교'와 오하이오 주 핀들래이의 '복음신학교'가 승인되었다. 나아가 자격증(신임장)은 '하나님의성회 총회'의 이름으로 오순절교회, 사도신앙교회, 그리스도하나님의교회들에 속한 목회자들에게 주어졌다. 그러나 이혼자나 재혼자에 대한 신임장은 거부되었다. 총회의 원칙 안에서 지역 교회들에 의한 지방회 형성에 대한 항목이 부가됨으로써 몇 달 뒤 여러 개의 지방회가 형성되었다. 나아가 상임실행위원회(the Executive Presbytery)는 차후의 총회를 소집할 권한을 가지도록 재가 되었다.[91)]

제1차 총회에 모인 대의원들과 방문자들

3. 1914년 제2차 총회(시카고)와 출판권 확립

(1) 2차 총회의 필요성 대두

2차 총회의 필요성은 출판 및 목회자 훈련, 선교 업무와 관련된

91) Menzies, *Anointed to Serve*, 103-5.

행정적 부담이 몇몇 사람에게 과중하게 집중된 상황에서 비롯되었다. 1차 총회가 열리는 동안, 오하이오 주 핀들래이에서 레오나드(T. K. Leonard)가 제공한 작은 인쇄소와 학교 부지는 새롭게 창립된 하나님의성회의 일종의 본부로 사용되었다. 1914년 6월, 두 개의 공식 기관지인 월간 〈말씀과 증언〉, 주간 〈기독교 복음〉지의 발행처가 오하이오 주 핀들래이로 옮겨졌으며, 벨과 플라워는 여름 내내 발간 업무를 맡았다.[92] 벨과 플라워는 레오나드의 '복음신학교' 에서 강의하면서 동시에 하나님의성회 본부의 임원으로 사역했다. 선교사들의 필요를 지면으로 게시할 뿐 아니라 선교 기금을 전달했으며 나아가 출판 일을 감독하고, 인쇄 장비와 시설도 유지하고, 설교와 저술 활동까지 해야 했다. 1914년 가을, 위와 같은 행정적 일들이 늘어난 것은 그만큼 하나님의성회가 개별 오순절교회들의 지지를 받게 되었다는 지표이기도 했지만 행정적으로 결정해야 할 많은 일들로 인해 벨과 플라워는 2차 총회를 요청해야 할 상황에 직면했다.[93]

(2) 2차 총회와 결과

1914년 늦여름, 1차 총회에서 총회 개최에 대한 권위를 부여받은 상임실행위원회(Executive Presbytery)는 제2차 총회를 1914년 11

92) Menzies, *Anointed to Serve*, 106.
93) Blumhofer, *The Assemblies of God*, 211.

월 15일부터 29일까지 시카고의 스톤 교회에서 개최하기로 발표했다. 2차 총회는 1914년 11월 15일에 열렸다. 벨의 요청으로 총회는 새로운 임원진 - 콜린스가 총회장, 오퍼맨은 부회장, 플라워는 서기 - 을 구성했다. 상임실행위원회는 총회의 대표격이 되었으며, 상임위원들은 12명에서 16명으로 늘어났다. 상임실행위원회는 해외 선교 사역과 관련하여 여러 연관된 기관들의 기능을 규정하고 협력을 촉진하도록 위임되었다.[94)]

또한 2차 총회에서는 총회에 의해 소유 및 관리될 인쇄 기구의 구입을 위한 자금 조성이 재가 되었다. 2차 총회 이후, 1915년 복음출판사(the Gospel Publishing House)는 오하이오 주 핀들래이에서 미주리 주 세인트루이스로 옮겨갔다. 워싱턴 D.C.로부터 기부받은 인쇄 기구와 기타 구입된 인쇄 기구들은 복음출판사의 핵심적인 장비들이 되었다. 2차 총회의 목적은 '하나님의성회'를 세우는 견고한 토대를 놓는 일이었으며, 상임실행위원회는 만장일치로 하나님의성회 본부를 세인트루이스로 이전하기로 결정했으며, 벨과 플라워는 1915년부터 세인트루이스에서 출판을 시작했다.[95)]

---

94) Blumhofer, *The Assemblies of God*, 211.
95) Blumhofer, *The Assemblies of God*, 212.

4. 초기 미국 하나님의성회 교단의 위기와 해결(1914-1916)

(1) 교리적 문제(오직 예수 운동)의 발생과 제3차 총회(1915년)

① 문제의 발생

1913년 4월, 캘리포니아 주 파사디나 근처 애로요 세코(Arroyo Seco)에서 마리아 우드워드-에터(Maria Woodworth-Etter)가 이끌었던 부흥회는 놀라운 표적과 기적을 수반하는 부흥회였다. 계속되는 부흥회 기간 동안 주중에는 매일 밤마다 1천 5백 명에서 2천 명의 사람들이 모였으며, 주일에는 더 많은 사람들이 몰렸다. 여기에 참석했던 존 쉐프(John Schaeppe)는 우드워드-에터가 예수 이름으로 행하는 기적에 감동받아 기도로 밤을 새웠는데, 아침 즈음에 그는 '예수 이름의 권능에 대한 계시'를 받았다.[96] 프랭크 에와트(Frank Ewart)가 이 미팅에 참여하여 '새로운 가르침'을 확신하고 전파하기 시작했다. 이 부흥회의 기획자인 스콧(R. J. Scott)은 근처에 침례 의식을 준비하고, 맥칼리스터(R. E. McAlister)에게 침례 시에 설교하도록 요청했다. 맥칼리스터는 초대 교회의 사도들이 개종자들에게 예수 이름으로 침례를 주었으며 아버지, 아들, 성령이

96) Blumhofer, *The Assemblies of God*, 222-23.

라는 말이 기독교 침례에 사용된 적이 없다고 주장했다.[97] 에와트는 맥칼리스터 외에 글랜 쿡(Glenn Cook)을 협조자로 얻어 침례 통을 구입하여 서로 '예수 이름'으로 재침례를 실시하였다. 에와트와 그의 추종자들은 사도행전 2장 38절을 증거 본문으로 삼고, 신자들이 예수 이름으로 침례를 받아야 하며, 이 같은 방식으로 침례 받지 않은 사람은 다시 받아야 한다고 주장했다. 그들은 점차 3단계 개종 경험 - 회개, 예수 이름으로 침례, 성령 침례 - 을 주장하게 되었다. 나아가 삼위일체에 대한 정통 교리를 거절하고, 구약의 야훼를 신약의 그리스도와 동일시하였다.[98] 오직 예수 이름으로 받는 재침례는 기적 행사, 악령 추방, 물 침례와 관련하여 사도행전의 사도들이 행한 '그(예수) 이름'의 사용에 초점을 맞춘 것으로서 이는 급속도로 삼위일체를 부인(일종의 '양태론적 단일신론' Modal Monarchianism)하는 방향으로 빠지게 되었다.[99]

에와트는 1914년 1차 핫 스프링스 총회에서 '오직 예수'(Jesus Only) 설교를 처음 시도했다. '뉴 이슈'로 흔히 지칭되는 이 움직임에 대해 플라워는 흑인 사역자 헤이우드(G. T. Haywood)에게 편지를 보내 이 운동의 교리적 문제에 대해 경고하였으나 그는 이미 글랜 쿡에 의해 그 가르침을 받아들여 자신과 자신의 회중들과 다

---

97) Menzies, *Anointed to Serve*, 111-12; Blumhofer, *The Assemblies of God*, 223.

98) Blumhofer, *The Assemblies of God*, 225.

99) Menzies, *Anointed to Serve*, 112. 이는 일종의 '오순절 유니테리언주의'였다.

함께 재침례를 받았으며, 그의 교회는 '오직 예수 가르침(Oneness teaching)'을 전하는 지도적인 역할을 하고 있었다.[100)]

이 '오직 예수 가르침'에 벨을 비롯하여 오퍼맨, 홀(L. C. Hall), 헤이우드, 고스, 맥칼리스터와 전체 캐나다 오순절 목회자들, 루이지애나의 지방회의 12목회자가 동조했다. 벨을 비롯하여 하워드 고스는 다른 오순절 목회자들에게 이 가르침을 받아들이도록 압력을 넣었다. 하워드 고스는 후일 핵심적인 '원니스'(Oneness) 운동(오직 예수 운동)의 지도자가 되었으며 이 가르침이 연구로는 결코 알 수 없고 단지 계시로만 온다는 개념에 동의했다.[101)] 플라워는 이 같은 상황에서 정통 교리에 대한 확신을 재천명하기로 결정하고, '원니스' 교리가 퍼져 나감으로 인해 지역 성회가 어지러워지는 상황을 보고 받으면서 어떠한 조처를 결심하게 되었다.[102)]

② 3차 총회(1915년)

1915년 3월 27일부터 〈말씀과 증언〉지에는 강경하게 삼위일체를 옹호하는 글과 마태복음 28장 19절에 명시된 침례의 형태를 지지하는 글들이 실렸다. 플라워는 성경 및 교회 역사 연구, 신학자들과의 면담 후에 이 '새로운 계시'라는 것은 단지 고대 이단의 재등장일 뿐이라고 결론지었다. 1915년 8월 14일, 플라워는 상임실행위원회로부터 총회 소집을 승인받고 〈기독교 복음〉지에 '제3차

100) Menzies, *Anointed to Serve*, 113.
101) Menzies, *Anointed to Serve*, 115; Blumhofer, *The Assemblies of God*, 229.
102) Blumhofer, *The Assemblies of God*, 230-31.

총회' 공고를 내었다. 1915년 11월 1일부터 3일까지, 세인트루이스에서 제3차 총회가 개최되었다. 개회식에서는 의장 콜린스와 부의장 오퍼맨이 부재한 가운데 플라워가 총회 서기로서 대회를 이끌었다. 콜린스 대신에 존 웰치(John Welch)가 임시 의장을 맡도록 위임되었고 이후 그는 총회장으로 선출되었다. 장시간 행해진 양측의 의견 표명과 토론 뒤에 장문의 성명서가 만들어졌으며, 그 핵심적 내용은 침례 형식에 있어 약간의 차이는 침례의 유효성에 영향을 주는 것은 아니지만, 사역자들은 재침례를 권고해서는 안 되며, 이로 인한 파당이나 분열이 생겨서는 안 된다는 것이었다.[103]

'오직 예수 운동'의 여파는 신생 하나님의성회에 커다란 도전이었다. 이 같은 문제가 일어난 이유 중의 하나는 1차 핫 스프링스 총회에서 성경의 권위에 대한 포괄적인 언급 외에 신학적 원리에 대해서는 확실한 조항을 만들지 않았던 데에 기인한다고도 볼 수 있다.[104]

(2) 제4차 총회(1916년)와 "근본 진리문"(Statement of Fundamental Truths)의 채택

1915년 3차 총회가 평화적으로 끝난 것 같았지만 '오직 예수' 논쟁은 여전히 계속되었으며, 더 강력해졌다. '오직 예수' 파 사람

---

103) Menzies, *Anointed to Serve*, 114; Blumhofer, *The Assemblies of God*, 233-34.
104) Menzies, *Anointed to Serve*, 116.

들은 다른 오순절 회원들에 대해 영적 우월감을 가지고 있었고, 그들의 가르침을 수용하지 않는 사람들에게 위협적인 언사마저 행했다. 열렬한 '오직 예수' 파 글랜 쿡은 플라워에게 자신들의 가르침을 반대한다면 재앙이 있을 것이라고 위협했다. 신생 하나님의성회는 계시와 성경 사이에서 권위의 출처를 확실히 해야 할 상황에 직면하였다. 하나님의성회 오순절주의 목회자나 신자들은 여전히 이 같은 종류의 계시에 관용적인 사람들이 많았기 때문이었다.[105)]

그러나 점차 하나님의성회의 회원들은 이 '새로운 계시' 가 성경에 기초한 것이 아니라 주관적 감정에서 나온 것이며 '오직 예수 운동' 은 비성경적이라는 자각을 하게 되었다.[106)] 따라서 이 같은 교리적 갈등을 해결하기 위해 기본 교리의 수립이 필요함을 현실적으로 느끼게 되었다. 마침내 교리적 문제의 해결을 위해 총회장 웰치는 1916년 6월 24일, 〈주간 복음〉(Weekly Evangel)지를 통해 제4차 총회 소집을 고지했다.[107)] 1916년 세인트루이스의 벧엘 채

---

105) Blumhofer, *The Assemblies of God*, 235.

106) 오순절 운동을 포함하여 모든 성령 운동은 하나님의 말씀의 권위에 입각하여 이루어져야 한다. 성경 말씀 외의 다른 것이 강조될 때 성경의 원래의 뜻과 멀어지게 되며 결국 영적 권위가 상실되고 이단으로 빠질 위험에 노출된다. 영적 부흥 운동의 중심이 말씀이 아니라 환상이나 직통 계시를 받는 것을 강조하고 이를 위한 목적으로 기도하다 보면 정통적이고 건전한 신앙 노선에서 빗나가기 쉽다. 따라서 기독교 영적 부흥 운동은 성경 말씀에 입각해야 한다. 이영훈, "오순절 운동의 확산과 아주사 부흥 운동," 『21세기를 향한 성령의 사역』, 국제신학연구원 편(서울: 서울말씀사, 1998), 201.

107) Menzies, *Anointed to Serve*, 117.

플(Bethel Chapel)에서 열린 제4차 총회는 아직 미해결된 '뉴 이슈'(New Issue) 문제를 다루었다. 이곳에 참석한 모든 하나님의성회 총회 회원들은 뉴 이슈에 대해 명백한 입장을 밝히도록 요청되었으며, 이때 벨은 오직 예수 운동의 가르침에 대한 일시적인 동조에서 돌이켜 제자리로 돌아왔다. 레오나드, 벨, 커(D. W. Kerr)를 포함하는 위원회는 "근본 진리문"을 기초하였는데, 이는 사실상 몇 달에 걸친 다니엘 커의 세심한 연구와 준비로 인해 완성된 것이었다.[108] 1916년 제4차 총회(세인트루이스)는 16개의 근본 신조를 채택한 교리 성명서를 수립하고 삼위일체 신학을 재확인하였다. '뉴 이슈' 논쟁으로 인해 하나님의성회 회원의 25퍼센트가 총회를 떠나는 도전과 위기[109]를 겪어야 했으나 이 시련을 극복하고 교리적 기초를 수립한 이후, 하나님의성회는 안정적으로 발전하기 시작했다.

5. 미국 하나님의성회의 안정

(1) '성령 침례의 최초의 증거'와 관련된 새로운 교리적 갈등의 발생

오순절 운동은 처음 일어날 때부터 '성령 침례'와 '방언'에 대

108) Blumhofer, *The Assemblies of God*, 236.

109) Blumhofer, *The Assemblies of God*, 236. '오직 예수' 파는 '오순절 유니테리언 펠로우쉽' (Pentecostal Unitarian Fellowship)을 조직하고 잔존하였다.

한 독특한 신학적 정체성을 가졌다. 오순절주의자들은 성경이 방언을 성령 침례의 최초의 증거로 가르친다고 믿었다. 따라서 하나님의성회 사람들은 방언을 성령 침례의 최초의 물리적 증거로 보았으며 방언의 증거를 뒤이어 성령 충만한 삶의 증거들이 다가온다고 믿었다. 복음주의자들이 중요하게 생각하는 것은 성령 충만을 통한 성령의 열매, 성령의 은혜였지만 오순절주의자들은 방언을 수반하는 성경적 체험에 강조점을 두었으며, '표적 방언'과 '은사 방언'을 명백히 구별하였다.[110)]

보스워드(F. F. Bosworth)는 초기 오순절주의자들의 이 같은 신념에 대해 문제를 제기하였다. 그는 1906년 일리노이 주 시온 시에 팔함이 방문했을 때 그의 오순절적 가르침을 수용하고 성령 침례와 방언을 경험했다. 그는 오순절적 체험을 바탕으로 신유 사역을 행하고 강의와 설교에 헌신하면서 달라스에 오순절 교회를 세웠다.[111)] 보스워드는 1차 핫 스프링스 총회에 참석했으며 상임실행위원 중의 한 사람이 되었다. 그는 1914년까지는 방언에 대해 전통적인 오순절주의 관점을 가지고 있었다. 그런데 자신의 사역과

110) Menzies, *Anointed to Serve*, 125; 여의도순복음교회는 미국 하나님의성회의 전통적 오순절 신학과 같은 전통 위에 서 있다. 조용기 목사와 여의도순복음교회는 방언 말함을 성령 침례의 명백한 외적 증거로 보며, 표적으로서의 방언과 은사로서의 방언이라는 두 가지 범주에 대한 신학적 입장을 포괄하고 있다. Young Hoon Lee, "The Yoido Full Gospel Church and the Pentecostal Movement," 순신대교수논총10(1997), 114.

111) Blumhofer, *The Assemblies of God*, 239-40.

성경 연구 가운데 방언이 성령 침례의 최초의 증거라는 데에 대해 의문을 제기하게 되었고, 결국 1908년에 '방언은 성령 침례의 증거 중의 하나'라는 견해를 채택하게 되었다.[112] 보스워드는 먼저 개스톤(W. T. Gaston), 핀슨, 콜린스와 같은 자신의 친구들에게 그의 입장을 주장하여 설득시켰다. 이후 자신의 견해를 설교와 글을 통해 대중적으로 전파하기 시작했다. 1917년 보스워드의 견해가 광범하게 홍보되면서 상임실행위원회 위원으로서의 보스워드의 직위의 적법성에 대한 문제 제기 및 그의 견해에 항의하는 서신들이 스프링필드 상임실행위원회 사무실로 쏟아졌다. 결국 1917년 총회는 방언이 최초의 증거라는 교리를 진술하고 있는 근본 진리에 서명하지 않는 사역자는 누구든지 회원 자격을 부여하지 않는다는 결의안을 채택하였다. 그러나 보스워드는 계속 자신의 견해를 전파했으며, 1918년 7월에는 스스로 하나님의성회 회원 자격을 철회하였다.[113]

(2) 문제의 해결

1918년 미주리 주 스프링필드에서 열린 9월 총회에서 최초의 증거로서의 방언 문제에 대한 토론과 결의안의 채택이 있었다. 총회 토론장에서 레오나드를 비롯한 몇 사람이 전통적 오순절 관점을 재천명했고, 개스톤과 핀슨은 반대 입장을 제기했다. 보스워드

112) Menzies, *Anointed to Serve*, 127.
113) Menzies, *Anointed to Serve*, 128.

는 이미 스스로 회원 자격을 사퇴했으나 연설권이 주어졌다. 그는 총회에 자신의 견해를 강요하지 않았지만 자신의 확신을 철회하지 않았다. 이 문제는 커에 의해 해결되었다. 커는 성령 침례는 방언이라는 최초의 물리적 표적을 수반한다는 것을 재확인하고, 하나님의성회 회원으로서 이 증언에 반하는 사역자는 비성경적이요, 모순된 신학을 가지는 것으로 간주한다고 명시했다. 보스워드는 1918년 총회 결정을 받아들이고 신사적으로 하나님의성회를 떠났으며 뉴욕으로 가서 '기독교 선교 연맹'(Christian Missionary Alliance)에 속하였다.[114)]

하나님의성회는 1918년 성령 침례의 최초의 증거로서의 방언에 대한 논쟁을 끝내고 하나님의성회의 근본 교리의 정립을 마무리 지었다. 초기 하나님의성회의 교리적 논쟁은 1차 총회 때부터 조직화 또는 교리주의에 대한 경계 속에 내재되어 있었던 일이었다. 근본 교리의 정립을 통해 하나님의성회는 오순절적 정체성을 명확히 하게 되었으며, 1918년 이후 보다 조직화된 협력을 통해 선교와 복음 전도에 힘쓰고 성장과 발전을 향해 나아가게 되었다.

(3) 선교 및 교육 사업

하나님의성회의 정체성 중 또 하나의 중요한 부분은 선교에 대

114) Menzies, *Anointed to Serve*, 129; Blumhofer, *The Assemblies of God*, 242.

한 열정이었다. 하나님의성회의 신학에서 세대주의 종말론은 그 어떤 개신교회들보다 하나님의성회의 선교적 열정을 격려하는 신학적 개념이었다고 볼 수 있다.[115] 1914년 11월 시카고에서 열렸던 2차 총회에서는 대대적으로 전 세계적인 복음 전도의 비전을 수립하고 실행하기로 결의했다.[116] 1914년과 1915년 사이에 약 30명이 총회로부터 선교사 자격을 부여받았다. 초기에 하나님의성회 선교부는 주로 선교사들을 위한 재정 지원을 연결하는 역할만을 했다. 그러나 1943년부터는 선교 사업 정책을 적극적으로 추진하고 이끌기 시작했다. 1950년대에는 선교지의 본토 출신 지도자들을 교회의 지도자로 세우는 훈련에 초점을 두었고, 가부장적 형태에서 동역자로의 선교 정책의 패러다임 전환을 통해 큰 성공을 낳게 되었다. 하나님의성회 총회는 알리스 루스(Alice E. Luce), 랄프 윌리암스(Ralph D. Williams), 필립 호건(J. Philip Hogan), 멜빈 핫지(Melvin L. Hodges) 등과 같은 지도자들의 헌신을 통해 전 세계에 수백 개의 신학교를 설립해 나갔다.[117] 1968년 미주리 주 세인트

115) 미국은 물론 전 세계적인 복음 확장으로 이어진 아주사 부흥 운동에서 보이듯이 영적 부흥 운동은 복음 전파와 선교로 연결되어야 한다. 영적 부흥 운동은 안으로는 치유 운동, 밖으로는 선교 및 복음 전도로 나타날 때 참된 영적 부흥임이 증명된다. 오순절 운동은 '다시 오실 예수님'의 재림 신앙을 가지고 그 어떤 교단보다 선교와 복음 전도에 열정을 나타내 왔다. 이영훈, "오순절 운동의 확산과 아주사 부흥 운동," 『21세기를 향한 성령의 사역』, 국제신학연구원 편(서울: 서울말씀사, 1998), 202-3.

116) McGee and Roders, "The Assemblies of God: Our Heritage in Perspective," 1.

117) McGee and Roders, "The Assemblies of God: Our Heritage in Perspective," 4.

루이스에서 열린 복음 전도를 위한 협의회에서, 총회는 세계 복음 전도를 위한 선교적 사명을 재확인하였다. 여기서 빈곤이나 가난과 관련한 총체적 선교 이슈를 본격적으로 다루지 않았지만, 하나님의성회는 이미 여러 영역에서 전인적 선교를 지향해 나가고 있었다. 예를 들어 이집트 아시아웃(Assiout)에 고아원 설립, 인도 캘커타(Calcutta)에 자선 병원 및 연구 센터 설립, 보건 복지 사역, 희망 수송대(Convoy of Hope)와 같은 사회 복지 사역을 포함하고 있었다.[118)]

(4) 미국 하나님의성회의 발전

미국 하나님의성회는 1914년에서 1918년까지 교단 형성 및 신학적 갈등의 요소들을 해결한 뒤 국내외적으로 선교와 복음 전도, 신학교 설립, 출판 사업 등을 왕성히 펼치며 성장하고 발전하기 시작하였다.

전 세계 하나님의성회 회원들의 네트워크가 1920년경 미국 하나님의성회의 지도자들에 의해 기초가 놓였으며, 이는 1993년 세계하나님의성회연합회(World Assemblies of God Fellowship)로 발전되었다. '세계하나님의성회연합회' (WAGF)는 세계 150여 개 국가의 오순절 교단들의 협의체로서 6천 5백만 명의 회원을 가지고 있는 세계에서 가장 큰 오순절 조직이다. 미국 하나님의성회 역시 '세

118) McGee and Roders, "The Assemblies of God: Our Heritage in Perspective," 4.

계하나님의성회연합회' 의 회원이다.[119]

1942년 복음주의로 통칭되는 보수적 개신교 교단들이 함께 모여 전미복음주의연합회(National Association for Evangelicals)를 조직하였다. NAE 내부에서 약간의 반대가 있었지만, 이들은 하나님의성회를 비롯하여 몇몇 오순절 교단들에 가입을 제안하면서 함께 국내 및 세계 복음화, 미국의 기독교화를 위해 사역할 것을 요청했다. NAE는 보수적 복음주의 교회들의 연합체였지만 오순절 교단의 '방언과 신유' 에 대한 신학적 다양성을 수용했다. 하나님의성회 지도자들은 NAE의 일원이 됨으로써 협력과 연합을 통해 더 큰 비전을 가질 수 있게 되었으며, 근본주의자들의 경계심을 누그러뜨릴 수 있었다. 하나님의성회는 성령 침례, 방언, 신유에 대한 가르침 때문에 그동안 근본주의자들로부터 받아들여지지 않았지만 NAE에 가입되면서 하나님의성회의 "근본 진리문" 에 있어 복음주의적 입장(강령)을 더 강화하게 되었다.[120] 하나님의성회는 이로써 오순절적 정체성에 복음주의의 정체성을 더함으로써 여타 개신교 교단들로부터 그동안 받아왔던 종파적 이미지를 불식하고 복음주의 개신교 교단들과 협력 체제를 유지할 수 있게 되었다.[121] 하나님의성회 총회는 NAE와의 협력 가운데 국내 종교 방

119) Poloma, "Assemblies of God," 6.
120) Poloma, "Assemblies of God," 15.
121) Poloma, "Assemblies of God," 6; McGee & Roders, "The Assemblies of God: Our Heritage in Perspective," 5.

송, 신학교의 인가연합체(Accrediting Association), 복음주의 선교 연합회 등의 프로그램에 참여하면서 보다 확대된 활동 영역을 가질

토마스 짐머만

수 있게 되었다. 하나님의성회 총회장이었던(1959-1985) 토마스 짐머만(Thomas F. Zimmerman)은 복음주의와 오순절주의가 서로 협력하는 일에 힘썼다. NAE 외에도 하나님의성회 총회는 여러 다른 복음주의 조직체들, 즉 복음주의 로잔위원회(Lausanne Committee on Evangelism), 세계복음주의동맹(World Evangelical Alliance) 및 오순절세계연합회(Pentecostal World Conference)와 협력하여 사역하였다.[122)]

1914년 2차 총회 때 하나님의성회는 '역사상 가장 위대한 복음 전도'의 비전을 설정하고 전진하기 시작했다. 이 비전은 당시에는 이상적인 것으로 여겨졌을지 모르지만 하나님의성회의 발전 과정과 오늘의 역사를 볼 때 그 이상적인 비전은 현실화되어 왔다고 할 수 있다. 하나님의성회는 오순절 교단들 내에서는 물론 복음주의 기독교계 내에서 자신의 존재를 확실히 나타내게 되었다. 현 총회장 조지 우드(George O. Wood)[123)]는 하나님의성회가

---

122) McGee and Roders, "The Assemblies of God: Our Heritage in Perspective," 5.

123) 조지 우드는 2007년 8월 이래, 미국 하나님의성회 총회장이자 세계하나님의성회 의장으로 사역해 왔다. 1993년부터 2007년까지는 하나님의성회 총회 서기로 활동했다.

미국 하나님의성회 역대 총회장은 다음과 같다: E.N.Bell(1914; 1920-1923),

1914년 형성된 이래 5개의 핵심적인 가치를 가지고 굳건히 발전해 왔다고 말한다: 국내와 해외에서의 열정적인 복음 전파(구원, 성령 침례, 신유, 재림의 주이신 예수님의 복음), 신학 교육과 출판 사업 등을 통한 차세대를 위한 전략적 투자, 활발한 교회 개척, 하나님의성회를 위한 숙련된 자원 축적, 주님을 전심으로 섬기기 위해 하나님의 은혜와 도우심을 구하는 열렬한 기도.[124]

하나님의성회는 일련의 도전과 위기를 성공적으로 극복하면서 오순절적 정체성을 굳건히 유지했으며 타 개신교 복음주의 교단과의 협력과 일치를 추구하며 다가올 하나님의 왕국에 대한 열정을 실현해 온 것이다.

6. 미국 하나님의성회의 오늘

(1) 세계 선교와 영적 각성 운동

1960년대에 12.5%, 1970-75년에는 31.7%로 높은 성장률을 기록하던 하나님의성회는 1980-85년에 16%, 1990년대 이후에는 6% 대의 성장을 기록하며 정체기에 접어들게 되었다. 그러나 이 시기에 해외 선교는 눈부신 성장을 하게 되었다. 1985년 미국 하나님의성

A.P.Collins(1914-1915), J.W.Welch(1915-1920; 1923-1925), W.T.Gaston(1925-1929), E.S.Williams(1929-1949), W.R.Steelberg(1949-1952), G.F.Lewis(1952-1953), R.M.Riggs(1953-1959), T.F.Zimmerman(1959-1985), G.R.Carlson(1986-1993), T.E.Trask(1993-2007), G.O.Wood(2007-).

124) McGee and Roders, "The Assemblies of God: Our Heritage in Perspective," 8.

회의 선교비 예산은 1억 2,200만 달러였는데, 11년 후인 1996년에는 2억 3,500만 달러로 증가하게 되었다. 해외 선교의 괄목할 만한 성장은 미국 내의 전도와 개척에 큰 자극제가 되었다. 미국 하나님의성회는 교회 개척에 적극적으로 나서게 되었고, 그 결과로 1996년에 50만 명의 새로운 결신자를 얻게 되었다. 1990년대 이후 시작된 신은사주의 운동(Neo-Charismatic Movement)은 교회 성장과 성도들의 영적 갱신이라는 측면에서 오순절 교단에 긍정적인 영향을 미쳤다. 많은 오순절 교단의 성도들이 교단의 배경을 유지한 상태로 신은사주의 운동에 참여했다.[125] 그러나 신은사주의 운동이 성령의 은사와 사역을 비성경적으로 해석하는 경향을 보이기 시작하면서 하나님의성회 교회들로부터 비판을 받기 시작했다.

(2) 교육 사업

초기 오순절주의자들은 자신들의 신앙적 체험이 신학화되는 것을 경계하며 신학과 거리를 두었다.[126] 그러나 이러한 기조에 변화가 일어나기 시작했다. 1980년대 중반부터 하나님의성회 교회들은 소규모의 신학교를 자체적으로 세우기 시작했다. 하지만 대부분의 경우 신학교들은 대학으로 발전되기보다는 자체 교회

125) E. L. Blumhofer and C. R. Armstrong, "Assemblies of God," *Dictionary of Pentecostal and Charismatic Movements*, 337.

126) Walter J. Hollenweger, *Pentecostalism: Origins and Developments Worldwide* (Peabody: Hendrickson Publishers, Inc., 1997), 194-45.

의 사역을 돕기 위한 사역자를 배출하는 기관으로 남게 되었다. 이런 가운데 오순절의 체험과 신앙을 신학화하기 위한 움직임들이 있었고, 교단을 초월한 교육기관이 절실히 필요하게 되었다. 오순절 신학자들은 미국의 풀러 신학대학원(Fuller Theological Seminary), 리전트 대학교(Regent University), 고든-콘웰 신학대학원(Gordon-Conwell Theological Seminary)과 같은 대학에서 오순절 운동을 신학적으로 체계화하고 정립하고자 하는 노력을 기울이기 시작했다. 이러한 현상은 전통적 오순절주의자들에 의해서 주장되어 온, 방언은 성령 침례의 외적 증거라고 하는 교리에 대한 신학적 논쟁을 더욱 부추기게 되었다. 그 결과로 하나님의성회의 '16개 신조'를 받아들이지 않는 하나님의성회 소속의 목회자들과 신학자들이 생기게 되었고, 더 나아가서 하나님의성회와의 결별을 선언하는 사람들도 생기게 되었다.[127)]

(3) 교단 내의 인종적 화합

1906년 아주사 부흥 운동은 미국 내의 인종적 차별을 허물었던 성령 운동이었다. 프랭크 바틀만은 아주사 부흥 운동을 "예수 그리스도의 보혈이 인종을 구분하던 선을 지워버린 사건"으로 평가하고 있다.[128)] 하지만 아주사 부흥 운동 이후 인종 간의 화합은

---

127) E. L. Blumhofer and C. R. Armstrong, "Assemblies of God," *Dictionary of Pentecostal and Charismatic Movements*, 339.

128) Frank Bartleman, *What Really Happened at Azusa Street?* (Northridge: Voice Christian Publications Inc., 1962), 29.

그리 오래가지 못했다. 아주사 부흥 운동 이후 형성된 교단들은 인종의 구분을 선명하게 드러냈다. 흑인 오순절주의자들은 백인 오순절주의자들이 미국 내의 인종 차별에 대해서 침묵하거나 방관하는 것에 대해서 불만을 가지고 있었고, 두 집단은 서로 다른 정책과 방향을 가지고 목회와 선교에 임하게 되었다.[129)]그동안 교단 내에서 흑인과 백인으로 나눠진 인종적 분리를 극복하기 위해 미국 하나님의성회가 수십 년간 많은 노력을 했음에도 불구하고 이 문제는 쉽게 해결되지 못했다. 이 문제는 1994년 10월 17-19일 멤피스에서 있었던 흑인과 백인 오순절주의자들의 화합을 위한 초교파적인 역사적인 만남을 통해 많이 해결되었다.

백인과 흑인 오순절 지도자들이 이 모임을 위해 한 자리에 모였고, PFNA(Pentecostal Fellowship of North America)와 PCCNA(Pentecostal/Charismatic Churches of North America)라는 조직을 만들게 되었다. 이 두 조직의 핵심 내용은 1906년 아주사 부흥 운동이 발생한 직후부터 계속해서 존재해 왔던 흑인과 백인들 간의 인종적인 경계를 허물고, 목회와 선교 사역에 있어 흑인과 백인이 서로 협력하고 공조하는 것이다. 멤피스의 모임에서 하나님의성회 소속의 한 백인 목사가 과거의 죄에 대한 용서를 구하며 하나님의교회(Church of God)의 감독인 흑인 이디엘 클레몬즈(Ithiel Clemmons) 목사의 발

129) Walter J. Hollenweger, *Pentecostalism: Origins and Developments Worldwide*, 31.

을 씻겼고, 이 일 후에 하나님의교회 감독이었던 찰스 블레이크(Charles Blake)는 하나님의성회 총회장인 토마스 트라스크(Thomas Trask)의 발을 씻겼다.[130] 이 역사적인 멤피스의 모임을 "멤피스의 기적"(Memphis miracle)이라고 부르게 되었다.[131] 미국 하나님의성회는 PFNA와 PCCNA의 주 회원 교단이 되었고, 1990년대 이후부터 적극적으로 다른 오순절주의 교단들과 교회 성장과 선교를 위한 프로그램을 공유하며 협력하게 되었다.

(4) 미국 하나님의성회의 현황

오늘날 미국은 대체로 교단마다 교세가 감소하고 있는 상황을 맞고 있지만 오순절 성령 운동을 전개하는 교단들은 계속해서 성장하고 있다. 2010년 하나님의성회 보고서에 따르면 하나님의성회의 성장률은 미국 인구 증가율보다 높은 것으로 나타나고 있다.[132]

2010년에 미국 교회협의회(National Council of Churches)에서 발간한 연감[133]에 따르면 복음주의 개신교단 가운데는 유일하게 하나님의성회와 하나님의교회가 각각 1.27%와 1.76%씩 성장하여, 교

---

130) Synan, *The Holiness-Pentecostal Movement in the United States*, 186.

131) Synan, *The Holiness-Pentecostal Movement in the United States*, 339-40.

132) Alex Murashko, "Assemblies of God Growing Faster Than U.S. Population," *The Christian Post* (2011년 7월 2일자, 온라인 판), http://www.christian post. com/news/assemblies-of-god- surpasses-3-million-followers-in-us-517 91.

133) "News from the National Council of Churches," http://www.ncccusa.org/news/100204yearbook2010.html.

세들이 각각 2009년 10위와 25위에서 2010년 9위와 24위로 1순위 씩 상승하였다. 반면 남침례교(SBC), 연합감리교(UMC), 복음주의 루터교(ELCA), 미국 장로교(PCUSA), 미국 성공회(EC) 등 주류 개신 교단들은 지속적인 교세 감소를 나타냈다. 미국 내 25개 주요 교단의 순위 및 교세 증감 내용은 다음과 같다.

1. 로마 가톨릭 68,115,001명 (1.49% 증가)
2. 남침례교 16,228,438명 (0.24% 감소)
3. 연합감리교회 7,853,987명 (0.98 감소)
4. 후기성도 예수그리스도교회(몰몬교) 5,974,041명 (1.71% 증가)
5. 그리스도 하나님의교회 5,499,875명 (미보고)
6. USA침례교 5,000,000명 (미보고)
7. 복음주의루터교 4,633,887명 (1.62% 감소)
8. 아메리카침례교 3,500,000명 (미보고)
9. 하나님의성회 2,899,702명 (1.27% 증가)
10. 미국 장로교 2,844,952명 (3.28% 감소)
11. 아프리카감리교 감독교회 2,500,000명 (미보고)
12. 선교침례교단 2,500,000명 (미보고)
13. 진보침례교단 2,500,000명 (미보고)
14. 루터교 2,337,349명 (1.92% 감소)
15. 미국 성공회 2,057,292명 (2.81% 감소)
16. 그리스도의교회 1,639,495명 (미보고)

17. 미국 그리스정교회 1,500,000명 (미보고)

18. 세계오순절성회 1,500,000명 (미보고)

19. 아프리카감리교 시온감독교회 1,400,000명 (미보고)

20. 미국 침례교 1,331,127명 (2.00% 감소)

21. 국제침례성서회 1,200,000명 (미보고)

22. 여호와의증인 1,114,009명 (2.00% 증가)

23. 연합 그리스도의교회 1,111,691명 (2.93% 감소)

24. 하나님의교회 1,072,169명 (1.76% 증가)

25. 크리스천교회와 그리스도의교회 1,071,616명 (미보고)

하나님의성회는 매년 1% 내외의 꾸준한 성장률을 보이고 있다. 하나님의성회 인터넷 홈페이지에 게시된 최신 통계에 따르면 2013년 기준 미국 하나님의성회 성도 수는 3,127,857명이며, 교회 수는 12,792개이다. 전 세계적으로 하나님의성회 교단에 소속된 교회의 성도 수는 67,512,302명으로 집계되었으며, 교회 수는 362,791개로 보고되었다.[134] 아울러 미국 내에서만 하나님의성회 교단에 소속되거나 제휴를 맺은 19곳의 신학 교육 기관이 운영되고 있다.[135]

하나님의성회는 창립 때부터 전도와 선교를 핵심적인 사명으

134) 미국 하나님의성회 웹사이트에 소개된 각종 통계(2013년도)를 참조하라. http://ag.org/top/About/ statistics/index.cfm.

135) "Brief History of the Assemblies of God," http://ag.org/top/about/History/.

로 인식해 온 결과 미국 내에서만 아니라 전 세계적으로 지속적인 성장을 유지해 왔다. 맥기이(McGee)는 1950년대 이후 하나님의성회 선교 사역이 기독교 세계 선교를 주도하는 위치에 서게 되었다고 지적하였다.[136] 선교사 통계에 따르면 1988년 120개국에 1,575명의 선교사를 파송하였던 하나님의성회 교단은 2010년 현재 2,700여 명의 선교사들을 파송하여 전 세계 하나님의성회 소속 교회 및 단체들과 긴밀한 협력을 통해 하나님 나라를 확장해 나가고 있다. 지구촌 여러 선교지에서 2천여 명에 달하는 원주민 신학생들 또한 미래의 하나님의성회 목회자 및 사역자가 되기 위해 훈련받고 있다.

이상에서 살펴본 바와 같이 미국 하나님의성회는 1914년에 설립된 이래 고난과 시련도 많았으나 성령의 인도하심과 도우심으로 모든 내우외환을 견뎌냄으로써 이제 세계적으로 오순절 성령운동을 책임지는 대표적 교단으로 발전하여 오순절 교단 중 가장 큰 영향력을 미치고 있음을 확인할 수 있다.

---

136) Gray B. McGee, *This Gospel Shall Be Preached: A History and Theology of Assemblies of God Foreign Missions Since 1959-Volume 2* (Springfield: Gospel Publishing House, 1989), 13.

참고 1. 미국 하나님의성회 신조: 근본 진리문
(Statement of Fundamental Truths)

미국 하나님의성회 신조는 1916년 제4차 총회에서 채택된 이후 1961년과 1976년 총회 때 개정 작업을 거쳐 지금에 이르고 있다. 하나님의성회 신조는 "근본 진리문" 이란 제목 하에 16가지 항목의 기본 교리를 담고 있다. 그 가운데 특히 구원, 성령 침례, 신유, 그리고 그리스도의 재림 등 4가지는 하나님의성회 교회들이 그리스도의 지상 명령을 수행하는 데 있어 핵심적으로 요구되는 근본 교리로 인식되고 있다. 미국 하나님의성회 공식 인터넷 홈페이지에 소개된 16가지 근본 진리의 선언을 간략히 소개하면 다음과 같다.[137]

제1조. 하나님의 감동으로 된 성경(The Scriptures Inspired)
"우리는 성경이 하나님의 감동으로 기록된 것을 믿는다."

제2조. 유일하신 참 하나님(The One True God)
"우리는 참되신 한 분 하나님께서 성부와 성자와 성령으로 존재하심을 믿는다."

137) "Our 16 Fundamental Truths," http://ag.org/top/Beliefs/Statement_of_Fundamental_Truths/sft_full.cfm#1.

제3조. 주 예수 그리스도의 신성(The Deity of the Lord Jesus Christ)

"우리는 예수 그리스도께서 인성과 신성을 지니신 하나님이심을 믿는다."

제4조. 인간의 타락(The Fall of Man)

"우리는 선하게 창조된 인간이 범죄하여 영적으로 육체적으로 죽음에 처했음을 믿는다."

제5조. 인간의 구원(The Salvation of Man)

"우리는 모든 사람이 예수 그리스도를 통해 구원받고 하나님과 화목하게 됨을 믿는다."

제6조. 교회의 성례전(The Ordinances of the Church)

"우리는 두 가지 성례전인 침례 의식과 성찬 예식을 믿으며 거룩히 지킨다."

제7조. 성령 침례(The Baptism in the Holy Spirit)

"우리는 성령 침례가 구원 이후 경험하는 특별한 신앙 체험임을 믿는다."

제8조. 성령 침례의 최초의 외적 증거(The Initial Physical Evidence of the Baptism in the Holy Spirit)

"우리는 성령 침례를 받은 최초의 외적 증거가 방언을 말하는 것임을 믿는다."

제9조. 성화(Sanctification)

"우리는 성화가 구원의 시점에 임하며, 일생토록 겪는 점진적 과정임을 믿는다."

제10조. 교회와 사명(The Church and Its Mission)

"우리는 그리스도의 몸인 교회가 잃어버린 영혼을 구할 사명이 있음을 믿는다."

제11조. 사역(The Ministry)

"우리는 신령한 부르심과 성경적 위임을 통한 지도력으로 교회를 섬겨야 함을 믿는다."

제12조. 신유(Divine Healing)

"우리는 신유가 오늘날의 성도가 누리는 특권임을 믿는다."

제13조. 복된 소망(The Blessed Hope)

"우리는 예수님께서 재림하실 때 교회가 휴거된다는 것을 믿는다."

제14조. 그리스도의 천년왕국 통치(The Millennial Reign of Christ)
"우리는 주님께서 성도들과 함께 이 땅에 다시 오셔서 천 년간 다스리실 것을 믿는다."

제15조. 최후의 심판(The Final Judgement)
"우리는 불신자가 받게 될 최후의 심판이 있음을 믿는다."

제16조. 새 하늘과 새 땅(The New Heaven and the New Earth)
"우리는 주님께서 예비하신 새 하늘과 새 땅에서 영원히 살게 될 것을 믿는다."

참고 2. 하나님의성회의 중생, 성령 침례, 방언에 대한 이해

오순절 성령 운동은 성령 침례를 중생 이후에 이루어지는 '은혜의 두 번째 사역' 이라고 강조한다.[138] 이러한 성령 침례에 관한 교리는 오순절 교단 성령론의 중심을 이루고 있으며, 누가복음과 사도행전에 나타난 성령 침례 기사를 중심으로 신학적 관점을 제시하고 있다. 특별히 토레이 박사는 오순절주의자들의 성령 침례

138) Walter J. Hollenweger, *The Pentecostals* (Peabody: Hendrickson Publishers, 1988), 330-52; 윌리엄 W. 맨지스, 『오순절 성경교리』, 총회 총무국 역(서울: 기독교대한하나님의성회 총회출판국, 1994), 153-62.

에 관한 교리에 중요한 영향을 미쳤다.[139)]

오순절 교단의 신학자 랄프 릭스(Ralph M. Riggs)는 자신의 대표적 저서 *The Spirit Himself* 에서 중생과 성령 침례를 구분한 토레이 박사의 글을 인용하여 성령 침례는 중생과 구분되며, 비록 성령은 모든 믿는 자들과 함께하시지만(중생), 그들은 모두 성령 충만 또는 성령 침례를 받아야 한다고 주장하였다.[140)]

성령 침례와 중생을 구분할 수 있는 성서적 증거는 다음과 같다.[141)]

① 예수 그리스도의 제자들은 구원받은 상태였음에도 불구하고(요 17:14; 눅 10:20) 이후에 성령 침례를 받았다(행 2:1-4).

② 예수의 이름으로 침례를 받고 죄 사함을 얻은 후에 성령을 받았다(행 2:38).

③ 사마리아 교인들이 예수의 이름으로 침례를 받았으나 아직도 성령이 내리신 일이 없었다(행 8:4-25).

---

139) Ralph M. Riggs, *The Spirit Himself* (Springfield: Gospel Publishing House, 1949), 47.

140) 인용 전문은 다음과 같다. "성령으로 침례를 받는 것은 그의 중생케 하는 사역과 다르고 또 그 일에 첨가되어 행해지는 성령의 역사임이 분명하다. … 사람이 성령으로 말미암아 중생하지만 계속하여 성령의 침례를 못 받을 수도 있다. 중생을 성령의 능력으로 말미암아 생명이 주어져 구원받는 것이라고 한다면 성령 침례는 능력을 받는 것이며 성령 침례를 받은 자는 하나님을 섬기기에 합당한 자가 된다." Reuben A. Torrey, *The Person and Work of the Holy Spirit*, 174-76; Ralph M. Riggs, *The Spirit Himself*, 47-48.

141) Ernest S. Williams, *Systematic Theology*. Vol.Ⅲ (Springfield: Gospel Publishing House, 1953), 42-47; Ralph M. Riggs, *The Spirit Himself*, 50-55.

④ 사울이 다메섹 도상에서 그리스도를 주로 고백한 이후 3일 후에 성령 충만을 입었다(행 9:1-19).

⑤ 에베소 교인들이 믿는 자들("제자들")이었으나 성령을 받지 못하였다(행 19:1-7).

성령의 사역과 성령 침례에 대한 성경의 가르침은 다음과 같다.

① 원어 성경에서 '성령'은 '영'이란 뜻을 가진 '프뉴마'(*πνεῦμα*)에 '거룩한'이란 뜻의 형용사 '하기오스'(*ἅγιος*)가 더해진 것이다. 성경에서는 성령의 본질, 성품, 사역 등과 관련해서 다양한 명칭들을 사용하고 있다. 특별히 신약성경에서는 성령을 '하나님의 성령'(요 15:26), '그리스도의 영'(고전 12:3), '진리와 생명의 영'(요 16:13), '약속의 영'(갈 3:14, 엡 1:13) 등으로 표현하고 있다. 그리고 성령의 임재와 침례에 대해서 '불'(행 2:3), '바람'(행 2:2), '물'(요 4:13-14, 갈 5:16), '비둘기'(마 3:16), '기름'(눅 4:18), '인'(엡 4:30) 등의 표현을 사용하고 있다.

② 성경은 성령을 하나님이라고 분명히 가르치고 있다. 성령은 하나님이시기 때문에 하나님의 모든 속성을 가지고 계신다. 성령은 하나님처럼 전지하시고(고전 2:10), 전능하시며(눅 1:35), 무소부재하신(시 139:7-8) 분이시다. 성경은 성령을 '보혜사'(*παράκλητος* - 위로자, 상담자, 조력자, 옹호자)로 언급하고 있고(요 14:16), 하나님의 깊은 것까지도 통달하시는(고전 2:10)

인격적인 분으로 소개하고 있다. 성령 침례는 이런 하나님이신 성령을 모셔 들이는 것이다.

③ 성령은 성도들의 삶 가운데 거하시며 예수님의 구속 사역을 완성하신다. 성령 침례는 성도들로 하여금 예수님의 증인이 되는 삶을 살게 하며(행 1:8), 성숙한 그리스도인으로 변화시킨다(엡 4:13). 성령은 그리스도의 몸 된 교회의 부흥을 이끄신다(행 9:31).

④ 성령 충만의 내적 증거는 구원의 확신(엡 1:13-14), 기쁨과 평안(롬 5:3-5)이며, 외적 증거는 다양한 은사(고전 12:7)와 증인의 삶(행 4:31)이다.

오순절주의는 초대 교회 오순절 날 제자들이 경험했던 성령의 체험(행 2:1-4)을 오늘날도 동일하게 가질 수 있다고 믿는다. 이러한 체험은 전적으로 성경에 근거한 것이며, 성령 침례를 받은 사람들은 성경의 기록과 같이 성령의 말하게 하심을 따라 방언을 말하게 된다.[142] 사도행전에 나타난 성령 침례의 4가지 사례를 도표로 그려 보면 다음과 같다.

	성령 침례의 사례(사도행전)	방언에 관한 기록 유무	중생 후 성령 강림
1	오순절 예루살렘 다락방(2장)	○	○
2	사마리아 교회(8장)		○
3	고넬료 가정(10장)	○	○
4	에베소 교회(19장)	○	○

142) John T. Nichol, *The Pentecostalism*, 8; Ralph M. Riggs, *The Spirit Himself*, 86.

위에서 보면 사마리아 교회에서만 방언에 대한 확실한 기록이 없는데 많은 학자들은 사마리아 교회에서도 분명 방언 현상이 일어났을 것이라고 주장한다.[143] 그러나 방언은 성경에 나타난 성령 침례의 외적이고 대표적인 '증거' 또는 '표적' 이지만 방언이 곧 성령 침례와 동일한 것은 아니다. 성령 침례는 최초의 외적 증거인 방언에 더하여 그리스도에 대한 뜨거운 사랑, 전도의 열정, 성령의 각종 은사와 열매 등으로 나타난다.

성경에 나타난 방언이 오늘날까지 현존하느냐 하는 것이 오랫동안 신학계에서 논의되기도 했으나 오늘날은 방언이 하나의 역사적 현실로 받아들여지고 있다. 예를 들어 미국연합장로교단에서는 1968년 제180차 정기 총회에서 성령 운동에 대한 교단의 방침을 정하기 위해 교단 중진 신학자들을 중심으로 특별 연구 조사위원회를 조직하여 그 결과를 보고하도록 하였다. 이후 제182차 정기총회에서 발표된 보고서는 "성령의 감동으로 인한 방언은 금지되거나 멸시되어서는 안 된다."라고 규정함으로써 방언 현상을 사실로 인정하였다.[144]

오순절 교단의 성령 침례와 방언 운동은 운동 초기에 은사 중

---

143) Carl Brumback, *A Sound from Heaven* (Springfield: Gospel Publishing House, 1961), 207-14.

144) Thomas Foster, *Report of The Special Committee on the Work of the Holy Spirit to the 182nd General Assembly* (New York: General Assembly of the United Presbyterian Church in the USA, 1970), 47.

지론을 고수하는 근본주의자들과 여러 교단들로부터 많은 비판을 받았다.[145] 그러나 방언 현상이 영적 부흥의 현장에서 보편화되고 이를 적극적으로 수용한 은사주의 운동이 지속적으로 일어나면서 대부분의 교단은 방언을 최소한 성령 체험의 한 현상으로, 또는 성령의 은사 중 하나로 받아들이고 있다.

---

145) Nichol, *The Pentecostalism*, 70-80; Hollenweger, *The Pentecostals*, 32-33.

회개와 기도 운동에 근간을 둔 한국 교회의 부흥은 일제의 탄압과 해방 이후의 국가적, 정치적 격변으로 인해 혼란과 위기를 겪게 되었다. 이러한 혼란기를 틈타 신비주의적 이단 종파가 우후죽순처럼 일어나기 시작하였다. 이 위기를 극복하기 위해서는 무엇보다도 성경적이고 복음적이며 조직적인 성령 운동이 필요했다. 그러한 요구에 부응하게 된 것이 바로 한국에서의 오순절 운동의 시작이었으며 나아가 기독교대한하나님의성회의 창립이었다.

2부 기독교대한하나님의성회의 창립과 초기 역사

Ⅰ. 한국에서의 오순절 운동의 시작

Ⅱ. 기독교대한하나님의성회의 창립과 신학교 설립(1950-1956)

Ⅲ. 초기 천막 집회와 순복음부흥회관의 설립(1957-1966)

Ⅳ. 세계 오순절 운동에 기여한 기독교대한하나님의성회(1966-1972)

I

한국에서의 오순절 운동의 시작

1. 한국 교회의 부흥

(1) 1907년 대부흥

한국 교회 부흥의 시발점은 1903년 8월 원산에서 열린 기도회였다. 강원도 일대에서 의료 선교사로 있던 미국 남감리교 소속 하디(Robert A. Hardie) 목사는 과거 3년 동안 선교 사역을 열심히 했지만 뚜렷한 성과를 거둘 수 없었다. 그러던 차에 중국에서 사역하고 있던 화이트(White) 선교사가 한국을 방문한 것을 계기로 그는 7명의 동료 선교사들과 일주일간 원산 창전교회에서 성경 연구와 기도 모임을 가졌고 그곳에서 성령 체험을 하게 되었다.[1] 그는 이후에 한국 교인들 앞에서 자신이 받은 은혜를 간증하고 자신의 교만과 무력함을 고백하는 회개의 기도를 드렸는데 그때 강력

1) 송길섭, 『한국신학사상사』(서울: 대한기독교출판사, 1987), 150-51.

로버트 하디

한 성령의 역사가 일어났고 이것이 부흥의 발단이 되었다.[2)]

이후 1904년 1월 원산에서 개최된 교파별 연합 기도회에서 캐나다 장로교 선교사 럽(A. F. Robb)이 성령을 체험하게 되는 사건이 있었다. 그리고 선교사 중심으로 시작된 기도회는 장로교와 감리교 및 다른 교파의 교인들이 참석하여 성령 체험을 하면서 이제는 교인 중심의 성령 운동으로 흐르게 되었다.[3)] 성령의 역사는 1905년 평양에서 다시 일어나기 시작했다. 이런 부흥회의 열기는 남쪽으로 목포에까지 이르렀고 회개와 부흥의 역사가 끊임없이 일어났다.

원산에서 시작된 부흥 운동은 1907년 평양의 장대현교회에서 절정을 이루었다. 장대현교회에서 1월 2일부터 성경 공부 모임인 사경회가 시작되었고 6일부터 15일까지는 저녁 기도회가 열렸는데 기도회에는 매일 약 1천 5백 명이 넘게 모였다.[4)] 기도회의 인

---

2) 하디 목사는 사역의 실패 원인을 자신의 신앙적인 허물, 곧 한국인 앞에 백인으로서의 우월의식과 자만심에 찼던 권위주의에 있었음을 고백했다. 한국기독교역사학회, 『한국 기독교의 역사』 I (서울: 기독교문화사, 1989), 268.

3) 전택부, 『한국교회발전사』(서울: 대한기독교출판사, 1987), 158.

4) 윌리엄 블레어 · 브루스 헌트, 『한국의 오순절과 그 후의 박해』, 김태곤 역(서울: 생명의 말씀사, 1995), 83.
1907년 당시 중국 신자들이 평양으로 길선주를 방문하여 함께 기도회를 가졌을 때, 그곳에 모인 신자들이 이해할 수 없는 언어, 즉 방언으로 기도했다는 기록이 있다. 박명수, 『한국교회 부흥운동 연구』 (서울: 한국기독교역사연구소, 2003), 63.

평양대부흥 운동의 근원지인
평양 장대현교회의 옛 모습

길선주 목사

남자 사경회 모습

여자 사경회 모습

도자들은 장대현교회 담임목사 그레함 리(Graham Lee 이길함) 선교사와 블레어(William N. Blair) 선교사, 스왈런(William L. Swallen 소안련) 선교사, 그리고 목사 안수를 앞두고 있던 길선주 장로였다. 이 집회에서 개인의 내면적인 죄로부터 시작해서 사회적 죄에 대한 회개 및 기도 운동이 일어났으며 이 모든 과정에서 성령께서 강하게 역사하셔서 부흥을 일으켜 주셨다.

(2) 한국의 부흥 운동

1907년 대부흥운동에 이어 1909~1910년 사이에는 감리교 선교사들[5]에 의해 '백만명구령운동' 이 일어났다. 이 운동은 1909

5) 대표적인 3인으로는 스톡스 목사(M. B. Stokes), 갬블 목사(F. K. Gamble), 리드 여선교사(W. T. Reid).

7월, 10명의 감리교 선교사와 15명의 한국인 교회 지도자들이 1주간 산상기도회를 가진 뒤, 전도여행을 떠나기 전에 스톡스 목사가 1년 안에 50,000명의 새신자가 늘어날 수 있도록 기도하자는 제안에서 시작되었다. 같은 해 9월 남감리회 선교 1909년 10월, '연합선교사총협의회' 가 서울에서 열렸는데, 리드 목사는 '백만인을 그리스도에게' 라는 표어를 제안[6]하였다. 이 제안은 곧 초교파적 사업으로 확대되었고, 이 기간에 소책자 수백만 부와 마가복음 칠십만 부가 배포되었다.[7] 비록 이 운동은 실현 불가능한 목표로 시작되어 목표 달성에는 실패하였지만, 수많은 신자들이 전도운동에 시간과 물질을 드리고, 기독교인으로서 자긍심과 공동체의식을 공고하게 하였다.[8]

20세기 초, 한국 개신교 역사에는 극명하게 대조되는 흐름이 나타났다. 한국 교회는 3·1운동을 적극적으로 참여했다는 이유로 일제의 탄압을 받았고, 내부적으로는 일본의 통치에 협조적이었던 선교사들에 대한 불만으로 가득 차 있었다. 이러한 위기 속에서 한국 목회자들의 주도 아래 성령 운동이 강하게 일어나기 시작했고 교회는 활력를 얻게 되었다. 길선주, 김익두, 이용도가 바로 성령 운동을 주도한 대표적인 인물들이다.

---

6) 당시 한국 기독교인의 수는 장로교, 감리교를 합해서 약 8,000명으로 보고된다. 백낙준, 『한국개신교사』(서울: 연세대학교출판부, 1985), 403.
7) 이영훈, "한국교회의 부흥과 교회성장", 『성령과 신학』 21(2005), 183.
8) 한국기독교사연구회, 『한국 기독교의 역사』, 281.

길선주는 1907년 평양의 장로교 신학교를 졸업한 후 평양 장대현교회 목사로 임직되었다. 그는 28년 동안 20,000번 이상의 설교를 했고, 3,000명 이상에게 침례를 베풀었으며, 60개 이상의 교회를 개척했다. 길선주는 성경의 절대권위를 강조하고 성경공부를 최우선으로 삼았다.[9] 그는 특히 성도들에게 요한계시록을 집중적으로 연구하고 가르치며 종말론적 믿음과 예수 그리스도의 임박한 재림을 강조하였다. 길선주는 성서에 기록된 문자 그대로를 믿을 것을 강조했으며, 자유주의적인 성경해석을 용납하지 않았다. 그리고 그는 기도 생활을 중시했는데, 한국 교회에 새벽기도를 시작한 인물이기도 하다. 또한 길선주는 모든 성도가 물질뿐만 아니라 시간도 하나님께 바쳐야 한다는 생각으로 특정한 시간을 구별하여 전도 할 것을 적극적으로 권면하였다. 이는 '평신도에 의한 복음전도' 시스템을 한국 교회에 정착시키는 데 큰 공헌을 하였다.[10] 길선주에 의해 시작된 성령 운동은 초기 한국 개신교회의 형태와 전통을 형성하는 데 크게 이바지했다.

김익두는 1910년 평양장로회신학교를 졸업하고 신천장로교회 목사로 임명되었다. 김익두는 질병으로 고통당하는 사람들과 사회적으로 소외된 계층을 향해 메시지를 전했다. 그의 성령 운동은 무기력에 빠지고 의식과 형식에 얽매인 한국 교회에 도전과 각성을

---

9) Young-Hoon Lee, *The Holy Spirit Movement in Korea: Its Doctrinal and Historical Development*, (Ph.D. Dissertation, Temple University, 1996), 35.
10) Young-Hoon Lee, *The Holy Spirit Movement in Korea*, 36.

주었다.[11] 그는 초대 교회의 성령 운동을 회복하고 소외된 계층에게 성령을 체험하게 함으로써 한국 교회에 활기를 일으키고자 하였다. 그의 부흥회 특징은 기도를 통한 신유사역이었다. 김익두의 사역은 부흥회와 옥외 집회에서 결신을 보았는데 약 28,000명의 사람들이 기독교인 되었고, 10,000명가량이 고침을 받았다.[12)]

이용도는 1928년 신학교를 졸업하고 강원도 동천교회로 사역을 나갔다. 그러나 성령 체험이 없었던 그는 열심히 목회하였지만 어떤 열매도 맺을 수가 없었다. 그는 자신의 한계를 인정하고 금강산으로 가서 10일 동안 금식하며 기도했고, 성령 체험을 하게 되었다. 이후부터 그는 강력한 메시지와 기도의 사람이 되어 교회의 부흥을 가지고 올 수 있었다. 이용도는 예수 그리스도에게 믿음의 초점을 맞출 것과 사랑을 강조하였다.[13] 그는 그리스도와의 합일을 강조하는 신비주의 경향을 보였다. 이용도는 한국 교회가 형식주의에 빠지고 무기력해지는 것을 경고하며 신비주의 운동을 대안으로 제시하였다. 이와 같이 종말론적 믿음과 예수 그리스도의 재림을 강조한 길선주의 성령 운동과 초대교회의 표적과 신유를 강조한 김익두의 성령 운동 그리고 고난받는 그리스도에 초점을 맞춘 이용도의 성령 운동은 이후에 순복음 운동에 결합되어 나타나게 된다.

---

11) Young-Hoon Lee, *The Holy Spirit Movement in Korea*, 47.
12) Young-Hoon Lee, *The Holy Spirit Movement in Korea*, 45.
13) Young-Hoon Lee, *The Holy Spirit Movement in Korea*, 54.

2. 한국의 오순절 운동

회개와 기도 운동에 근간을 둔 한국 교회의 부흥은 일제의 탄압과 해방 이후의 국가적, 정치적 격변으로 인해 혼란과 위기를 겪게 되었다. 이러한 혼란기를 틈타 신비주의적 이단 종파가 우후죽순처럼 일어나기 시작하였다. 이 위기를 극복하기 위해서는 무엇보다도 성경적이고 복음적이며 조직적인 성령 운동이 필요했다.

그러한 요구에 부응하게 된 것이 바로 한국에서의 오순절 운동의 시작이었으며 나아가 기독교대한하나님의성회의 창립이었다. 1950년대 초반 기독교대한하나님의성회가 발족되기까지는 한국에서의 오순절 운동의 성장을 위해 땅을 일구고 씨앗을 뿌리는 과정이 있었으며, 이러한 과정에 헌신한 인물들이 있었다.

(1) 럼시(Mary C. Rumsey) 선교사

럼시 선교사

한국 최초의 오순절 선교사인 메리 럼시는 아주사 거리 부흥회에서 크게 은혜를 받고 성령 침례와 방언을 체험하였다. 그녀는 이런 체험이 있기 전까지는 뉴욕 시 근교에 있는 한 감리교회의 성가대원이었다. 그녀는 엘리자베스 베이커(Elizabeth Baker)가 설립한 뉴욕 주의 로체스터성경훈련학교(Rochester Bible Training School)

에서 신학을 공부하였다. 럼시 선교사는 1906년 아주사 부흥 집회에 참여하였다가 '한국으로 가라'는 생생한 성령의 음성을 듣게 되었고 그때로부터 선교의 사명을 갖게 되었다. 그러나 한국으로 갈 수 있는 길이 열리지 않았다. 그러던 중 같은 교회에 출석하던 덴버드(Denverd)라는 성도가 럼시 선교사를 후원하게 되었고, 그 후원에 힘입어 마침내 럼시 선교사는 한국에 오게 되었다. 그녀는 한국에 오기 전 일본에서 미국 하나님의성회가 파송한 선교사인 헤리엇 디쓰리지(Harriet Dithridge)와 함께 선교 사역을 하였다.[14] 럼시는 한국에 도착해서 하디 목사가 기거하던 감리교 최초의 병원인 시병원에 머물렀다. 그녀는 도착하자마자 한국까지 인도해 주신 하나님께 기도를 드렸는데 그 내용은 다음과 같다.

> 사랑하는 하나님,
> 제가 하나님의 명령에 따라 멀리 떨어진 한국에 왔습니다.
> 저로 하여금 이 땅에서 하나님께서 이루고자 하시는
> 하나님의 뜻을 이루게 하시옵소서.[15]

럼시가 한국에 입국한 때는 처음 소명을 받고 약 20년이 지난

---

14) 기독교대한하나님의성회 60주년사 편찬위원회 편, 『성령과 함께한 기독교대한하나님의성회 60주년사』, 191.

15) Ig Jin Kim, *History and theology of Korean Pentecostalism* (Zoetermeer: Uitgeverij Boekencentrum, 2003), 58.

1928년이었다.[16] 그녀는 엄세(嚴世)라는 한국 이름으로 활동을 하였다. 럼시 선교사는 구세군에서 사무원으로 일하고 있던 청년 허홍을 만나 한국 선교를 도와 달라고 부탁하였다. 허홍은 하나님의 뜻이라고 생각하여 럼시의 부탁을 받아들였다. 허홍은 이후로부터 럼시 선교사로부터 성경을 배우면서 은혜를 체험하게 된다.

럼시 선교사의 소속에 대해서는 여러 추측이 있다.[17] 그러나 그녀가 일본에서 미국 하나님의성회 파송 선교사와 함께 사역한 기록은 남아 있으나 미국 하나님의성회 소속 선교사는 아니었다. 그녀는 교단배경 없이 한국에 오순절 신앙을 전하였다. 그녀는 한국에 오순절 신앙을 전한 최초의 선교사이다.[18]

(2) 오순절 신앙을 전한 여성 선교사들

아주사 부흥을 통해 오순절 신앙을 체험하고 한국에 온 선교사는 럼시만이 아니었다. 미국 하나님의성회 선교사로 한국에서 1954년부터 1977년까지 사역했던 존 스텟츠(John Stetz)는 제2차 세계 대전 이전에 한국에 온 10명의 여성 선교사의 이름을 언급하였다. 그들의 이름은 메리 럼시(Mary C. Rumsey, 미국), 글래디스 파슨(Gladys Parson, 미국), 엘프레다 오프스태드(Elfreda Offstead, 미국), 엘

---

16) Ig Jin Kim, *History and Theology of Korean Pentecostalism*, 58.
17) 추측에 대해서는 다음을 참조. 60주년사 편찬위원회 편, 『성령과 함께한 기독교대한하나님의성회 60주년사』, 191-92.
18) 국제신학연구원 편저, 『하나님의성회 교회사』(서울: 서울말씀사, 2008), 198.

시 메레디드(Elsie Meredith, 영국), 릴리 베시(Lily Vessey, 영국), 밀드레드 M. 배시(Mildred M. Bassey, 영국), 린드퀘스트(Lindquest, 노르웨이), 스테빅(Stevick, 노르웨이로 추정), 그리고 오스트레일리아에서 온 두 명의 미혼 여성 선교사들이었다.[19)]

이 중 파슨은 미국 하나님의성회에 속한 교회에서 개인 선교사 자격으로 1930년도에 한국에 왔다.[20)] 그녀는 한국에 3년 정도 머물렀다. 비슷한 시기 미국에서 엘프레다 오프스태드가 한국에 왔다. 이 두 여성은 배부근[21)]이 수창동교회를 세울 때 재정적으로 도움을 준 것으로 알려져 있다. 파슨은 1933년 한국을 떠났고, 오프스태드의 이후 행적은 알려진 바가 없다. 1933년 영국에서 메레디드와 베시가 파슨의 초청으로 오게 되었다. 이 두 여성은 영국 하나님의성회 교인으로서 개인 자격으로 한국에 온 것이다. 메레디드와 베시는 배부근이 시무하는 교회 건물의 월세를 도와주었다. 두 선교사는 1940년에 한국을 떠났다.[22)] 나머지 여성 선교사들의 활동에 대해서는 알려진 바가 없다.

(3) 한국 최초의 오순절 교회

럼시 선교사와 허홍을 통해 한국 최초의 오순절 교회인 서빙고

---

19) Ig Jin Kim, *History and theology of Korean Pentecostalism*, 60.

20) Ig Jin Kim, *History and theology of Korean Pentecostalism*, 61.

21) 배부근은 허홍, 박성산과 함께 조선 오순절 교회 최초로 목사 안수를 받았고, 두 번째 조선 오순절 교회인 수창동교회를 세웠다.

22) Ig Jin Kim, *History and theology of Korean Pentecostalism*, 61.

교회가 세워졌다.[23] 서빙고교회는 일본에서 귀국한 박성산 목사가 담임을 맡았다.

럼시는 일본에서 그를 만난 뒤 그가 신학 과정을 마치기까지 기다렸다가 당시에 성서신학원의 원장이던 존 주르겐센(John Juergensen)에게 그를 보내 줄 것을 요청하였다.

서빙고교회 교인들

서빙고교회 침례식

박성산은 한국에 와서 럼시, 허홍과 함께 서빙고에 있는 작은 집을 빌려 목회를 시작하였다. 그리고 1933년 봄, 박성산을 담임으로 하여 서빙고에 정식으로 교회를 창립하게 되었다. 이는 럼시가 한국에 와서 5년 동안 믿음으로 인내하며 사역한 결과로 맺은 열매였다. 럼시 선교사는 당시에 방언과 신유를 강조한다는 이유로 한국

23) 서빙고교회의 창립 연도에 대해서는 1932년설과 1933년설이 있다. 1932년설을 주장하는 『기독교대한하나님의성회 30년사』를 비롯한 대부분의 자료들은 그 내용의 상당 부분을 1972년에 출판된 변종호의 『한국의 오순절 신앙 운동사』를 근거로 하고 있는데, 정작 이 책에서 변종호는 서빙고 교회가 1933년에 창립되었다고 기록하고 있다. 따라서 다른 자료가 발견되기 전까지는 서빙고 교회의 창립 연도를 1933년으로 간주하는 것이 타당할 것이다. 변종호, 『한국의 오순절신앙운동사』(서울: 성광, 1972), 92-93.

교회의 목회자들에게 배척을 당했다.[24] 그런 어려운 상황에서 허홍과 박성산의 만남은 그녀에게 희망의 작은 불씨가 되었다.

박성산은 "성령 침례의 표적은 방언이며 바람직한 기독 신앙은 사회 참여"라고 믿었으며, 오순절 신앙은 사도행전에 입각한 근본주의 신앙으로서 성령 침례를 받아 방언, 신유, 권능을 나타내야 한다고 역설하였다.[25] 이에 따른 비난도 적지 않았다. 많은 한국 교회들이 오순절 교회를 이단으로 오해하며 "의미 모를 발성"은 광언이며 망언이라고 규정짓고 오순절 교회를 '방언파'라고 불렀다.[26] 이외에도 여러 가지 어려움이 있었으나 성도의 숫자가 늘기 시작하여 1934년도에는 장년 70명, 주일학교 200여 명에 이르게 되었다.[27]

(4) 한국 오순절 교회 최초의 목사 임직

1938년 10월 15일, 럼시 선교사가 한국에 복음을 전하러 온 지 10년 만에 오순절 교회가 최초의 목사 안수식을 가졌다. 당시 안수 위원은 영국 오순절 교회 감독 카타 목사와 메레디드 목사 등 영국과 미국의 선교사 5인이었다. 안수 장소는 정동 시병원에 위치한 오순절 교회 선교 본부였고, 안수 대상자는 허홍, 박성산, 배

---

24) 이재범, 『성령운동의 역사』 (서울: 보이스사, 1985), 208.
25) 기독교대한하나님의성회 30년사 편찬위원회, 『기독교대한하나님의성회 30년사』 (서울: 종려문화사, 1981), 34.
26) 30년사 편찬위원회, 『기독교대한하나님의성회 30년사』, 34-35.
27) 30년사 편찬위원회, 『기독교대한하나님의성회 30년사』, 41.

부근 세 명이었다.

① **허홍**(1907-1991)

허홍은 1907년 12월 9일에 충청남도 보령에서 허곤의 차남으로 태어났다. 허홍의 아버지는 구세군 사관이었는데 그도 아버지를 따라 구세군에 입대하여 사무원으로 사역했다. 그곳에서 허홍은 나라 없는 슬픔과 약소민족의 서러움을 뼈저리게 느끼고 있었다. 그는 이러한 상황에서 자신이 할 수 있는 일이 아무것도 없다는 생각으로 인해 고통과 갈등에 휩싸여 있었다. 그러던 중 구세군 사관을 찾아온 럼시 선교사를 만나게 된 것이다.[28]

허홍 목사

허홍은 럼시 선교사와 함께 서빙고에 최초의 오순절 교회를 개척하였고 뒤이어 내수동교회와 북아현동 근처에 연희장교회를 설립하고 연소교회, 흑석동 집회소를 돌며 전도 사역을 하였다.

② **박성산**(1908-1956)

박성산은 1908년 1월 20일에 경상북도 군위군에서 박동희의 장남으로 태어났다. 그는 청년 시절에 민족주의자로서 농촌 계몽, 사회 개발, 금주·금연 운동을 활발히 전개했다.[29] 그 후 일본으로

28) 30년사 편찬위원회, 『기독교대한하나님의성회 30년사』, 114.
29) 30년사 편찬위원회, 『기독교대한하나님의성회 30년사』, 110.

앞줄 좌측으로부터 배부근, 박성산, 뒷줄 좌측으로부터 허홍, 유지욱

유학을 갔지만 그곳에서도 식민지 백성이라는 이유로 냉대를 받았다. 일본에서의 현실에 실망하던 상황에 생각지도 못한 기회가 찾아와 성서신학원에 입학하게 되었고 그곳에서 오순절 신학을 공부하였다. 그는 이후 졸업을 앞두고 진로를 고민하던 중 일본에 잠시 온 럼시 선교사를 만나게 되었다. 이 만남은 후일 그를 서빙고교회의 담임이 되게 하는 중요한 계기가 되었다.

③ 배부근(1906-1970)

배부근은 1906년 6월 16일에 강원도 춘천에서 배덕노의 장남으로 태어났다. 그는 가정 형편의 어려움을 겪던 중, 1925년 배영학교 교장인 브랜넌(L. C. Brannan)의 전도를 통해 기독교인이 되었다. 1928년에는 친척들과 동네 유지들의 도움으로 일본으로 건너가 나고야에서 신학을 공부하게 된다. 이후 그는 존 주르겐센이 원장으로 있는 성서신학원에서 성령 침례를 받고 신학 과정을 마친 뒤, 1933년에 귀국하였다. 귀국한 그는 영국 선교사 베시와 메레디드, 그리고 미국 선교사인 파슨과 함께 서울 사직동 106번지에 수창동교회를 개척하였다. 배부근은 박성산의 1년 후

배부근 목사

배로서 두 사람은 가까운 사이였다.[30] 두 사람은 오순절 신앙을 전파하는 동역자로서 한국 오순절 교회를 이끌고 나아갔다.

수창동교회 전도단

수창동교회 교인들

(5) 오순절 교회의 위기와 극복

① 오순절 교회의 위기

럼시 선교사와 허홍이 서빙고에 교회를 세운 시기는 일제가 신사참배를 강요하며 교회를 박해하던 때였다. 일제는 "신도(Shintoism)는 국가 종묘에 참배하는 것으로 국민의 마땅한 의무이지 종교가 아니다."라고 하며 교회에 압력을 가하였다.[31] 한국의 일부 교회는 이런 위기를 당하여 일제에 맞서 신앙을 지키려고 하였다. 이러한 상황 속에서 오순절 교회들은 둘로 나누어 전도 활동을 펼쳤다. 서빙고교회를 중심으로 해서 럼시와 박성산 목사,

---

30) 30년사 편찬위원회, 『기독교대한하나님의성회 30년사』, 112. 배부근 목사의 아들 배중구 목사는 현재 나성순복음교회에 시무 중이다.

31) 30년사 편찬위원회, 『기독교대한하나님의성회 30년사』, 40.

그리고 허홍 목사가 한 팀을 이루었고, 수창동교회를 중심으로 베시와 메레디드와 파슨, 그리고 배부근 목사가 한 팀을 이루었다.

그러나 1937년 일본이 중일전쟁을 일으킨 후부터는 한국의 기독교인들에게 신사참배를 더욱 극렬하게 강요했다.[32] 오순절 교회들 역시 신사참배 문제로 인하여 큰 수난을 겪었다. 1937년 2월 10일에는 럼시 선교사가 서빙고교회에서 환송 예배를 드리고 난 뒤 강제 출국을 당하였다.[33] 그리고 1940년 12월 20일에는 베시와 메레디드도 일본의 종교 박멸 정책으로 강제 출국을 당하였다.[34] 아직 깊이 뿌리를 내리지 못한 오순절 교회는 선교사들이 떠나자 교회 문을 닫고 흩어질 수밖에 없었다.

이러한 상황에서 1942년 오순절 교회들의 포교 관리 책임자이던 허홍 목사가 병에 걸려 활발한 사역을 할 수 없게 되었다. 배부근 목사가 담임하던 수창동교회는 한때 장년이 60명까지 출석했지만 선교사가 강제 출국 당하자 빌려 쓰던 건물 임대료를 지불할 길이 없어졌고, 일본의 탄압 정책이 날로 심해져 문을 닫을 수밖에 없었다. 배부근 목사는 생계의 문제가 어려워지자 안국동에 있던 소아과 병원의 약제사로 가게 되었고, 1944년에는 경기도 가평으로 거처를 옮겼다. 박성산 목사가 담임하던 서빙고교회의 상황도 수창동교회와 크게 다르지 않았다. 서빙고교회는 장년이 1

---

32) 변종호, 『한국의 오순절신앙운동사』, 95-96.
33) 30년사 편찬위원회, 『기독교대한하나님의성회 30년사』, 46.
34) 30년사 편찬위원회, 『기독교대한하나님의성회 30년사』, 47.

백 명을 넘고 주일학교 아이들도 2백 명을 넘었지만 교회의 문을 닫을 수밖에 없었다. 박성산 목사는 개인적으로 전도에 힘을 썼지만 해방 무렵에는 형편이 어려워져서 광화문에 '성문당' 이라는 서점을 내어 생계를 꾸려 갔다.

한국 땅에 오순절 교회를 통한 부흥의 열기가 본격적으로 타오르기도 전에 일제의 탄압으로 인해 그 불씨가 꺼져 가는 것만 같았다. 그나마 남아 있던 교회의 빈 건물들까지도 6·25전쟁이 발발하여 폐허가 되고 말았다.

② 오순절 교회의 회복

1945년 8월 15일 조국이 광복되자 일본에서 오순절 신앙을 꾸준히 전파하던 곽봉조, 윤성덕 등이 귀국했다. 이들뿐만 아니라 여러 여성 사역자들이 오순절 성령 신앙의 불을 이어갔다.

|곽봉조|

곽봉조는 청년 시절 일본에서 유학하던 중에 일본 오순절 교회인 시강교회의 노방 전도팀에 의해 입교하게 되고 일본 이코마신학교에까지 진학하게 되었다.[35] 곽봉조는 신학교에서 성령 침례의 외적 증거가 방언이라는 가르침을 받고 혼란을 겪었다. 그러다가 사도행전을 연구하게 되었고, 기도하는 중에 성령을 받고 방언을 하게 되자 그것이 진리임을 깨닫게 되었다.[36] 그는 이코마신학

35) 30년사 편찬위원회, 『기독교대한하나님의성회 30년사』, 118.
36) 30년사 편찬위원회, 『기독교대한하나님의성회 30년사』, 52.

교를 1회로 졸업하고 1933년 봄에 오사카에서 '조선예수교오순절' 이라는 이름으로 한인 교회를 개척하였다.

| 윤성덕 |

윤성덕은 1915년 고향 친구인 박봉연에게 전도를 받고 그리스도를 영접하였다. 그는 나라를 잃은 서러움에 독립운동을 추진하다 좌절하고 1932년 공부를 하고 돈을 벌 목적으로 밀선을 타고 일본으로 건너갔다. 1933년 어느 날, 그는 신앙과 자신의 삶의 괴리감을 느낀 나머지 자살을 결심하고 철로에 누웠는데 어디선가 찬양 소리가 들려왔다. 찬양 소리에 이끌려 간 곳은 영국인 선교사 구도(L. W. Cote)가 인도한 오순절 천막 전도 집회였다. 윤성덕은 이 집회에서 은혜를 받았고 이후 구도와 친분이 있었던 곽봉조의 권유로 이코마신학교에서 공부를 하였다. 그는 해방 후 1948년 전남 광산군에서 교회를 개척했다.

| 이복덕 |

곽봉조가 개척한 교회에 박자신이라는 여성이 있었는데, 그녀는 남편의 사업차 일본에 머물다 곽봉조 목사의 설교에 감동을 받고 신앙생활을 하면서 한국에 있는 시어머니 이복덕에게도 오순절 신앙을 전하였다. 원래 전라남도 해남의 장로교인이었던 이복덕은 오순절 신앙을 받아들인 뒤 방언과 예언, 그리고 신유를 전파하자 주위에서 부정적인 반응이 나타났고 결국 다니던 장로교

회로부터 출교를 당하게 되었다. 이복덕은 출교된 뒤 작은 예배처를 세웠는데 이곳에서 표씨 부인이 성령의 감화를 받았다. 표씨 부인은 자기의 집에 예배처를 만들어 예배를 드리기 시작했고 적지 않은 수의 신자들이 참여하게 되었다. 이때 참석한 신자들 중에 박귀임이 있었다.

| 박귀임(1912-1994) |

1947년에 표씨 부인을 만나 오순절 신앙을 받아들인 박귀임은 같은 해 6월 표씨 부인 집에서 성령 침례를 받았다. 박귀임은 순천에 있는 남동생의 집에 가정 집회소를 세우고 예배를 드리기 시작하였다. 그러자 순천중앙장로교회 성도들이 오순절적 예배를 사모하여 모여들기도 하였다. 성도의 수가 계속 늘어나자 박귀임은 순천시 남내동에 있는 가옥을 빌려 대한기독교순천오순절교회를 개척하였다. 교회가 부흥하자 박귀임

박귀임 전도사

은 박헌근 장로를 전임 전도사로 초빙하였다. 박헌근 전도사가 부임한 후 순천오순절교회는 3백여 명이 출석하는 교회로 성장하였다. 박귀임은 다시 광주에 교회를 개척하였는데 나중 이 교회는 호남지역을 대표하는 광주순복음교회가 되었다.

(6) 대한기독교오순절대회

해방 이후, 서울과 전라도를 중심으로 본격적으로 오순절 신앙이 전파되었다. 일본에서 귀국한 김성환 목사는 목포시 산정동에 있던 자기 집을 교회로 삼아 1948년 늦여름에 창립 예배를 드렸다. 같은 시기에 전남 광산군에서는 윤성덕 목사가 교회를 건축하고 헌당 예배를 드렸다. 광화문에서 서점을 운영하던 박성산 목사는 해방이 되자 배부근, 허홍 목사와 함께 오순절 교회의 재건을 위해 전국을 순회하며 동역자들을 모으기 시작하였다.

배부근, 허홍, 박성산 목사 등이 서울을 중심으로 오순절 신앙을 전파하는 동안, 전라도에서는 박귀임 전도사가 순천과 광주를, 김성환 목사는 목포와 무안군 일대를, 그리고 윤성덕 목사는 광산을 중심으로 오순절 신앙을 전파하였다. 이렇게 서울과 전라도를 중심으로 세워지던 오순절 교회가 함께 모이는 기회가 생겼다.

1950년 4월 9일, 순천에서 박헌근 전도사가 주축이 되어 제1회 대한기독교오순절대회를 열게 되었다.[37] 이 대회를 통해 박성산, 윤성덕, 허홍, 김성환 목사, 박헌근, 박귀임 전도사 등의 목회자를 비롯하여 약 2백여 명의 교인들이 모였다. 이 대회는 오순절 교회가 연합하는 데 중요한 교두보 역할을 하였다. 제2회 대한기독교오순절대회는 1952년 5월 4일, 제3회 대회는 1952년 10월 5일에 열렸다.[38]

---

37) 30년사 편찬위원회, 『기독교대한하나님의성회 30년사』, 60.

38) 기독교대한하나님의성회 50년사 편찬위원회, 『기독교대한하나님의성회 50년사』, 302.

(7) 최초의 순교자, 박헌근 전도사

박헌근 전도사는 1914년 9월 3일에 전라남도 무안군에서 부친 박민상과 모친 이영풍 사이에서 2남 1녀 중 장남으로 출생하였다. 일제의 폭정으로 어렵게 살다가 10세에 부친과 함께 일본으로 건너가 오사카에 거주하면서 도쿄에 있는 고등학교를 다니던 중에 그리스도를 영접하게 되었다.

박헌근 전도사

그는 학교를 졸업하고 인쇄 회사에서 일하다가 소명을 받아 이코마신학교에서 4년 과정을 마치게 되었다. 그 후 그는 최예님과 결혼하였고, 1942년에 귀국하여 대전 중동 제일장로교회의 창립과 동시에 집사로 임명받아 청년회장과 주일학교 교사로서 아동들을 가르쳤다. 그러던 중 그는 1949년 11월에 순천오순절교회에 부임하게 되었다.

박헌근 전도사가 순천오순절교회에 부임하고 6개월 정도가 지났을 때, 6·25전쟁이 발발하였다. 그렇지만 박헌근 전도사는 기도와 성경 읽기에 열중하였다. 그는 피난을 가지 않고 주일예배와 성도 가정 심방에 열성을 다하였다. 그는 공산군이 순천시를 점령하고 온갖 행패를 가할수록 더욱더 열심을 다하여 성도들을 지키기에 심혈을 쏟았다. 방언, 신유 등 오순절적 역사가 더욱 강하게 일어나는 가운데 비밀리에 심방하고 다니던 그는 공산군 치안 대원에게 검거되어 순천경찰서에 감금당하였다. 그는 신앙을 버리면

살려 준다고 회유하는 공산군에게 모진 고문을 받으면서도 굴하지 않고 오히려 그들에게 회개하고 예수님을 믿으라며 전도하였다.[39] 결국 한국에 오순절 신앙이 전해진 지 22년째 되는 1950년 9월 말경, 박헌근 전도사는 한국 오순절 교회 최초의 순교자가 되었다.

일제의 식민 지배와 기독교 말살정책, 신사참배 강요로 인한 기독교 탄압, 그리고 그러한 아픔과 상처가 회복되기도 전에 일어난 6·25전쟁으로 인해 한국 오순절 교회는 크나큰 피해를 입었다. 이러한 상황 속에서 1952년 겨울까지 재건되거나 창립된 교회들은 표 II-1과 같다.[40]

지 역	교회명	설립자(담임교역자)
서울 용산	남부교회	허홍 목사
전남 순천	순천교회	박귀임 전도사
광주 불로동	불로동교회	박귀임 전도사
부산	부산교회	박성산 목사
목포	목포교회	김성환 목사
광주 진월동	진월교회	윤성덕 목사
거제도	거제교회	김길윤 목사
대구	대구교회	김두년 전도사

표 II-1. 1952년 겨울까지 재건되거나 창립된 교회들

위의 8개 교회는 모두 해방 후에 설립된 교회이다. 일제의 탄

39) "한국교회 순교자," http://www.kcmma.org/board/bbs/board.php?bo_table=bd1&wr_id=229.

40) 변종호, 『한국의 오순절신앙운동사』, 105.

압으로 인해 해방 전에 설립된 교회 중 남아 있는 교회는 하나도 없었다. 그러나 일제가 교회 건물을 없앨 수는 있었을지 모르지만 하나님의 섭리 가운데 이 땅에 뿌려진 오순절 신앙의 씨까지 말살할 수는 없었다. 그 결과 이처럼 성령 운동을 하는 사역자들과 성도들은 언제든지 교회를 세울 수 있었다.

II

기독교대한하나님의성회의 창립과 신학교 설립(1950-1956)

1. 한국 하나님의성회 창립

1933년 서빙고교회가 세워진 때부터 20여 년이 지나도록 한국 오순절 교회는 10개의 교회와 500여 성도 이상으로는 성장하지 못하고 있었다. 그러나 하나님께서는 6·25전쟁이라는 시련 가운데 놀라운 일을 계획하고 계셨다. 6·25전쟁이 한창인 때 미군 군목인 엘라우드(Ellowed)가 한국에 입국하였다. 그는 군목으로 근무하면서 한국 오순절 교회의 현황을 파악하다가 허홍 목사를 만났다. 그는 허홍 목사와 1년 정도 함께 예배를 드리면서 미국 하나님의성회를 소개해 주었다. 엘라우드 목사는 1951년 한국을 떠나 미국으로 돌아갔으나 미국 하나님의성회 본부에서 한국에 하나님의성회를 세우도록 주선하였다.

엘라우드 목사의 노력으로 1952년 여름, 미국 하나님의성회 동양 선교부장인 오스굿(Osgood) 목사가 한국을 방문하게 되었다. 그는 한국에 머물면서 허홍, 박성산, 배부근 목사 등을 만나 한국 오순절 교회의 현황을 직접 조사한 후에 귀국하였다. 그 결과 1952년 12월 15일에 미국 하나님의성회 선교사인 아더 체스넛(Arther B. Chesnut) 목사가 정식으로 한국에 파송되었다. 체스넛 목사는 원래 중국 선교사로서, 중국이 공산화되자 일본으로 건너가 선교 사역을 하고 있었다.[41]

(1) 교단 창립

체스넛 목사는 한국에 도착하여 박성산 목사를 비롯한 7명의 목사들과 함께 한국 하나님의성회의 창립을 위한 준비에 착수했다. 또한 부산, 서울, 대구, 순천 등의 도시를 돌며 교회를 세우고 이미 그곳에 있던 교회들을 돕기도 하였다. 체스넛 목사가 내한하자 한국의 오순절 교회들이 활발히 연합되기 시작하였다.

체스넛 목사

박성산 목사는 교단의 설립을 위해서 여러 곳에 흩어져 있는 오순절 교회의 교역자들을 모았다. 마침내 1953년 4월 8일 오전 10시에 서울 용산구 한

41) 30년사 편찬위원회, 『기독교대한하나님의성회 30년사』, 65.

강로 1가 62번지 허홍 목사가 시무하는 남부교회[42]에 모여 오순절 계통의 교회와 동역자들이 기독교대한하나님의성회 창립 총회를 열게 되었다. 이처럼 기독교대한하나님의성회는 선교사의 일방적인 주도하에 설립된 것이 아니라 일제 강점기부터 뿌리를 내린 오순절 성령 운동 사역자들과 연합하여 설립되었다.

기독교대한하나님의성회 창립 총회

창립 총회는 체스닛 선교사의 주도하에 허홍 목사의 통역으로 진행되었다. 창립에 참가했던 인원은 총 11명으로, 체스닛, 박성산, 허홍, 배부근, 윤성덕, 곽봉조 목사와 박귀임 전도사, 그리고 그 외에 참관인 자격으로 참석한 4인이 있었다.

(2) 교단 명칭

창립 총회 때 가장 중요하면서도 어려웠던 문제는 교단 명칭을 한국어로 어떻게 번역해야 하느냐는 것이었다. 체스닛 선교사는 중국 선교사로 있을 때의 기억을 되살려 중국 하나님의성회처럼 '신소회'(神召會)로 하자고 제안하였다. 그러나 허홍 목사는 '하나님의성회'로 하자는 제안을 하였다. 결국 '회합', '집회', '대회'

42) 남부교회의 건물은 허홍 목사의 개인 소유로 2층으로 된 목조건물이었다. 1층은 허홍 목사의 사택과 7-8평 정도의 예배실이 있었고 2층은 체스닛 목사가 머무는 곳이었다. 변종호, 『한국의 오순절신앙운동사』, 107.

등의 의미를 가지고 있는 'Assemblies'는 '성회'로 번역하기로 결정하였다. 'God'의 번역에 대해서도 '신'이나 '하느님', '하나님' 등 여러 가지의 제안이 있었지만 '하나님'으로 번역하기로 하였다. 그래서 마침내 교단의 정식 명칭이 '기독교대한하나님의성회'가 되었다. 영어로는 'Korea Assemblies of God'으로 하며 통칭 '순복음교회'로 불리게 되었다.[43)]

(3) 교단 신조[44)]

창립 총회에서 통과된 헌장 중 기독교대한하나님의성회 신조는 미국 하나님의성회 신조 16조를 요약한 것으로 다음과 같다.

① 우리는 성경이 영감으로 쓰여졌으며 절대무오한 권위 있는 하나님의 말씀임을 믿는다.

② 우리는 삼위(성부, 성자, 성신)로 영원히 존재하시는 한 하나님이심을 믿는다.

---

43) 이후에 교단 명칭에 관한 논의가 다시 제기되었다. 1966년 5월 18일 오전 11시 기독교수양관에서 진행된 제15회 정기총회에서 교단 명칭 개정안이 상정되었다. 개정안의 설명자는 박광수 목사였는데, 상정안은 '기독교대한순복음회', '기독교대한오순절회' 두 가지였다. 개정안에 대한 제안 설명에서 윤진환 목사는 대외적으로 교단 명칭이 혼동된다는 것(예로 여호와의 증인, 하나님의집 등)과 대내적으로 교단 신학교와 여러 교회에서 '순복음'이라는 명칭이 널리 알려져 있다는 것 등의 이유를 들어 교단 명칭 변경에 관한 건을 제안하였다. 하지만 결과는 '순복음회'란 명칭에 대해서 16표로 부결되었으며, '오순절회'란 명칭도 23표로 부결되었다. 30년사 편찬위원회, 『기독교대한하나님의성회 30년사』, 90.

44) 30년사 편찬위원회, 『기독교대한하나님의성회 30년사』, 76-77.

③ 우리는 우리 주 예수 그리스도의 신격, 그의 동정녀 탄생, 그의 무죄한 생애, 그의 이적들, 그의 승리적인 대속의 죽음, 그의 육체 부활, 그의 승천하여 하나님의 우편에 계심, 그리고 그가 천년 동안 온 세상을 통치하러 권능과 영광으로 이 지상에 재림할 것을 믿는다.

④ 우리는 그리스도께서 공중 재림하실 때 교회는 휴거한다는 복된 소망을 믿는다.

⑤ 우리는 죄의 정결함을 받는 유일한 방법은 예수님의 보혈을 믿고 회개함으로 이루어진다는 것을 믿는다.

⑥ 우리는 성령으로 이룬 중생은 개인 구원에 절대 요소가 되는 것을 믿는다.

⑦ 우리는 하나님께서 십자가 상의 그리스도의 구속 사업을 믿는 자들의 기도를 응답하여 우리 육신의 병을 치료하여 주심을 믿는다.

⑧ 우리는 사도행전 2장 4절에 입각한 성령 세례는 이를 구하는 모든 신자에게 주어진다는 것을 믿는다.

⑨ 우리는 믿는 자에게 내재하시는 성령의 능력으로써 거룩한 생활을 할 수 있다는 것을 믿는다.

⑩ 우리는 구원받은 자나 받지 못하는 자나 다 부활하되 전자는 영생을 얻고 후자는 영벌을 받는다는 것을 믿는다.

2. 기독교대한하나님의성회 신학교 설립

존 스텟츠 선교사

기독교대한하나님의성회 교단이 창립되면서 소속 교육 기관으로 순복음신학교가 남부교회에서 시작되었다. 초대 교장으로는 체스넛 목사가, 학감으로는 허홍 목사가 추대되었다. 1953년 8월 1일에는 교사를 서울시 서대문구 충정로 1가 21번지(지금의 강북삼성병원 위치)로 이전하였다. 그리고 1955년 제2대 교장으로 존 스텟츠 선교사가 부임하였다.[45)]

1956년에는 순복음신학교에 동맹 휴교 사건이 발생하였다. 이는 1957년 11월에 발생한 교단 분열의 원인이 되었다. 1957년 체스넛 선교사가 총리직을 사임하고 귀국함으로 인해 1956년 4월 26일 임시총회를 열고 제2대 총리에 허홍 목사를 선임하였다. 허홍 목사가 제2대 총리로 당선된 지 반년 후인 1957년 11월에 하나님의성회가 분열되었다.[46)]

순복음신학교 1회 졸업식

---

45) 30년사 편찬위원회, 『기독교대한하나님의성회 30년사』, 79.
46) 30년사 편찬위원회, 『기독교대한하나님의성회 30년사』, 80.

교단이 분열되자 허홍 목사는 대한오순절교회로 이탈했다. 그리고 곽봉조, 윤성덕 목사 등은 구도 선교사와 손잡고 대전시 가양동 28번지에 중도성서신학교를 세우고 극동사도선교회에서 사역하게 되었다.[47)]

리차드 존스톤

1957년 8월에는 리차드 존스톤(Richard L. Johnston) 선교사가 교장으로 부임하였다.[48)] 순복음신학교는 선교사들을 통해 대조동에 약 1만 평의 대지를 구입했으며 1960년 신축 기공식을 갖고, 1960년 4월 19일 교사를 서대문구 대조동 24번지 신축 교사로 이전했다.[49)] 기독교대한하나님의성회 신학교 재단법인 등록은 1957년에 끝마쳤다. 이것으로 신학교 설립과 더불어 교단 발전의 기반을 마련하게 되었다.

---

47) 국제신학연구원 편저, 『하나님의성회 교회사』, 221-23. 이 분열 이후 미국의 오순절 운동 그룹들이 내한하기 시작하였다. 1958년의 극동사도선교회, 1960년의 월드선교회, 1965년의 하나님의교회, 1966년의 연합오순절교회가 대표적인 경우이다. 이후 1972년 기독교대한하나님의성회는 허홍 목사가 주도한 대한오순절교회와 재통합을 이루게 된다.

48) 30년사 편찬위원회, 『기독교대한하나님의성회 30년사』, 79, 90.

49) 30년사 편찬위원회, 『기독교대한하나님의성회 30년사』, 83.

III

초기 천막 집회와 순복음부흥회관의 설립(1957-1966)

이 시기에는 두 가지 중요한 사건이 있었다. 조용기 전도사가 최자실 전도사와 함께 천막 교회를 개척한 것과 미국 하나님의성회가 '지구 정복' (Global Conquest)이라는 선교 프로그램을 시작한 것이다. 이 두 가지가 기독교대한하나님의성회 부흥의 발단이 되었다.

1. 조용기 전도사의 천막 교회 개척과 초기 부흥

조용기, 최자실 전도사

1958년 5월 18일, 조용기 전도사와 최자실 전도사는 대조동에 천막 교회를 개척하였다. 5명으로 시작한 천막 교회는 신유 등 성령의 역사가 일어나면서 부흥하기 시작하였다. 천막 교회는 1년

대조동 천막 교회

반이 지나는 동안 성령의 역사하심으로 인해 구원받은 영혼이 200명을 넘어서는 결실을 맺게 되었다. 이후 늘어나는 성도들을 수용하기 위해 임시방편으로 세워진 천막이 7개나 되었다.[50)]

2. 3대 부흥집회

이 시기에 하나님의성회는 교세 확장을 위한 3대 집회를 개최하였다. 첫 번째 집회는 1957년 가을 세계적인 부흥사 허만(Harold Herman) 목사가 내한하여 중앙청 앞 광장에서 24일간 인도한 집회였다. 이 집회는 기독교대한하나님의성회 최초의 대규모 집회였다.[51)] 이 집회에서 회개와 신유의 역사가 함께 나타났다. 두 번째 집회는 1958년 여름 버드(Ralph Byrd) 목사가 내한하여 수원, 대전, 부산 등지에서 인도한 일련의 집회들이었다. 세 번째 집회는 미국 하나님의성회가 1961년 9월 1일부터 10월 중순까지 '치유의 소리'(Voice of Healing) 선교회를 초청하여 개최한 천막 신유 집회였

---

50) 최자실, 『나는 할렐루야 아줌마였다』 (서울: 서울말씀사, 2010), 208, 273.
51) 30년사 편찬위원회, 『기독교대한하나님의성회 30년사』, 82-83.

다. 치유의 소리는 고든 린제이(Gordon Lindsay)가 설립한, 20세기 중반 미국에서 가장 유력한 신유 단체였다.[52] 린제이가 세계적인 신유 집회를 계획하면서 함께 일한 사람이 바로 오스본(T. L. Osborn)이었다. 오스본은 전 세계를 다니면서 신유 집회를 인도했다.[53] '치유의 소리' 한국 신유 집회의 강사로서 사무엘 토드(Samuel J. Todd) 목사가 내한하여 서대문 네거리에서 천막을 치고 성회를 인도했으며 통역은 당시 조용기 전도사가 맡았다. 집회에서는 놀라운 하나님의 역사가 나타났는데 이러한 집회들이 순복음부흥회관(여의도순복음교회 전신)의 개척과 성장에 밑거름이 되었다.[54]

사무엘 토드 목사 부흥회

3. 미국 하나님의성회의 지원

미국 하나님의성회는 기독교대한하나님의성회의 교단 분열의 극

52) 린제이는 20세기 신유 운동의 중요한 인물이었다. 린제이는 19세기 말 유명한 신유 사역자이자 오순절 운동의 아버지라 불리는 팔함 및 20세기 중반의 대표적인 신유 사역자인 윌리엄 브랜햄(William M. Branham)의 영향을 받았다. 린제이는 하나님의성회에 속하였지만 오랄 로버츠(Oral Roberts)를 비롯한 다양한 전통의 신유 사역자들과 친분을 맺었다.

53) 조용기, 『교회성장 진정 원하십니까?』(서울: 서울말씀사, 1990), 84.

54) 30년사 편찬위원회, 『기독교대한하나님의성회 30년사』, 87.

복을 위해 특별한 지원을 계획하였다. 그 대표적인 사례가 당시 미국 하나님의성회가 계획하고 있던 '지구 정복' 이라는 선교 프로그램에 따른 지원이었다. 이 선교 프로그램은 전 세계의 주요 도시에 순복음부흥회관(Full Gospel Revival Center)을 세워 집중적으로 도시 선교를 하려는 취지에서 계획된 것이었다. 그 일환으로 1959년 12월 28일 미국 하나님의성회 본부 소속 아시아 선교부장이던 메이나드 켓참(Maynard L. Ketcham) 목사는 세계 70여 개국 중에서 한국을 세계 복음화 운동의 지정국으로 결정하였다. 이에 미국 하나님의성회 본부는 2만 달러의 거액을 투입하여 한국에서의 교회 개척, 문서 전도, 선교 사역, 신학교 확장 등에 사용할 것을 결정하였다.[55] 미국 하나님의성회는 이 일을 위해 세 가지 목표를 세웠다. 첫째, 대부흥 집회를 위해 미국 하나님의성회 본부에서 부흥사를 파송할 것, 둘째, 교통이 좋은 곳에 순복음부흥회관을 설립하여 전국 복음화 운동을 강력히 추진할 것, 셋째, 신학교 대지 확보 및 교사 신축 이전을 추진할 것 등이었다.

미국 하나님의성회는 토드 전도회와 치유의 소리라는 양대 전도단과 순복음부흥회관 건립을 위한 협약을 맺음으로써 강력하게 사역을 추진할 단체를 구성하였고, 서대문 사거리에 대지 292평을 구입하였다. 또한 앞서 언급한 것처럼 선교사들을 통해 대조동에 신학교 이전용 대지 약 1만평을 구입하였다. 순복음신학교

55) 30년사 편찬위원회, 『기독교대한하나님의성회 30년사』, 83.

는 버드 목사를 통해 250만 원, 세계 복음화 운동기금 400만 원 등 모금을 통하여 1960년 3월 5일 신축기공식을 가졌다.[56] 그런 가운데 1960년 3월 22일 총회본부 회의실에서 피터슨 총회장의 사회로 진행된 제9회 정기총회에서는 지승권, 석상희, 박광수, 김진석, 박종수, 박정근 등 6명에 대한 목사 안수식이 있었다.[57]

4. 순복음부흥회관 설립

1961년 9월 조용기 전도사의 통역으로 열린 사무엘 토드 목사의 천막 부흥회가 계속되는 동안 존 허스톤(John Hurston) 선교사는 바로 옆 서대문 네거리 부근에서 약 1,200명을 수용할 수 있는 순복음부흥회관의 건축을 지휘하고 있었다. 이때 허스톤 선교사는 이미 출석 성도 800여 명으로 성장한 대조동 천막 교회의 조용기 전도사를 찾아가, 서대문으로 와서 신축될 순복음부흥회관에서 함께 사역하자고 제안하였다.

존 허스톤 선교사

56) 50년사 편찬위원회, 『기독교대한하나님의성회 50년사』, 312.
57) 기독교대한하나님의성회 총회본부, "제9회 정기총회 회의록(1960년도)," 『총회의안 및 회의록 제1-26회』, 48.

서대문 순복음부흥회관

1961년 10월 15일 조용기 전도사는 서대문에 다시 한 번 천막을 치고 두 번째 개척 예배를 드렸다. 개척과 함께 허스톤 선교사와 조용기 전도사, 사무엘 토드 목사는 3주 동안 아침 저녁으로 연속 부흥회를 인도했다. 그리고 교회를 서대문으로 옮긴 지 4개월이 지난 1962년 2월 18일, 순복음부흥회관이 준공되었다.

한편 제11회 정기총회가 1962년 4월 24일부터 26일까지 순복음신학교에서 열렸다. 이 총회에서는 목사 자격에 관한 규정(제22조 제2항)에서 사역 경력을 "만 5년 이상" 에서 "만 3년 이상" 으로 개정하였다. 전도사 자격에 관해서는 "전도사는 본 교단 신학교를 졸업하고 교회 사무에 종사하는 자나 혹은 동등 이상의 자격을 구비한 자로서 본 성회 소정 전도사 자격시험에 합격한 자라야 한다." 로 개정하였다.[58]

이러한 규정에 따라 조용기 전도사는 1962년 4월 26일 목사 안수를 받았으며, 5월 13일에는 교회 이름을 순복음부흥회관에서 순복음중앙교회(여의도순복음교회의 전신)로 바꾸었다. 그리고 조용기 목사는 1964년 2월 23일, 담임목사 직분을 맡고, 존 허스톤

58) 기독교대한하나님의성회 총회본부 "제11회 정기총회 회의록(1962년도),"『총회의안 및 회의록 제1-26회』, 71-72.

선교사는 협동 선교사로 활동하게 되었다.[59] 이후 조용기 목사는 1966년 4월 5일 목사 위임식을 갖게 되었으며, 5월 19일에 열린 기독교대한하나님의성회 제15회 총회에서 제12대 총회장에 선출되었다. 그리고 계속해서 제17대까지 10여 년 동안 총회장을 역임하였다.

한편 1960년대에 서대문 순복음중앙교회가 급속하게 성장하고 조용기 목사의 설교가 전국적으로 방송되면서 국내뿐만 아니라 해외 오순절 운동에도 영향력을 미치게 되었다. 1964년 봄, 조용기 목사는 미국 하나님의성회 교단 50주년 기념식에 한국 대표로 초청받아 두 달 동안의 일정으로 미국에서 부흥회를 인도하였다.

조용기 목사 안수식

서대문 순복음중앙교회

기독교대한하나님의성회는 1965년 5월 12일부터 13일까지 기독교수양관에서 제14회 정기총회를 열었다. 이 총회에서 목사의 의의, 목사의 자격, 목사의 임직과 해직, 전도사의 의의, 전도사의

59) 여의도순복음교회 50년사 편찬위원회, 『여의도순복음교회 50년사: 위대한 소명 희망목회 50년』, 91, 93.

자격, 전도사의 임직과 해직 등 개정안을 만장일치로 통과시켰다.[60] 1965년 5월까지의 교세 변화는 표 II-2와 같다.[61]

년도	교회 수	목사 수	전도사 수	재적교인 수	주일학생 수	비 고
1953	19	7	-	857	467	5개 교회만 보고
1958	37	-	-	3,684	2,867	-
1965	59	16	32	8,426	5,136	-

표 II-2. 기독교대한하나님의성회의 교세 변화

60) 기독교대한하나님의성회 총회본부, "제14회 정기총회 회의록(1965년도)," 『총회의안 및 회의록 제1-26회』, 110-12.

61) 기독교대한하나님의성회 총회본부, "제14회 정기총회 회의록(1965년도)," 『총회의안 및 회의록 제1-26회』, 107.

IV

세계 오순절 운동에 기여한 기독교대한하나님의성회(1966-1972)

1. 조용기 목사의 사역과 기독교대한하나님의성회의 세계적인 부상

1966년 9월 러스크 미국 국무부 장관은 조용기 목사에게 한국을 대표하는 젊은 목회자로서 미국을 방문해 말씀을 전해 달라고 요청해 왔다. 이어서 1967년 4월 조용기 목사는 영국 웨스트민스터 중앙홀에서 열린 기독대학생회 주최 부활절 예배 강사로 초청되었으며, 그해 5월 31일에는 세계오순절총회 아시아 대표로 미국을 다시 방문했다. 조용기 목사는 세계오순절총회를 마친 후 100일간 프랑스, 독일, 네덜란드, 스웨덴, 노르웨이, 그리스, 이스라엘, 이란, 태국, 미얀마, 베트남, 대만, 일본 등 18개국 39개 도시를 다니며 복음을 전하였다. 또한 서대문 순복음중앙교회에는 성도들이 몰려들어 2년 만에 예배당이 가득 찼다. 1968년에는 성도가 8,000명에 이르러 예배를 3부로 늘렸다. 순복음중앙교회는 계

속 늘어나는 성도들을 수용하기 위하여 1969년 4월 6일 여의도에 새 성전을 착공하게 되었다.[62)]

이렇듯 순복음중앙교회 및 기독교대한하나님의성회 교단이 놀라운 속도로 성장하는 가운데 기독교대한하나님의성회 제3회 동북아시아 대회가 1969년 7월 7일부터 11일까지 서대문 순복음중앙교회에서 개최되었다. 이 대회에는 동남아 13개국으로부터 온 130여 명의 대표와 200여 명의 국내 오순절계 교인들이 모였다. 이때 아시아의 지도자들뿐 아니라 미국 하나님의성회 총회장 짐머만과 선교부장 호건(J. P. Hogan)과 같은 지도자들도 참석하였다.[63)]

1969년 7월 7일부터 11일까지 서울에서 열린 동북아시아 대회

62) 60주년사 편찬위원회, 『성령과 함께한 기독교대한하나님의성회 60주년사』, 93-94.

63) 50년사 편찬위원회, 『여의도순복음교회 50년사: 위대한 소명 희망목회 50년』, 105.

조용기 목사와
미국 하나님의성회 총회장 짐머만 목사

聖靈運動으로 宣敎使命遂行

世界五旬節 亞洲地區 結成

東南亞 13個國서 1百30餘名代表 參加

亞細亞를 휩쓴 復興운동

동북아시아 대회 관련 신문 기사

동북아시아 대회의 개최에는 세 가지 큰 의의가 있었다. 첫 번째는 이 회의에서 세계오순절대회(Pentecostal World Conference: PWC) 아시아 지구회를 조직하여 아시아 지역 내에 오순절 성령 운동의 기초를 다진 것이다. 두 번째는 동북아시아 대회를 통해 1973년 제10차 세계오순절대회 대한민국 개최의 계기가 마련된 것이다. 세 번째는 이러한 대회들을 개최함으로써 기독교대한하나님의성회가 세계적인 교단으로 부각되었다는 점이다.

2. 기독교대한하나님의성회와 기독교대한오순절총회의 통합

기독교대한하나님의성회는 1972년 10월 24일 오전 10시 대조동 순복음교회에서 교단 통합을 위한 임시총회를 열었다. 이 총회에서 기독교대한하나님의성회와 기독교대한오순절총회와의 통합이 이루어졌다.[64] 이에 앞서 8월 28일 서울역 그릴 소회의실에서 양측 교단 통합추진 전권위원들이 참석했는데, 하나님의성회에서는 박정근, 정두영 목사, 오순절총회측에서는 강성숙, 신범하, 박정열 목사가 참석하였다. 이 회의에서는 다음과 같은 사항이 결의되었다.[65]

1. 통합 총회는 하나님의성회 헌법을 모법(母法)으로 한다(단, 헌법 서문에 허홍 목사에 관한 사항을 삽입한다).
2. 교역자 문제: 양 교단 교역자는 통합과 동시 동등한 대우를 받는다.
3. 현 하나님의성회 임원을 그대로 승인하고 오순절총회 측에서 한 사람을 실행위원으로 한다.
4. 허홍 목사를 교단 원로목사 및 명예교수로 추대한다.
5. 신학교 문제: 오순절총회 신학생을 동일 학년으로 하나님의성회 신학교(순복음신학교)로 편입시킨다.
6. 통합 총회 시기와 장소 및 총 회원 성수: ① 통합 총회의 시기는 10월 중으로 한다. ② 장소는 대조동순복음교회로 한

64) 기독교대한하나님의성회 총회본부, "임시(교단통합)총회 의안(1972년 10월 24일)," 『총회의안 및 회의록 제1-26회』, 299-301.

65) 여의도순복음교회 30년사 편찬위원회, 『시련과 영광의 발자취 여의도순복음교회 30년사』(서울: 여의도순복음교회, 2008), 94-97.

다. ③ 통합 총회의 성수는 출석회원으로 한다.

이로써 하나님의성회 창립 멤버였던 허홍 목사는 1957년 교단을 떠난 지 15년 만에 복귀하여 교단의 원로목사로 추대되었다.

1972년, 교단 통합을 이룬 기독교대한하나님의성회는 이후 순복음중앙교회의 여의도 이전, 제10차 세계오순절대회, 그리고 대규모의 전도 집회들을 통해서 계속적으로 성장하고 발전하였다. 나아가 총회의 명칭 변경, 여목사 제도, 총회 소속의 월간지 발행 등을 통해 사역을 한층 체계화시켜 나갔다.

3부 기독교대한하나님의성회의 발전과 국내외 사역

I

1970년대 기독교대한하나님의성회의 발전

1972년, 교단 통합을 이룬 기독교대한하나님의성회는 이후 순복음중앙교회의 여의도 이전, 제10차 세계오순절대회, 그리고 대규모의 전도 집회들을 통해서 계속적으로 성장하고 발전하였다. 나아가 총회의 명칭 변경, 여목사 제도, 총회 소속의 월간지 발행 등을 통해 사역을 한층 체계화시켜 나갔다.

1. 순복음중앙교회의 여의도 이전

서대문에 자리하고 있던 순복음중앙교회는 1968년에 이르러 성도수가 8,000여 명에 이르게 되었고, 나날이 늘어나는 성도수로 인하여 주일에 3부 예배를 드려야 했다. 그럼에도 불구하고 상당수의 성도들은 자리가 부족하여 성전에 들어오지 못하고 교회 마당에 비닐을 깔고 앉아 스피커를 통해 설교를 들으며 예배를 드릴 수밖에 없었다. 결국 조용기 목사는 성전을 새로 짓고 교회를 이전할 결심을 하였다. 이때 조용기 목사는 기도를 통해서, 그리고 몇몇 성도들의 조언에 힘입어 여의도에 1만 명을 수용할 수 있는 교회 건축의 비전을 품게 되었다.[1)]

당시 순복음중앙교회가 가지고 있던 자금은 100만 원 정도였다.[2)] 더욱이 여의도는 거의 개발이 되지 않은 모래벌판으로 교통 기반 시설조차 제대로 구축되지 않았기에 예배처로 삼기에는 상당히 어려운 여건을 가지고 있었다. 이런 이유를 들어 교회의 일부 장로들은 여의도에 성전을 건축하겠다는 조용기 목사의 입장에 우려 섞인 반대를 하였다. 그러나 조용기 목사는 서울시로부터 대지를 분양받은 뒤, 1969년 4월 6일 착공 예배를 드림으로써 공사를 단행하였다.

여의도 성전 상량 예배

완공된 순복음중앙교회 여의도 성전

1) 국제신학연구원 편, 『조용기 목사 일대기: 여의도의 목회자』 (서울: 서울말씀사, 2008), 442-45.
2) 국제신학연구원 편, 『조용기 목사 일대기: 여의도의 목회자』, 443.

공사는 교회의 재정난과 석유 파동으로 인해 중단되기도 하였다. 그러나 조용기 목사와 성도들의 끊임없는 기도와 헌금을 통한 헌신으로 1973년 8월 15일 마침내 여의도 성전이 완공되었다.[3] 1973년 8월 19일 순복음중앙교회는 처음으로 여의도 성전에서 주일 예배를 드렸으며, 9월 23일에는 여의도 성전에서 제10차 오순절세계대회를 개최함으로써 공식적으로 여의도 시대를 열었다.

2. 제10차 세계오순절대회

1973년에는 제10차 세계오순절대회(Pentecostal World Conference)가 서울에서 개최되었다. 세계오순절대회는 1947년 스위스 취리히에서 시작된 이래 평균적으로 3년에 한 번씩 전 세계의 주요 도시에서 개최되어 왔다. 제10차 대회가 서울에서 개최되기 이전 조용기 목사는 이미 1967년 이 대회의 중앙실행위원으로 피선되었을 뿐만 아니라, 1970년 미국 달라스에서 개최된 제9차 대회에 참석하였으며, 1971년 4월 27일 프랑스에서 열린 제10차 세계오순절대회 준비위원회에 참석함으로써 대회가 서울에서 성공적으로 개최되는 일에 기여하였다.[4] 국내에서도 조용기 목사는 대회를

---

3) 50년사 편찬위원회, 『여의도순복음교회 50년사: 위대한 소명 희망목회 50년』, 121.

4) 50년사 편찬위원회, 『여의도순복음교회 50년사: 위대한 소명 희망목회 50년』, 111.

준비하기 위해 1971년 3월 12일 조직된 한국오순절협의회의 회장 겸 제10차 세계오순절대회의 준비위원장으로 임명되어 대회를 준비해 나갔다.[5)]

1973년 9월 18일부터 23일까지 순복음중앙교회 및 효창운동장에서 개최된 제10차 세계오순절대회에는 토마스 짐머만 목사, 퍼시 브루스터(Percy S. Brewster) 목사를 비롯하여 미국, 프랑스, 독일, 영국, 일본 등 전 세계 30여 개국으로부터 내한한 약 2천여 명의 대표들과 국내 4만여 명 이상의 성도들이 참석하였다.[6)] 첫날에는 서울시장의 환영사와 브루스터 목사의 기도에 이어 짐머만 목사가 "복음의 전파는 어떠한 기적보다도 훌륭한 것이다. 성령의 체험을 통해 인류에게 산 소망을 주어야 하고 모든 문화와 국적, 인종을 초월하여 복음이 전파되어야 한다."라는 취지의 개회 설교를 하였으며, 통역은 조용기 목사가 담당하였다.

제10차 세계오순절대회가 열린 순복음중앙교회

짐머만 목사의 설교를 통역하는 조용기 목사

5) 변종호, 『한국의 오순절신앙운동사』, 앞부분 표지 광고.

6) 참석자들의 명단과 국가들에 대한 좀 더 자세한 정보는 Yonggi Cho, *To God Be the Glory: The World Pentecostal World Conference* (Seoul, Korea, September 1973), 159-208을 참고하라.

대회는 오전과 오후에 순복음중앙교회에서 예배와 기도회, 보고회들로 진행되었으며, 저녁에는 효창운동장에서 성령의 은혜를 구하고 체험하는 집회를 가지는 방식으로 진행되었다. 대회를 주관한 조용기 목사는 "오직 성령이 너희에게 임하시면 너희가 권능을 받고 예루살렘과 온 유대와 사마리아와 땅 끝까지 이르러 내 증인이 되리라"(행 1:8)는 말씀에 근거하여 성도들이 성령의 체험을 하고 병든 영혼을 고쳐 하나님을 바로 볼 수 있는 성도가 되어야 한다고 강조하였다.[7]

제10차 세계오순절대회

3. 교단의 명칭 변경 문제

교단이 통합되고 난 바로 다음해인 1973년 5월 15일부터 16일까지 제22회 정기총회가 총회장 조용기 목사의 사회로 대전순복음중앙교회에서 개최되었다. 이 총회에서는 교단 헌법 개정에 관한 논의가 안건으로 상정되었는데, 특히 헌법 1항 1조 "교단의 명칭"에 대한 개정안이 문제가 되었다. 제1안은 "대한예수교장로회(성

7) 50년사 편찬위원회, 『기독교대한하나님의성회 50년사: 역사편』, 343-44.

회측)"로, 제2안은 "대한예수교하나님의성회"로, 제3안은 "대한예수교순복음회"로 변경하자는 것이었는데, 이러한 세 가지 안건이 모두 부결되었다.[8] 1974년 5월 20일부터 22일까지 총회회관에서 개최되었던 제23회 정기총회에서는 "헌법 개정 및 수정안건 제1장 명칭"에서 교단의 명칭을 "예수교대한장로회(성회측)"로 변경하자는 안건이 상정되었으나 또다시 거부되었다.[9] 그 후 1977년 5월 16일부터 18일까지 순복음부산교회에서 개최되었던 제26회 총회에서 교단은 정관 개정을 통해 "기독교대한하나님의성회"로 명칭을 확정하였다.[10]

4. 여목사 제도 도입

교단 명칭 문제를 다룬 총회들에 앞서 1972년 제21회 정기총회에서는 여목사 제도에 대한 논의가 있었다. 여전도사도 목사 고시에

8) 기독교대한하나님의성회 총회본부, "제22회 정기총회 회의록(1973년도)," 『총회의안 및 회의록 제1-26회』, 323.

9) 기독교대한하나님의성회 총회본부, "제23회 정기총회 의안(1974년도)," 『총회의안 및 회의록 제1-26회』, 335.

10) 기독교대한하나님의성회 총회본부, "제26회 정기총회 회의록(1977년 5월 16일-18일)," 『총회의안 및 회의록 제1-26회』, 418-19.

11) 기독교대한하나님의성회 총회본부, "제21회 정기총회 의안(1972년도)," 『총회의안 및 회의록 제1-26회』, 310.

12) 기독교대한하나님의성회 총회본부, "제26회 정기총회 의안(1977년 5월 16일-18일)," 『총회의안 및 회의록 제1-26회』, 420.

응할 수 있는 자격을 주되, 여전도사는 목회 경력 10년 이상, 50세 이상인 자로 하자는 의견이 제기된 바 있었다.[11] 1977년 5월 16일부터 18일까지 개최되었던 제26회 총회에서도 본 교단 신학교를 졸업하고 15년 이상 시무한 만 50세 이상의 현직 여전도사에게 명예목사직을 부여하자는 안건이 상정되었으나 부결되었다.[12] 그러나 마침내 1978년 5월 29일부터 6월 1일까지 개최되었던 제27회 총회에서는 교단 신학교를 졸업하고 교단에서 20년 이상 시무한 55세 이상의 여전도사에게 명예목사직을 부여하자는 안건이 가결되었다.[13] 이러한 결정에 따라 그 이듬해인 1979년 교단 최초로 최자실, 김유정 두 명의 여성 목회자가 명예목사로 공식 인준을 받았다.[14]

여목사제도를 채택

하나님의 성회 임시총회서 헌법개정

여목사 제도 채택 관련 신문 기사

13) 기독교대한하나님의성회 총회본부, “제27회 정기총회 헌법개정안(1978년 5월 29일-6월 1일),” 『총회의안 및 회의록 제27-33회』(서울: 기독교대한하나님의성회, 1984), 페이지 표시 없음.

14) 기독교대한하나님의성회, “제28회 정기총회 의안(1979년 5월 14일-16일),” 『총회의안 및 회의록 제27-33회』, 9.

5. 총회 지도 체제의 변경

1978년의 제27회 총회에서는 박정근 목사가 새 총회장으로 선출되었다. 1966년 제15회 총회 이래 조용기 목사가 교단의 총회장

박정근 목사

직을 계속 맡아 왔으나 1977년 5월 18일 제26회 총회에서 조용기 목사는 공식적으로 총회장직을 사퇴하였다. 총무 박광수 목사가 대독한 총회장 사직서를 통해 조용기 목사는 "10년 동안 총회장으로 있었는데, 이제는 교단에 신선한 지도력의 길을 열어 주기 위해 공직을 사퇴하고 목회에 전념하겠다." 라는 입장을 밝혔다.[15] 그 후 1978년 제27회 총회에서의 헌법 개정안에서는 총회장의 임기를 1년으로 하여 중임할 수 없다고 변경하였으며, 1979년 제28회 총회에서는 총회 임원의 임기를 2년으로 하되, 총회장은 연임할 수 없는 것으로 변경하였다.[16]

---

15) 기독교대한하나님의성회, "제26회 정기총회 회의록(1977년 5월 16일-18일)," 『총회의안 및 회의록 제1-26회』, 421.

16) 기독교대한하나님의성회 총회본부, "제27회 정기총회 헌법개정안(1978년 5월 29일-6월 1일)," 『총회의안 및 회의록 제27-33회』, 페이지 표시 없음; 기독교대한하나님의성회 총회본부, "제28차 총회 헌법개정안," 페이지 표시 없음.

6. 교단 신학교의 발전

1973년 제22회 총회는 조용기, 조명록, 석상희 목사를 교단 신학교 재단 이사로, 소교민, 김경철 목사를 신학교 재단 감사로 선출하여 매년 상황을 보고받고 총회 차원에서 직접 관리하기로 결정하였다.[17] 1979년 제28회 총회에서는 당시까지 939명의 졸업생을 배출한 교단 신학교의 규모를 확장해 나가기로 결의하였다. 그 결과 제24회 졸업생으로는 101명이 배출되었다.[18]

7. 교단 월간지 발행

월간 〈순복음〉

총회 기관지인 월간 〈순복음〉은 1960년대부터 1971년 7월까지 발행되었다가 중단된 바 있다.[19] 그 후 〈순복음〉은 1975년경부터 마론 선교사의 선교 자금 등을 기반으로 다시 발행되

17) 기독교대한하나님의성회 총회본부, "제22회 정기총회 회의록(1973년도)," 『총회의안 및 회의록 제1-26회』, 322

18) 기독교대한하나님의성회 총회본부, "제28회 정기총회 의안(1979년 5월 14일-16일)," 『총회의안 및 회의록 제27-33회』, 31.

19) 기독교대한하나님의성회 50년사 편찬위원회, 『기독교대한하나님의성회 50년사: 역사편』, 366.

기 시작하였는데, 재정적인 어려움뿐만 아니라 발행을 책임지던 정두영 목사가 사임하면서 또다시 발행이 중단될 위기에 처하기도 하였다.[20] 그러나 순복음중앙교회의 재정 지원에 힘입어 중단되지 않고 계속 간행될 수 있었다.[21]

월간 〈신앙계〉

그 밖에 1966년 12월 12일 조용기 목사는 순복음문서전도회 창립 회의를 갖고 문서 전도의 일환으로 교회 잡지 발간을 결정하였고, 1967년 2월 5일 월간 〈신앙계〉를 창간하였다.[22] 월간 〈신앙계〉는 순복음중앙교회라는 개교회에서 창간하였으나, 1968년 8월 23일 초교파 기독교 월간지로 등록한 뒤 1972년 5월 판형을 5×7판으로 바꾸었고, 1975년부터는 필진을 초교파적으로 확대했다.[23] 〈신앙계〉는 미자립 교회, 군 복음화, 농어촌 교회를 위한 문서 선교에 크게 기여하였다.[24]

---

20) 월간 〈순복음〉지의 정확한 재발행 시기에 대해서는 기록이 정확하지 않다. 『기독교대한하나님의성회 50년사』에서는 1974년 12월부터 다시 속간되었다고 기술하고 있으며, "제25회 정기총회 의안"에서는 1975년 6월부터 발행되었다고 기술하고 있다. Cf. 50년사 편찬위원회, 『기독교대한하나님의성회 50년사: 역사편』, 366; 기독교대한하나님의성회 총회본부, "제25회 정기총회 의안(1976년도)," 『총회의안 및 회의록 제1-26회』, 360.

21) 기독교대한하나님의성회 총회본부, "제25회 정기총회 의안(1976년도)," 『총회의안 및 회의록 제1-26회』, 360.

22) 여의도순복음교회 50년사 편찬위원회, 『여의도순복음교회 50년사: 위대한 소명 희망목회 50년』, 101.

23) 여의도순복음교회 50년사 편찬위원회, 『여의도순복음교회 50년사: 위대한 소명 희망목회 50년』, 101.

24) 2008년 3월 〈신앙계〉는 제호를 〈플러스인생〉으로 변경하였다.
http://www.shinangge.com/을 참조할 것.

8. 교단의 선교 활동

기독교대한하나님의성회의 선교 활동은 한국에 파송된 외국인 선교사들로부터 시작되었다. 그리고 기독교대한하나님의성회에는 총회의 인준을 받아 사역하는 외국인 선교사들이 다수 있었다. 예컨대 1973년 제22회 총회에서는 스트로브리지(M. Strobridge) 선교사가 농아 선교사로 총회의 인준을 받았으며,[25] 제23회 총회에서는 스트로브리지 외에 마일스(W. Miles)를 비롯한 여덟 명의 선교사들이 추가로 인준을 받아 사역하게 되었다.[26] 1979년 제28회 총회에서는 마일스 선교사, 스트로브리지 선교사 등을 표창하였다.[27]

한편 1970년대에 총회 산하의 순복음중앙교회가 해외에 선교사들을 파송하면서 선교하는 교단으로서의 면모를 보일 수 있게 되었다. 1973년 세계오순절대회를 계기로 조용기 목사는 세계 선교의 사명을 다시 한 번 인식하고, 마침내 1975년 4월 1일 순복음세계선교회를 설립함으로써 해외 선교의 토대를 구

25) 기독교대한하나님의성회, "제22회 정기총회 회의록(1973년도)," 『총회의안 및 회의록 제1-26회』, 324.

26) 기독교대한하나님의성회, "제23회 정기총회 의안(1974년 5월 20일-22일)," 『총회의안 및 회의록 제1-26회』, 330.

27) 기독교대한하나님의성회 50년사 편찬위원회, 『기독교대한하나님의성회 50년사: 역사편』, 347.

축하였다.[28] 순복음세계선교회가 발족된 지 1년 만인 1976년 3월 5일 미국 L.A.에 위치한 나성순복음교회에서 조용기 목사와 16명의 선교사들이 모인 가운데 순복음북미연합회가 결성되었고, 초대 회장에 박여호수아 선교사가 임명되었다. 순복음북미연합회는 10개의 지교회를 설립한 후 16명의 선교사를 파송하였다.[29] 그리고 1976년 4월 29일 서베를린에서 순복음구주연합회, 1976년 8월 4일 오사카에서 순복음일본지구연합회, 1978년 4월 7일 순복음아세아지구연합회가 차례로 결성되었으며, 1978년까지 48명의 선교사들이 해외 여러 나라로 파송되었다.[30] 이처럼 기독교대한하나님의성회는 해외에 교회들을 세우고 선교사들을 파송함으로써 세계를 향해 선교하는 교단으로서의 면모를 갖추기 시작했다.

9. 국제교회성장연구원의 설립과 활동

해외를 향한 선교뿐만 아니라, 국제교회성장연구원(Church Growth International: CGI)의 설립으로 교회 성장을 국내외적으로 지원하는

28) 순복음중앙교회는 이미 1971년 12월 박여호수아 장로를 평신도 선교사로 미국 샌프란시스코에 파송하여 교회를 개척하게 하였다. 50년사 편찬위원회, 『여의도순복음교회 50년사: 위대한 소명 희망목회 50년』, 136-37.

29) 50년사 편찬위원회, 『여의도순복음교회 50년사: 위대한 소명 희망목회 50년』, 136-37.

30) 50년사 편찬위원회, 『여의도순복음교회 50년사: 위대한 소명 희망목회 50년』, 136-37.

사역에도 새로운 전기가 마련되었다. 1970년대에는 교단 산하 순복음중앙교회의 성장이 이미 국제적으로도 널리 알려져 있었다. 1976년 초에는 교회 성장학의 아버지로 불리는 맥가브란(D. A. McGavran)이 순복음중앙교회를 탐방한 뒤, 조용기 목사에게 국제교회성장연구원의 설립을 제안하였다.[31] 이 일을 계기로

미주 지도자 교회성장세미나

극동아시아 컨퍼런스

1976년 11월 4일 조용기 목사를 회장으로, 베트남에서의 선교를 정리하고 한국으로 다시 돌아온 허스톤 선교사 등을 실행위원으로 하여 국제교회성장연구원이 창립되었다.[32] 국제교회성장연구원은 1977년 6월 22일 제1회 국제교회성장세미나, 1978년 9월 5일 전아시아 교회지도자세미나, 11월 7일 미주 지도자 교회성장세미나 등과 같은 교회 성장 세미나를 개최하여 목회자들에게 교회 성장의 원리와 사례들을 제시함으로써 교회 성장 분야의 세계적인 기구가 되었다.[33]

---

31) 존 허스톤, "존 허스톤 목사가 본 조용기 목사와 여의도순복음교회 (14)", 〈순복음가족신문〉 2003년 8월 24일자, 7면.

32) 존 허스톤, "존 허스톤 목사가 본 조용기 목사와 여의도순복음교회 (14)", 7면.

33) CGI에 대한 자세한 이해를 위해서는 다음 사이트를 참조할 것. http://chgrint.homestead.com/index.html 또는 http://cgi.fgtv.or.kr.

미국 및 아시아 교역자 세미나에서
강의하는 조용기 목사

호주 CGI 멤버

10. 교단의 국내 복음 전도 활동

국내에서도 교단의 발전과 성장을 위한 복음 전도 집회들이 개최되었다. 특히 조용기 목사는 1975년에 6월 14일부터 18일까지 대전에서 열린 복음화전도대회, 6월 23일부터 27일까지 장충체육관에서 연일 3만여 명의 인파가 참석한 가운데 열린 서울대전도대회, 9월 8일부터 12일까지 부산 구덕체육관에서 열린 부산전도대회, 9월 13일부터 17일까지 대구에서 열린 전도대회에서 복음을 전파하는 등 국내 선교에도 박차를 가하였다.[34] 조용기 목사는 또한 1978년 10월 30일부터 11월 3일까지 순복음중앙교회 대성전에서 "오직 성령으로 민족복음화를 이룩하자"라는 주제 하에 민족복음화대성회를 개최하였다.[35] 이러한 활발한 국내 복음 전도 활동

서울대전도대회 광고

을 통해 조용기 목사는 전국적으로 교단이 부흥하고 성장하는 데 크게 기여했다.

1975년 서울대전도대회

1977년 민족복음화대성회

그 밖에 1977년 8월 15일부터 18일까지 서울 여의도 광장에서는 민족복음화대성회가 개최되었는데, 이 대회는 1907년 평양 장대현교회를 중심으로 일어났던 성령 운동을 70년이 지난 시점에서 재현해 보고자 하는 운동이었다.[36] 대회장 신현균 목사를 비롯하여 김창인, 이만신, 이호문 목사 등 타교단의 목회자들과 더불어 기독교대한하나님의성회 김진환, 박정근 목사 등이 초교파적으로 참석하여 한국 교회에 성령의 역사와 영적 부흥을 일으키는 데 기여하였다.

34) 50년사 편찬위원회, 『여의도순복음교회 50년사: 위대한 소명 희망목회 50년』, 144.

35) 50년사 편찬위원회, 『여의도순복음교회 50년사: 위대한 소명 희망목회 50년』, 144.

36) 30년사 편찬위원회, 『기독교대한하나님의성회 30년사』, 98-102.

11. 교역자 세미나와 교단 기구의 확장

기독교대한하나님의성회는 1979년 4월 3일부터 6일까지 "새롭게 하소서"라는 주제로 80명의 회원이 참석한 가운데 반도유스호스텔에서 제1회 전국교역자세미나를 개최하였으며,[37] 같은 해 8월 28일부터 4일간 순복음중앙교회 세계선교센터에서 제2회 전국교역자세미나를 개최하였다.[38]

제28회 총회 헌법개정을 통해 교육국, 전도국, 선교국, 청년국, 부녀국 등이 신설되어 총회가 더욱 체계화되었다.[39] 아울러 교단의 규모도 확장되어 갔다. 1972년 교단이 통합되었을 당시 140개 교회, 목사 59명, 전도사 115명, 전체 성도 7만 6,367명이었으나,[40] 1979년 기독교대한하나님의성회는 373개 교회, 목사 231명, 전도사 298명, 성도 15만 1,500명의 규모로 성장하였다.[41]

---

37) 기독교대한하나님의성회 총회본부, "제28회 정기총회 의안(1979년 5월 14일-16일)," 『총회의안 및 회의록 제27-33회』, 10.

38) 기독교대한하나님의성회 총회본부, "제29회 정기총회 의안(1980년 5월 12일-14일)," 『총회의안 및 회의록 제27-33회』, 9.

39) 기독교대한하나님의성회 총회본부, "제28차 총회 헌법개정안," 『총회의안 및 회의록 제27-33회』, 페이지 표시 없음.

40) 기독교대한하나님의성회 총회본부, "제21회 정기총회 의안(1972년도)," 『총회의안 및 회의록 제1-26회』, 307.

41) 기독교대한하나님의성회 총회본부, "제28회 정기총회 의안(1979년 5월 14일-16일)," 『총회의안 및 회의록 제27-33회』, 5.

II

1980년대 기독교대한하나님의성회의 발전

1980년대에 기독교대한하나님의성회는 교단 창립 30주년 기념 대회를 개최하였으나, 그 후 얼마 지나지 않아 교단이 나누어지는 사태를 겪어야 했다. 그러나 이러한 와중에서도 교단은 여의도순복음교회를 주축으로 계속적인 성장과 발전을 이루어 갔고, 1990년대 초반 다시 통합할 수 있었다.

1. 기독교대한하나님의성회 30주년 기념 대회

교단 30주년 기념 대회에 참가한 교역자들

1980년 8월 25일부터 28일까지 순복음중앙교회 세계선교센터에서 "깊은 곳에 그물을 내려라"는 주제로 기독교대한하나님의

기독교대한하나님의성회 30년사

團合된 힘 宣敎박차
하나님의 聖會 30周年紀念大會

30주년 기념 대회 관련 기사

성회의 제3회 전국교역자세미나가 개최되었다. 이날 열린 실행위원회에서는 다음 해인 1981년 4월에 교단 창립 30주년 기념 대회를 앞당겨서 개최하기로 결의하고 대회 조직을 확정 발표하였다.[42] 이때부터 30주년 기념 대회는 대회장 조용기 목사와 준비위원장 조명록 목사 등의 책임 하에 대회의 행정적인 준비가 진행되었다. 준비위원회는 문정렬 편집위원장의 주도 하에 교단의 30년사를 편찬하도록 하였으며, "성령의 횃불을 드높이"라는 교단 목회자들의 설교집도 간행하였다.

30주년 기념 대회는 1981년 4월 13일 서대문 총회회관에서 시작되었고, 4월 14일부터 16일까지는 해외 교역자들을 비롯하여 700여 명의 국내 교역자들과 약 30만 명의 성도들이 참가한 가운데 주로 순복음중앙교회에서 예배와 세미나, 부흥회 등으로 진행되었다. 이 대회를 통해 기독교대한하나님의성회는 "성령의 횃불을 드높이"라는 표어 아래 성령 운동의 선구자적 교단으로서의

42) 50년사 편찬위원회, 『기독교대한하나님의성회 50년사: 역사편』, 347.

사명을 재확인하였고, 지속적으로 성령 운동을 전개하는 일에 주도적 위치를 지키며 교단 총회의 힘을 국내외 선교에 집약하겠다는 결의를 다졌다.[43)]

2. 두 진영으로 나누어진 기독교대한하나님의성회

30주년 기념 대회를 성공적으로 마친 직후, 교단 내부에서 갈등이 일어나기 시작했다. 당시 조용기 목사와 순복음중앙교회에 대해 다소 부정적인 입장을 가지고 있었던 장로교 측의 일부 인사들이 기독교대한하나님의성회의 발전과 성장을 주도해 온 조용기 목사의 성령 운동과 목회 사역에 대해 이단 시비를 제기하였는데, 이들의 오해와 시비에 대해 기독교대한하나님의성회의 총회 인사들 중 몇몇이 동조하면서 내적 분열이 일어나게 된 것이다. 1981년 9월 15일 총회의 실행위원회에서 일부 인사들은 외부로부터 비롯된 조용기 목사에 대한 이단 논쟁을 부각시켰을 뿐 아니라 순복음중앙교회가 규모에 적절한 상납금을 총회에 납부했는지의 문제를 추가로 제기하면서 조용기 목사에 대한 조사를 실시하고자 하였다. 그런데 이단 시비 문제와 관련하여 총회 차원에서의 사실 관계에 대한 확인이 이루어지기 전에 총회의 일부 인사들은

43) 30년사 편찬위원회, 『기독교대한하나님의성회 30년사』, 108.

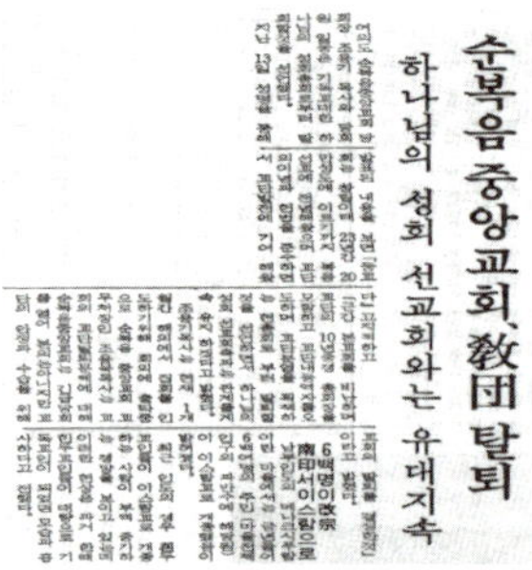
순복음중앙교회, 教团 탈퇴

하나님의 성회 선교회와는 유대지속

순복음중앙교회 교단 탈퇴 기사

조용기 목사를 제명 처리하겠다는 입장을 밝히기까지 하였다. 이는 조용기 목사와 순복음중앙교회의 명예를 크게 실추시키는 일이었다.[44] 결국 총회로부터의 일방적인 제명 처리가 있기 전인 1981년 10월 13일 순복음중앙교회의 당회원들과 조용기 목사는 기독교대한하나님의성회 총회로부터 탈퇴하겠다는 입장을 공식적으로 밝혔다.[45]

순복음중앙교회와 조용기 목사의 탈퇴 선언 후, 교단의 위기 상황을 우려하던 전·현직 지방회장들을 비롯한 19명의 인사들은 모임을 갖고 교단 내부의 문제를 외부로 발설하여 교단에 위기를 초래한 당시 총회장 조명록 목사에게 사퇴를 요구하였다.[46] 한편 미국 하나님의성회에서는 동양 선교부장 허스트(D. V. Hurst) 목사를 한국에 파송해 양측 간의 중재를 시도하였으나 별다른 성과를 거두지는 못하였다. 허스트 목사는 1981년 11월 19일 한국 기독교계 신문 기자들과의 회견을 통해 당시 기독교대한하나님의성회의 상황에 대해 깊은 유감의 뜻을 표하며 조용기 목사가 이단적

44) 50년사 편찬위원회, 『기독교대한하나님의성회 50년사: 역사편』, 155.

45) 기하성 공문서, 문서번호: 기하81063, 『기독교대한하나님의성회 50년사』, 357에서 재인용.

46) 교회연합신보 축쇄판 IV, 1077, 『기독교대한하나님의성회 50년사』, 357에서 재인용.

이라는 공격에 교리적 근거가 없음을 확실히 밝혔으며, 문제의 해결을 위해 임시총회를 소집하고자 하였다.[47] 교단의 인사들 중에도 임시총회의 소집을 결의한 이들이 있었으나 총회 측은 임시총회의 소집을 반대하였으며, 총회장 조명록 목사는 실행위원회를 소집하여 1981년 12월 7일과 8일 임시총회에 참석한 교역자들을 제명하였다.[48] 한편 임시총회에 참석한 364명의 교역자들은 신창균 목사를 총회장으로, 박종선 목사와 조용목 목사를 부총회장으로 추대하여 새로운 총회를 구성하게 됨으로써 기독교대한하나님의성회는 두 개의 교단으로 나누어지게 되었다.

새롭게 구성된 총회는 반포의 고속버스터미널 근처에 사무실을 두었기에 반포 측이라고 불리게 되었으며, 이로써 기독교대한하나님의성회는 서대문 측과 반포 측의 두 진영으로 나뉘게 되었다. 나누어지기 직전의 기하성의 교세는 교회 수 450여 개, 교역자 수 700여 명, 교인 수 25만 명을 헤아리고 있었다. 두 진영으로 나누어진 후의 각각의 교세를 보면, 서대문 측은 교회 수 230여 개, 교역자 수 300여 명, 교인 수 7만 명 정도였고, 반포 측은 순복음중앙교회를 포함하여 교회 수 220여 개, 교역자 수 370여 명, 교인 수 20만 명이었다.[49]

47) 50년사 편찬위원회, 『여의도순복음교회 50년사: 위대한 소명 희망목회 50년』, 155.
48) 50년사 편찬위원회, 『기독교대한하나님의성회 50년사: 역사편』, 357.
49) 50년사 편찬위원회, 『기독교대한하나님의성회 50년사: 역사편』, 364.

3. 예수교대한하나님의성회의 창립과 발전

본래 교단 총회는 처음부터 조용기 목사에 대해 이단 시비를 제기하여 정죄하거나 제명하려는 의도를 가졌던 것이 아니라 단지 이 문제에 대해 서로 만나 논의하려는 의도를 가지고 있었다고 한다. 그러나 총회 실행위원회의 회의 도중 조용기 목사를 반대하는 몇몇 인사들이 상황을 과장하여 사태가 악화된 것이기에, 시간이 경과하면서 다시 화합해 보려는 시도들이 일어나게 되었다. 반포 측의 일부 인사들은 서대문 측 인사들과의 접촉을 거쳐 교단이 갈라진지 2년 6개월만인 1984년 4월 2일과 3일, 서대문 총회회관에 모여 박광수 목사를 총회장으로 하는 서대문 총회에 합류하는 형식으로 다시 합쳤다. 그러나 이에 참여하지 않은 교회들은 반포 측에 계속 남아있기를 고수했다.[50)]

한편 제명 파동과 교단 분열의 와중에도 순복음중앙교회는 비약적인 성장을 거듭하여 1982년에는 성도 수 20만을 돌파하였고 1984년 10월에는 성도 수 40만을 돌파하였다. 40만을 돌파하기 얼마 전인 1984년 1월 1일 순복음중앙교회는 명칭을 '여의도순복음교회'로 바꾸었다.[51)]

---

50) 50년사 편찬위원회, 『여의도순복음교회 50년사: 위대한 소명 희망목회 50년』, 155.

51) 국제신학연구원 편저, 『여의도순복음교회 교육백서(1993-1994)』 (서울: 국제신학연구원, 1993), 19.

1984년 11월에 한국을 방문한 미국 하나님의성회 총회장 토마스 짐머만 목사는 1981년 분열 이후 세계하나님의성회 연합회와 관계를 맺지 못하고 있던 여의도순복음교회에 세계하나님의성회 연합회와의 관계를 회복하도록 권고하였다. 이 일을 계기로 1985년 1월 1일 여의도순복음교회는 독자적으로 세계하나님의성회 연합회와 관계를 맺으며 '예수교대한하나님의성회' 라는 새로운 교단을 창립하게 되었다.

순복음중앙교회 20만 성도 돌파 기념 예배

그리하여 교단은 기독교대한하나님의성회 서대문 측, 기독교대한하나님의성회 반포 측, 그리고 여의도순복음교회가 주축이 된 예수교대한하나님의성회의 세 진영으로 나뉘게 되었다.

교단 현판식 가져
예수교성회 총회열어 출범

예하성 현판식

여의도순복음교회를 중심으로 한 예수교대한하나님의성회의 창립은 교단이 나누어지는 형세에 지각 변동을 일으켰다. 반포 측에서는 목회자들과 교회들이 서대문 측으로 다시 돌아가거나, 예수교대한하나님의성회 측으로 합류하였는데, 신창균 목사를 비롯한 소수의 목회자들과 교회들은 반포 측을 고수하며 서울시 관악구 남현동으로 본부를 옮기고 기독교대한하나님의성회 삼성 측으로 명맥을 유지하였다. 예수교대한하나님의성회는 창립 당시 기독교대한하나님의성회 서대문 측보다 훨씬 더 큰 규모를 가지고 있었다. 그 이유는 물론 급속하게 성장하고 있었던 여의도순복음교회에 있었다. 1984년 10월에 성도 수 40만 명을 돌파한 여의도순복음교회는 1985년 12월에는 성도 수 50만 명을 돌파하면서 교회사에서 유례를 찾아볼 수 없는 성장을 계속해 나아갔다.[52)]

4. 교단 신학교들의 발전

1970년대 중반 이후까지도 순복음신학교는 서울시 대조동에 자리하고 있었다. 그런데 1970년대에 이미 다른 주요 교단들의 신학교는 교육부로부터 인가를 받아 정규 신학대학으로 발전되어 있었고, 체계적인 양질의 교육을 받은 목회자들을 배출하고 있었다. 또한 70년대부터 난립하는 무인가 신학교 등 교육 기관에 대한 단속이 강화되었는데, 순복음신학교도 이러한 단속에 포함되는 어려움을 겪게 되었다.[53)] 이러한 상황에서 순복음신학교도 대학 인가를 받아야 한다는 요구가 학생들로부터 일어났으며, 총회는 마침내 1976년 5월 16일 순복음신학교 설립 기성회를 구성하

---

52) 50년사 편찬위원회, 『여의도순복음교회 50년사: 위대한 소명 희망목회 50년』, 159.

53) 50년사 편찬위원회, 『기독교대한하나님의성회 50년사: 역사편』, 360.

고 조용기 목사를 회장으로 임명하였다.[54] 설립 기성회는 1977년 12월 8일 경기도 군포시 당정동 604-5에 대지 69,358㎡(20,981평)을 매입하였고, 그 자리에 2,565㎡(776평) 규모의 본관을 건축하였다.[55] 1979년 2월 16일에는 교사를 대조동에서 군포로 이전하였으며, 1981년 12월 26일 박정근 목사를 이사장으로 학교법인 순복음학원을 설립하여 신학과 정원 50명으로 4년제 신학교 인가를 받았다. 1985년 1월 8일에는 4년제 대학 학력 인정교로 승인되었으며, 1986년 3월 20일에는 조용기 목사가 제2대 이사장에 취임하였다. 1986년 4월 15일에는 도서관, 제2강의동, 생활관을 증축하였고, 1987년 12월 9일에는 목회학과와 종교음악과를 신설하였다. 1990년 11월 28일에는 마침내 정규대학으로 승격되어 교명을 순복음신학교에서 순복음신학대학으로 변경하였고, 1991학년도 입학생부터는 정규 학사 과정을 운영하였다.[56] 1991년 11월 2일에는 신학대학원 인가를 받아 1992년 입학생부터 정규 목회학 석사(M.Div.) 과

군포 신학교 준공 예배

준공 예배에서 설교하는 조용기 목사

54) 50년사 편찬위원회, 『기독교대한하나님의성회 50년사: 역사편』, 360.
55) 순신대학교, 『순신대학교 요람(1993-1994)』 (군포: 순신대학교, 1993), 19.
56) 순신대학교, 『순신대학교 요람(1993-1994)』, 19.

순복음신학대학 조감도

정을 운영하게 되었다.

한편 기존에 대조동에 자리하고 있었던 순복음신학교는 군포로 신학교 교사를 이전하면서 야간반 위주로 운영함으로써 주간반 과정은 군포에서, 야간반 과정은 대조동에서 운영하는 형식으로 이원화되었다. 1981년 교단이 두 진영으로 나뉜 이후에도 두 신학교는 한동안 공동으로 운영되다가, 1986년부터 분리되어 군포에 위치한 신학교는 예수교대한하나님의성회가 운영하였고, 대조동에 위치한 신학교는 주간반을 다시 개설하여 기독교대한하나님의성회 서대문 측에서 운영하였다.

기독교대한하나님의성회 반포 측은 1983년 3월 1일, 순복음 총회 전도사 연수원을 총회 사무실에 개설하였다.[57] 이 연수원은 1983년 9월 30일, 순복음총회신학교로 교명을 변경하였으며, 1985년 3월 1일 학사를 서초구 방배동으로 이전한 뒤, 1986년 11월 18일 관악구 남현동에 대지를 매입하여 학사를 건축하였다.[58] 예수교대한하나님의성회는 1986년 3월 3일 군포에 있는 순복음신학교와

---

57) "기독교대한하나님의성회 순복음총회신학교 '학교 발자취' (1982-1985)", http://순복음총회신학교.com/introduce/int3_2.php.

58) "순복음총회신학교 학교 발자취(1982-1985)", http://순복음총회신학교.com/introduce/int3_2.php. "순복음총회신학교 학교 발자취(1986-2009)", http://순복음총회신학교.com/introduce/int3.php.

는 별개로 서울 여의도에 순복음영산신학원을 설립하였다.

5. 교단 소속의 언론들

1970년대부터 다시 발간되어 왔던 월간 〈순복음〉은 1984년 5월부터 월간 〈성회〉로 명칭을 변경한 후에도 교단 소속 목회자들에게 교단 내의 소식을 전하고 정체성을 확립시켜 주는 역할을 수행하면서 80년대에도 계속 발간되었다.[59)]

國民日報
THE KUKMIN DAILY
정부개혁안마다 두여 총선의식 제동
'표' 때문에 되는일 없다
공무원 1만여명 추가감축
쌍끌이 조업재개 원칙 합의

〈국민일보〉

〈국민일보〉는 여의도순복음교회가 1987년 11월 11일 주식회사 "배달신문"(임시제호)을 법인등기하면서 시작되었다.[60)] 그 후 1988년 6월 10일 배달신문을 정기 간행물로 등록하고(등록번호 가-64), 7월 25일에는 "국민일보"로 제호를 변경하였다.[61)] 그리고 마침내 당시까지 어느 교단에서도

---

59) 그러나 1997년 9월 10일 여러 가지 사정으로 발행이 중단되었다가 2001년 11월 복간되었다. 50년사 편찬위원회, 『기독교대한하나님의성회 50년사: 역사편』, 366.

60) 50년사 편찬위원회, 『여의도순복음교회 50년사: 위대한 소명 희망목회 50년』, 189.

61) 50년사 편찬위원회, 『여의도순복음교회 50년사: 위대한 소명 희망목회 50년』, 189.

발간하지 못했던 최초의 기독교 종합 일간지로서 1988년 12월 10일 창간되었다. 일반 정치, 경제, 사회, 문화 등의 소식을 복음의 메시지와 함께 전달하는 〈국민일보〉는 당시 예수교대한하나님의 성회뿐만 아니라 한국의 모든 기독교회를 대변하는 신문으로 자리 잡아 가게 되었다.

순복음가족신문
기도의 용사들 '믿음의 기적' 바라보며 전진
4지원영성
연합기도대성회

〈순복음가족신문〉

1988년 10월 1일 창간 과정에 있던 〈국민일보〉는 월간 〈신앙계〉를 합병하였다. 그때로부터 〈신앙계〉는 국민일보 출판국에서 발행하게 되었다. 그 외에도 여의도순복음교회에서 1978년 10월 8일부터 조용기 목사의 주일 설교와 교회 예배, 모임 안내 등을 담아 간행하던 〈순복음뉴우스〉는 〈순복음뉴스〉, 〈주보 순복음소식〉, 〈순복음소식〉, 〈순복음가족〉을 거쳐 1995년 2월 19일부터 〈순복음가족신문〉으로 제호를 변경하여 발행되었다.[62)]

---

62) 〈순복음뉴스〉의 초대 편집장은 이영훈 목사였으며, 뒤를 이어 국해현 목사, 김상길 목사 등이 편집을 맡아 수고하였다. 〈순복음가족〉은 1992년 10월 18일부터 24면으로 증면 발행되기 시작하였고, 1995년 2월 19일부터 〈순복음가족신문〉으로 제호를 변경하고 조용기 목사의 설교와 교회 소식, 신앙 간증 등을 새롭게 구성하여 국내뿐 아니라 세계 36개국으로 발송해 왔다. 1997년부터는 인터넷 홈페이지를 개설하고 우리말은 물론 영어, 일본어, 중국어로 번역된 기사를 세계 어디서나 열람할 수 있도록 했다. 50년사 편찬위원회, 『여의도순복음교회 50년사: 위대한 소명 희망목회 50년』, 237-38; "순복음가족신문 및 홍보실 연혁", http//yfgc.fgtv.com/y10/05.asp.

6. 교단의 국제적인 활동

1980년대에 교단은 국제적인 활동에 있어서도 역량을 증대시킬 수 있었다. 1980년대 교단의 가장 대표적인 국제적 활동은 여의도순복음교회의 국제교회성장연구원(CGI)을 통해서 이루어졌다. 국제교회성장연구원은 1980년 중국, 일본의 도쿄와 오사카, 미국의 서부, 멕시코, 독일, 호주 등지에서 세미나와 부흥

멕시코 성회 광고

성회를 개최하였고, 1981년에는 멕시코, 미국, 영국, 핀란드 등지에서 세미나와 부흥 성회를 개최하는 등 1980년대에 국제적인 행사들을 주최하여 오순절적인 메시지와 그에 기초한 교회 성장을 가르치고 홍보하였다.[63] 그 밖에 1981년 1월부터는 CGI-TV 프로그램이 미국에서 방영되기 시작했고, 1985년 1월부터는 "Paul Cho Ministry"(조용기 목사의 목회)라는 30분간의 프로그램이 인공위성을 통해 매주 미국 전역에

암스테르담 83 국제 순회전도자 대회

63) 여의도순복음교회 30년사 편찬위원회, 『시련과 영광의 발자취 여의도순복음교회 30년사』, 226.

해외 지도자 세미나

Church Growth 단행본과 계간지

방영되어 1억여 가정에 복음을 전달하게 되었다.[64] 또한 *Church Growth*라는 잡지를 계간으로 발행하여 세계 90개국의 독자를 확보하게 되었다.[65] 기독교대한하나님의성회 서대문 총회 측의 경우 1982년 제31회 정기총회의 총무 보고에 의하면, 교단 총회의 임원들이 미국 하나님의성회의 제39회 총회에 참석하였으며, 싱가포르에서 개최되었던 동남아 대회와 일본 총회를 방문하여 교단 간의 교류를 협의하였다.[66]

TV프로그램 녹화

7. 교단의 해외 선교 활동

1980년대의 해외 선교 활동은 여의도순복음교회가 주도하였다.

---

64) 30년사 편찬위원회, 『시련과 영광의 발자취 여의도순복음교회 30년사』, 226.
65) 30년사 편찬위원회, 『시련과 영광의 발자취 여의도순복음교회 30년사』, 226.
66) 기독교대한하나님의성회, "제31회 정기총회 의안(1982년 5월 10일-12일)," 『총회의안 및 회의록 제27-33회』, 10.

여의도순복음교회는 1988년 1월을 기준으로 미국에 193명, 서독에 22명을 포함하여 27개국에 261명의 선교사를 파송하였을 뿐 아니라, 중국을 비롯한 공산권과 아프리카를 비롯한 제3세계에 대한 선교 사역을 계획하였다.[67] 조용기 목사는 1980년대에 미주와 유럽 지역을 직접 순회하며 집회들을 인도하였으며, 1990년대 초반부터는 1991년 1월 콜롬비아 특별대성회,[68] 1992년 2월 코스타리카와 과테말라 성회[69] 등 남미 선교에 힘을 기울였으며, 나아가 1992년 6월 모스크바 성회[70] 등 공산권 선교에도 박차를 가하였다. 아프리카에는 1991년 6월 10일부터 케냐, 탄자니아, 우간다, 나이지리아에 조용기 목사의 설교가 "행복에의 초대"라는 제목으로 텔레비전과 라디오를 통해 방송되었다.

1992년 크렘린 궁에서 열린 모스크바 대성회

1980년대에 접어들면서, 해외를 향한 기독교대한하나님의성회 서대문 측의 선교 활동이 점차 틀을 갖추고 규모를 확장해 나갔다. 1981년 제30회 총회에서는 필리핀, 미국, 벨기에, 일본에 각각 1명

67) 30년사 편찬위원회, 『시련과 영광의 발자취 여의도순복음교회 30년사』, 228.
68) "남미 최대 개신교 부흥 성회", 〈순복음소식〉 1991년 1월 13일자, 1면.
69) "조다윗 목사, 과테말라 대통령 초청, 만찬 베풀어", 〈순복음가족〉 1992년 8월 30일자 1면; "과테말라 세라노 대통령 금요 철야 예배 참석", 〈순복음가족〉 1992년 9월 6일자, 1면.
70) "크렘린에 울려 퍼진 복음", 〈순복음가족〉 1992년 6월 21일자, 1면.

씩 선교사를 파송한 것으로 보고되었으며, 가디나예루살렘교회와 브뤼셀교회가 총회 산하 해외 교회로 등록 및 보고되었다.[71]

8. 교단의 국내 복음 전도 활동

1980년대는 1970년대의 성장 추세를 그대로 이어받아 교단이 계속해서 발전하던 시기였다. 이 시기에도 교단의 국내 복음 전도 활동과 성장에 있어서의 주도적인 역할은 여의도순복음교회에 의해서 이루어졌다. 여의도순복음교회의 조용기 목사는 전 울산복음화대성회(1981), 제주복음화대성회(1987), 부산복음화대성회(1988) 등 전국을 순회하면서 진행되었던 부흥 성회들과 극동방송, 아세아방송, 기독교방송을 비롯한 매스컴 전도를 통해 민족 복음에 이바지하였고 더불어 예수교대한하나님의성회를 성장, 발전시켰다.[72]

조용기 목사와 함께 여의도순복음교회의 전신인 대조동 천막교회를 설립한 최자실 목사 역시 교단의 성장을 위해 기여하였다. 최자실 목사는 1980년 6월 16일부터 18일까지 진주 경남학생

---

71) 기독교대한하나님의성회, "제30회 정기총회 의안(1981년 5월 12일-14일)," 『총회의안 및 회의록 제27-33회』, 30.

72) 50년사 편찬위원회, 『여의도순복음교회 50년사: 위대한 소명 희망목회 50년』, 144.

체육관에서 진주 지역 복음화대성회를 인도하였고, 1981년 3월 24일부터 27일까지 광주전도대성회, 같은 해 5월 28일부터 30일까지 부산전도대성회, 6월 23일부터 28일까지 전주 시민을 위한 축복과 전도대성회 등을 인도하여 민족 복음화 및 교단의 성장에 기여하였다.[73)]

부산전도대성회

기독교대한하나님의성회 서대문 측도 1988년 9월 13일부터 16일까지 독일 하나님의성회의 라인하르트 본케(Reinhard Bonnke) 목사를 비롯한 해외의 오순절주의자들을 초청한 가운데 세계오순절대회를 개최하여 교단의 성장과 발전을 도모하였다.[74)]

세계오순절대회에서 설교하는
라인하르트 본케 목사

이러한 활동에 힘입어 교단이 나뉘기 이전인 1980년에 408개 교회, 목사 301명, 전도사 370명으로 전체 교역자 671명, 교인수 19만 9,916명을 보유했던 기독교대한하나님의성회는[75)]

---

73) 50년사 편찬위원회, 『여의도순복음교회 50년사: 위대한 소명 희망목회 50년』, 144.

74) 기독교대한하나님의성회 총회본부, "제38회 정기총회 보고서 및 의안(1989년 5월 22일-25일)," 『총회의안 및 회의록 제38-39회』, 32.

75) 기독교대한하나님의성회 총회본부, "제29회 정기총회 의안(1980년 5월 12일-14일)," 『총회의안 및 회의록 제27-33회』, 5.

1992년 다시 통합되었을 때는 1천여 개 교회, 1백 2십만여 명의 성도 수로 성장하여 국내 3위의 규모를 가진 교단으로 발전하게 되었다.[76)]

9. 교단의 연합 사업

1980년대에 들어 기독교대한하나님의성회는 한국의 다른 개신교 교단들과의 연합 사업에 적극적으로 참여하기 시작했다. 1980년대 교단의 연합 사업 중에서 가장 대표적인 사례는 1984년 8월 15일부터 19일까지 여의도광장에서 개최되었던 한국기독교100주년

한국기독교100주년선교대회

선교대회였다. 여의도순복음교회 조용기 목사는 대회의 넷째 날에 '민족 통일과 평화의 밤' 의 주강사로 등단하여 "민족 통일과 평화"라는 제목으로 설교했다.[77)]

타 교단과의 연합 사업과 관련하여, 서대문 측에서는 1987년 제36회 총회에서 한국기독교교회협의회(NCCK) 가입건과 관련된

---

76) "교단통합감사예배 본교회 대성전에서 성대히 개최", 〈순복음가족〉 1992년 6월 14일자, 2면.

77) 30년사 편찬위원회, 『기독교대한하나님의성회 30년사』, 90.

토론이 있었으나 합의에 이르지 못했으며,[78] 그 이듬해에도 가입안이 부결되어[79] 교단의 한국기독교교회협의회 가입은 1980년대에는 성사되지 못했다.

10. 교단의 재통합

1980년대에 나뉜 상태로 각자의 길을 걸어 왔던 예수교대한하나님의성회와 기독교대한하나님의성회 서대문 측 사이에서 교단 통합에 대한 관심이 다시 일어나기 시작하였다. 1991년 6월경부터 총회 임원들 사이에서 통합을 위한 본격적인 논의가 있었는데, 마침내 1991년 11월 28일 청주에서 임시총회를 개최함으로써 통합을 위한 첫발을 내딛게 되었다. 대의원 202명이 참석한 이날의 임시총회에서는 164명이 양 교단의 통합에 찬성함으로써 통합이 결의되었다.[80] 1991년 12월 19일 오후 2시에는 서울 올림픽공원 역도경기장에서 통합 선언 대회를 개최하였다.[81] 선언 대회에서

78) 기독교대한하나님의성회 총회본부, "제36회 정기총회 회의록(1987년 5월 25-27일)," 『총회의안 및 회의록 제34-37회』, 13.
79) 기독교대한하나님의성회 총회본부, "제38회 정기총회 보고서 및 의안(1989년 5월 22일-25일)," 『총회의안 및 회의록 제38-39회』, 24.
80) 기독교대한하나님의성회 총회본부, "기독교대한하나님의성회 행정총회 의안(1992년 1월 27일)," 『총회의안 및 회의록 제40-41회(1991년도-1992년도)』, 45.
81) 50년사 편찬위원회, 『기독교대한하나님의성회 50년사: 역사편』, 376.

예수교대한하나님의성회 측의 총회장 최성규 목사와 기독교대한 하나님의성회 서대문 측의 총회장 서병렬 목사는 양 교단의 통합을 선언하였다. 교단의 통합에 대해 미국 하나님의성회의 총회장 레이몬드 칼슨(G. Raymond Carlson) 목사는 축사를 통해 '오직 성령의 능력으로만 주님의 사역이 가능함'을 선포하고 "영혼 구원에 매진하는 교단이 되길 바란다."라고 밝혔으며,[82] 교계의 대표적인 지도자들이 함께 참석한 가운데 기하성의 통합에 대한 한경직 목사의 축사가 있었다.[83] 조용기 목사는 격려사에서 교단 통합은 "하나님의 은혜로 말미암은 것"이며, 남북통일과 범국민 복음화, 나아가서 세계 복음화를 이루려는 "주님의 섭리"라고 강조하였다.[84]

1991년 통합 선언 대회

그 후 1992년 2월 18일 순복음신학대학 대강당에서 개최된 통합 총회에서 김진환 목사가 통합 총회장으로 선출되었다. 당시 양 교단에서 참석한 5백여 명의 교역자들은 예수교대한하나님의성회 측의 총회장 최성규 목사를 비롯한 임원진과 기독교대한하나님의성회 서대문 측의 총회장 서병렬 목사를 비롯한 임원진이

---

82) "하나님의성회 통합선언", 〈순복음소식〉 1991년 12월 29일자, 1면.
83) 50년사 편찬위원회, 『기독교대한하나님의성회 50년사: 역사편』, 376.
84) "하나님의성회 통합선언", 〈순복음소식〉 1991년 12월 29일자, 1면.

제1회 성총회 광고

공동 임원단으로 총회를 운영하면서 5월에 정기총회를 개최하기 전까지 세부사항들을 공동으로 정리해 가기로 하였다. 그리고 1992년 5월 18일부터 20일까지 통합된 기독교대한하나님의성회는 순복음신학대학 대강당에서 제41차 정기총회를 개최하여 교단 헌법 문제를 논의하였다. 아울러 1992년 6월 3일에는 여의도순복음교회 대성전에서 통합 감사 예배를 드렸으며, 1992년 9월 21일부터 22일까지는 광주에서 기독교대한하나님의성회 제1차 성총회를 개최하였다. 성총회에 참석한 약 2천여 명의 교역자, 장로, 사모들은 세미나와 부흥회를 통해 성령운동의 지속적 추진과 교단의 발전을 모색하였다.

그런데 1991년 6월 통합을 논의해 나가는 과정에서 예수교대한하나님의성회 내에는 당시 교단의 총회장과 중앙위원장을 맡아 오던 조용목 목사와 일부 인사들이 기독교대한하나님의성회와의 통합에 대해 반대 입장을 표명하였다. 결국 여의도순복음교회 조용기 목사를 비롯한 대다수의 인사들은 기독교대한하나님의성회로 재통합하여 하나의 교단을 형성하였고, 소수의 인사들은 여전히 예수교대한하나님의성회로 남아 있게 되었다. 또한 기독교대한하나님의성회에서도 통합을 반대하고 기존 교단을 수호하려는 인사들이 '수호 측' 이라는 이름으로 남아 있다가, 1996년에 이르러 통합된 기독교대한하나님의성회에 합류하였다.

기독교대한하나님의성회(여의도순복음)는 오순절 영성으로 무장한 복음 전파 사역에 힘쓰면서도 동시에 사회의 다양한 과제들을 끌어안으며 그 해결을 위해 교계 및 사회와 적극적으로 협력해 왔다. 교단은 복음 전파와 사회적 성화의 실현을 위해 앞으로도 선교와 구제, 그리고 다양한 형태의 사회 참여를 계속할 것이다.

4부 기독교대한하나님의성회의 성숙과 새로운 비전

Ⅰ. 재통합과 국내외 선교, 교회 일치(1992-1996)

Ⅱ. 하나 됨을 위한 노력과 사회봉사의 확대(1997-2007)

Ⅲ. 기독교대한하나님의성회(여의도순복음)의 지속적 성령 운동과 사회적 성화의 실천(2008-2013년 현재)

I

재통합과 국내외 선교, 교회 일치

(1992-1996)

1. 기독교대한하나님의성회의 재통합

1991년 12월 19일, 여의도순복음교회가 속해 있었던 예수교대한하나님의성회와 기독교대한하나님의성회의 통합이 이루어짐으로써 통합 기독교대한하나님의성회는 명실상부 한국 내 주요 교단들과 어깨를 나란히 하게 되었다. 통합을 통하여 기독교대한하나님의성회는 한국과 세계에 성령 운동을 확산하고 영혼 구원 운동에 더욱 매진하게 되었다.

교단 통합 직후(1991년 12월 현재), 통합 기독교대한하나님의성회는 교회 수 910 개, 교역자 수 2천 3백여 명, 성도 수 1백 20만여 명에 달하고 있었다. 통합으로 인해 하나님의성회는 장로교(합동, 통합)와 감리교에 이어 세 번째로 큰 교단으로 자리매김하게 되었다.[1] 교단은 통합에 대해 하나님께 감사하고 성령 운동과 교회 부흥을 추진하기 위해 1992년 9월 21일부터 22일까지 광주에서 기독교대한하나님의성회 제1차 성총회를 개최하였다.

1993년 5월 17일부터 20일까지 기독교대한하나님의성회 제42차 정기총회가 열렸다. 인천순복음교회에서 총대원 508명이 참석한 가운데 열린 이 총회에서는 최성규 목사가 총회장으로, 조병호 목사가 부총회장으로, 김성도 목사가 총무로 선임되었다.[2] 또한 교단발전정책위원회 회의가 위원장 조용기 목사의 주재로 진행되었으며, 이 회의에서 선교국 일원화에 관한 안건이 논의되었다. 각 교회는 자유롭게 선교하되 교단 명칭을 넣어 '○○○교회 선교부'로 명시하기로 결정했다.[3]

한편 조용기 목사는 1992년 9월 9일에서 13일까지 노르웨이 오슬로에서 열렸던 제16차 세계하나님의성회 대회에서 세계하나님의성회연합회(The World Assemblies of God Fellowship)의 초대 총재직을 맡게 되었다. 세계하나님의성회는 60개국 약 3천만 명에 달하는 세계의 오순절교회들과 오순절주의자들의 연합체로서 그동

---

1) 50년사 편찬위원회, 『여의도순복음교회 50년사: 위대한 소명 희망목회 50년』, 156-57.

2) 기독교대한하나님의성회 총회본부, "前회의록낭독 및 수정(1994년 5월 16일-18일," 『제43차 정기총회 보고서 및 의사자료』(서울: 기독교대한하나님의성회, 1994), 34-36.

3) 기독교대한하나님의성회 총회본부, "총회총무보고(1993년 5월 17일-20일)," 『제42차 정기총회 보고서 및 의사자료』(서울: 기독교대한하나님의성회, 1993), 57.

안 국가별로 자체 운영되다가, 연합회가 결성되고 조용기 목사가 3천만 성도를 대표하는 총재로 선출된 것이다. 1992년 11월 4일 여의도순복음교회의 대성전에서는 3만여 명의 국내외 각 교단 인사들이 참석한 가운데 총재 취임 감사 예배가 드려졌다. 이는 교단의 위상을 높이고 교단 발전에 긍정적 영향을 끼쳤다.[4)]

1993년은 기독교대한하나님의성회 창립 40주년이 되는 해로서, 4월 15일 오순절 신학자인 맨지스(William W. Menzies) 박사를 초청하여 엘림복지타운과 순신대학교(현 한세대학교)에서 신학 세미나를 열고 40주년 기념행사 및 지방회 교역자 친선 체육대회를 가졌다.[5)]

기독교대한하나님의성회는 1995년 1월 23일부터 24일까지, 오산리최자실기념금식기도원에서 교단 발전 전략 회의를 열어 교단의 성장과 발전, 교단 부흥을 위한 '10년 추수 운동' 등을 논의하였다. 또한 교단 성장을 위한 전문 기관 설립, 교회 간 커뮤니케이션의 활성화 및 성령 운동으로 교단의 전문화 및 차별화를 기할 것 등을 논의하였다. 복음 전도는 예수 그리스도께서 명하신 교회의 지상 과제이므로 10년 추수 운동을 지속적으로 추진하기로 결의하였다. 이를 위해 오순절 기도 운동을 전개하고 교역자의 기도 강

---

4) 기독교대한하나님의성회 총회본부, "총회총무보고(1993년 5월 17일-20일)," 『제42차 정기총회 보고서 및 의사자료』, 58; 50년사 편찬위원회, 『여의도순복음교회 50년사: 위대한 소명 희망목회 50년』, 172-73.

5) 기독교대한하나님의성회 총회본부, "총회총무보고(1993년 5월 17일-20일)," 『제42차 정기총회 보고서 및 의사자료』, 58.

화 및 평신도 기도 회원을 모집하기로 하였다. 이와 더불어 교회 개척 운동을 활발히 전개하기 위해 개교회별, 지방회별로 전략을 세우고 개척 자금 조성 운동을 전개하며, 신학교에서 교회 개척 교육 및 훈련을 실시하여 신학생 때부터 개척을 위해 준비하도록 돕기로 하였다.[6]

또한 기하성 총회는 교단 창립 50주년인 2003년까지의 교단 발전을 위한 회의를 통해 교회 성장, 총회 활동, 사회사업, 대외 사업 등 다양한 측면에서 교단 성장 정책을 연구하였다.[7] 그 내용은 다음과 같다.

① 오순절 신학과 신앙을 체계화하고 강화하며, 그에 관련된 서적 출간을 장려한다. ② 교회 개척 운동을 펼치되 3,000교회 개척 운동을 활성화한다. 이를 위해 신학교 내에서 교회 개척 전략 교육을 실시하고, 소형 교회를 중형 교회로 발전시켜 나가는 전략을 수립하며, 교회 개척 기금 조성을 위한 1인 1일 500원 헌금 운동을 교단 차원에서 전개하기로 한다. ③ 교회 성장 운동을 일으키되, 교회 간 협력 차원에서 진행하고, 교회 컨설팅을 실시하며, 전도 전략 및 훈련을 개발하고, 평신도 전도 훈련 및 신학생과 지방회를 활용하여 전도 사역팀을 운용한다. ④ 교역자 지도력 개발

6) 기독교대한하나님의성회, "총무보고: 기독교대한하나님의성회 교단발전 전략회의(1995년 1월 23일-24일)," 『제44차 정기총회 보고서 및 의사자료』(서울: 기독교대한하나님의성회, 1995), 140-41.

7) 기독교대한하나님의성회 총회본부, "총무보고: 교단성장 정책을 위한 제의," 『제44차 정기총회 보고서 및 의사자료』, 142.

정책을 발전시켜 교역자의 영성, 인격 훈련, 신학 및 신앙 재교육, 설교 및 목회 지도력 훈련, 행정 교육을 실시한다.

또한 총회 활동 정책[8]으로는 교육, 해외 선교, 선도, 교회 신흥, 출판 사업, 복지, 행정 및 회계 정책 등의 분야에서 총괄적 발전을 목표로 계획이 세워졌다. 교육에 있어서는 장년 교육을 강화하고, 전문 사역자 양성 및 신앙 훈련 교재 출간 등을 계획하였다. 해외 선교를 위해서는 지역별 선교 전략을 확립하고 선교사 후보생의 훈련을 강화하고 선교사의 현지 사역을 구체화시키기 위한 계획을 세웠다. 전도는 군 선교, 체육 선교, 보훈 선교, 낙도 선교, 장애인 선교, 청소년 선교 등 다양한 그룹을 대상으로 실행하고, 교회 부흥을 위해 평신도의 신앙 및 지도력 개발에 힘쓰고, 청년부의 활성화 및 남녀 선교회의 활성화, 연합 운동을 확대해 나가기로 하였다. 그리고 오순절 신학과 신앙 정립을 위해 오순절 신학과 교리에 관련된 책들을 출판하기로 하였다.

2. 영혼 추수 운동 및 기도 대성회

1993년 인천순복음교회에서 열린 제42차 정기총회에서는 1991년부터 시작되었지만 큰 성과나 진전을 이루지 못했던 '영혼 추수

---

8) 기독교대한하나님의성회 총회본부, "총무보고: 교단성장 정책을 위한 제의," 『제44차 정기총회 보고서 및 의사자료』, 143-44.

운동' 의 활성화를 위한 목표를 수립하였다. 이를 위해 참석자들은 50만 명의 기도 후원자, 5백만 명의 영혼 구원, 5천 명의 교역자 양성, 5천 개의 교회 개척이라는 목표를 세우고 그 실행 방안을 수립했다.[9)]

또한 교단 통합 2주년을 맞이하여 오순절 성령 운동(본부장: 백승억 목사), 10년 추수 운동(본부장: 손길성 목사), 교단(교회) 갱신 운동(본부장: 백종선 목사), 사랑 실천 운동(한문수 목사), 내 고향 미자립교회 돕기 운동(본부장: 김홍원 목사)의 5대 부흥 운동을 선언하였다. 5대 부흥 운동의 강령에는 부흥을 위한 구체적 실천 내용이 포함되었다.[10)]

1994년 7월 14일부터 16일까지 잠실 올림픽 체조경기장에서 3만여 명이 모인 가운데 '1994서울성령복음화대성회' 가 개최되었다. 이 성회에서는 조용기 목사와 신유 부흥사인 라인하르트 본케 목사의 설교와 신유 선포가 있었다. 또한 1994년 9월 28일부터 10월 1일까지 서울 '1994세계하나님의성회대회' 가 여의도순복음교회와 오산리최자실기념국제금식기도원, 여의도 광장 및 잠실 올림픽 경기장에서 개최되었다. 이 성회는 세계 하나님의성회 지도자들과 성도들이 단합하여 기도 운동을 전개함으로써 교단의 위상을 높이고 나아가 1백만의 영혼 구원 및 교회 성장이라는 목

---

9) 기독교대한하나님의성회 총회본부, "보고사항: 43차 제1회 총회 임시위원회 결의사항(1994년 5월 19일)," 『제44차 정기총회 보고서 및 의사자료』, 76.

10) 기독교대한하나님의성회 총회본부, "보고사항," 『제43차 정기총회 보고서 및 의사자료』, 52, 58-60, 77.

표를 가지고 치러졌다.

1994년 10월 3일에는 '10·3세계기도대회'가 '성령이여 충만히 임하소서'라는 주제와 '이 땅을 치료하소서'라는 부제 하에 여의도 광장에서 국내외의 1백만 성도가 모인 가운데 개최되었다. 이 대회의 목적은 전 인류의 영적 각성을 위해 전 세계 3천만 하나님의성회 소속 성도들이 함께 기도하고 하나님께서 창조하신 지구의 환경 문제 해결을 위한 실천 운동을 점화하는 것이었다.

10·3 세계기도대회 광고

이 성회에서는 당시 세계하나님의성회연합회 총재였던 여의도순복음교회 조용기 목사와 미국 하나님의성회 해외선교위원장 로렌 트리플랫(Loren Triplett) 목사가 주 강사로 말씀을 전했다. 10·3세계기도대회는 세계 125개국의 하나님의성회에서 총회장과 임원 등 2천여 명, 기독교대한하나님의성회 소속 전 교역자, 제직 및 성도 30만 명, 여의도순복음교회 소속 전 교역자, 제직 및 성도 69만 3천명, 국내 정치, 경제, 사회, 문화, 종교, 체육, 언론, 방송계의 주요 인사 및 성도 5천명 등 1백만 명이 참여한 대성회였다.[11] 이 성회는 단일 교단이 주관하여 1백만 명이 운집한 기독교 역사상 전례가 없는 규모의 성회로서, 기독교대한하나님의성회 교단의 위

11) 기독교대한하나님의성회 총회본부, "총무보고: 세계기도대회," 『제44차 정기총회 보고서 및 의사자료』, 169.

상을 한국과 세계 교계에 확인시켰다. 참석자들은 오순절 성령 운동을 전 세계에 확산시킨다는 목표를 가지고 나라와 민족, 나아가 인류를 위해, 그리고 생태계의 보호를 위해 기도하였다.

3. 교회 개척 및 선교 운동

1993년 3월 조용기 목사 초청 '1993아프리카성령화대성회'가 케냐 나이로비에서 연인원 120만 명이 참가한 가운데 개최됨으로써 아프리카에 새로운 복음화의 전기를 마련하였다. 이 성회는 한국 성령 운동의 아프리카 전파라는 면에서 큰 의미를 가진 성회였다.[12)]

아프리카성령화대성회 광고

93년 아프리카성령화대성회

1994년 5월 16일부터 18일까지 여의도순복음교회에서 열린 제43차 정기총회에서는 교회 개척 운동에 대한 논의가 계속되었

12) 안준배, 『나부터 회개 성령으로 평화통일[97민족통일성령복음화대성회총람]』(서울: 예전사랑, 1998), 102-103. 50년사 편찬위원회, 『기독교대한하나님의성회 50년사: 역사편』, 381에서 재인용.

다. 논의의 결과 1994년 당시의 대략적인 회원 교회의 숫자인 900 교회의 30%인 300교회를 1994년 한 해에 개척하기로 결의하고 이를 위해 각 지방회와 개교회마다 개척 교회의 숫자를 할당하였다. 여의도순복음교회는 30교회 개척을 할당받았다. 또한 교회 개척을 위해 1일 500원 10만 명 헌금 운동을 전개하였다(한 달에 1만 5천 원씩, 10만 명. 1달에 15억, 1년간 180억). 추진 방안으로는 북한 교회 개척 자금 조성, 교회 개척 확대, 개척지 파악 및 확보, 교회 건축 융자 등의 구체적 계획을 세웠으며 교회 개척 운동의 추진을 위한 교회개척위원회도 구성되었다.[13]

3천교회운동 전개

하나님의 성회 총회

기독교대한하나님의성회는 제44회 총회를 지난 23일부터 25일까지 안양 엘림복지타운에서 개회하고 3천교회운동전개등 회무처리와 임원개선을 했다.

「성령으로 새역사 창조」란 주제로 열린 이번 총회 개회예배는 김성도목사(총무)의 사회와 김경철목사(총회장)의 개회사, 최요열목사(고시위원장)의 대표기도, 백종선목사(서기)의 성경봉독, 배야섭목사(한국기독교장로회 총회장)의 축사, 박정근목사(증경총회장)의 축도 순으로 진행됐으며, 조용기목사(증경총회장)는 설교를 통해 『율법이 인류를 죄악에서 해방시키는 것이 아니라 성령만이 인류를 해방시킬 수 있다』며, 『오순절 마가의 다락방에서와 같은 성령의 불세례를 받아 온세계에 성령운동을 일으키자』고 강조했다.

이번 총회에서는 여목사 안수제도가 개선되고, 3천교회운동을 교단 총력사업으로 결의하며, 해외선

제44차 정기총회 기사

1995년 제44차 정기총회 기독교대한하나님의성회 교단 발전 전략 회의에서 제의된 교회 개척 활성화 방안에 따르면 3,000교회 개척 운동을 활성화하기 위해 교회 개척 사역팀을 설치하고, 신학교에서 교회 개척 전략 교육을 실시하고, 소형 교회를 중형 교회로 성장시켜 교회 개척에 힘을 싣고, 1일 500원 헌금 운동을 지속적으로 전개하여 개척 기금을 조성하자는 방안을 세웠다.[14]

---

13) 기독교대한하나님의성회 총회본부, 『제43차 정기총회 보고서 및 의사자료』, 60, 314.

14) 기독교대한하나님의성회 총회본부, "총무보고: 교단 성장 정책을 위한 제의," 『제44차 정기총회 보고서 및 의사자료』, 142.

4. 교회 협력 및 일치 운동

1993년 제43차 정기총회 때 한국기독교교회협의회(NCCK) 가입안이 논의되었다. 이와 관련하여 NCCK의 성격과 신앙 노선을 더 연구하고 검토하자는 의견, 가입 후 통합에 더 어려움이 있을 수 있다는 의견, 또 이미 40년 전부터 창설된 기구에 가입하여도 주도적 역할을 할 수 없다는 의견 등이 나왔다. 그러나 가부 투표에서 3분의 2에 미달되어 NCCK 가입에 대해서는 1년을 유보하기로 하였다.[15) 다음해인 1994년 8월 4일, 교단은 기독교대한하나님의성회 NCCK 연구위원회를 설치하고 백승억, 안준배, 서동근, 이영훈, 나경오 목사 등을 연구 위원으로 선정하였다(1차 회의). 연구위원회는 NCCK 관련 자료들을 수집, 연구, 발표하기로 결의하고 상임위원으로 이영훈 목사를, 서기로 나경오 목사를 임명하였다. 같은 해 10월 4일 총회 회의실에서 이영훈 목사가 NCCK 연구 결과를 발표하고, NCCK 가입의 긍정적인 면과 부정적인 면을 토의하였다(2차 회의). 12월 12일 NCCK에 내한 추가 발표회를 갖고 기독교대한하나님의성회와 NCCK의 관계 설정에 대한 장단점을 분석하고 토의하였다(3차 회의).[16) NCCK에 가입할 경우 교단의 활동 영

15) 기독교대한하나님의성회 총회본부, "前회의록 낭독 및 수정: 제43차 정기총회 회의록(1994년 5월 18일)," 『제44차 정기총회 보고서 및 의사자료』, 26-27.

16) 기독교대한하나님의성회 총회본부, "제44차 정기총회 보고: NCC연구위원회," 『제44차 정기총회 보고서 및 의사자료』, 427-28.

역을 넓힐 수 있고, 국내외 교회 기구 및 교회들과 초교파적으로 협력 관계를 모색할 수 있으며, 통일 문제와 사회적 약자들에 관련한 정치 참여와 사회 활동을 강화할 수 있으며, 통일 이후 북한 선교를 주도할 수 있다는 긍정적인 면이 있었다. 그러나 자칫 오순절 신학의 특성이 훼손될 우려가 있으며, 교단 내 진보, 보수의 파벌 갈등이나 최악의 경우 분열을 초래할 가능성이 있으며, 진보와 보수 양측으로부터 견제나 배척을 받을 가능성이 부정적인 면으로 제시되었다. 이러한 점들을 논의한 후 교단의 NCCK 가입에 대해서는 긍정적으로 검토하되 그 시기는 실행위원회에 맡겨 검토한 후 적절한 시기를 선정하는 것이 바람직하다는 결론을 내렸다.[17)]

마침내 1996년 5월 20일부터 23일까지 여의도순복음교회 바울성전에서 개최된 제45차 정기총회에서 증경총회장 조용기 목사의 전폭적인 지원하에 지난 20여년간 논의되어 왔던 NCCK 가입안이 가결되었다. 이에 따라 NCCK는 1996년 7월 11일 실행위원회에서 기독교대한하나님의성회의 가입을 결정하였다. 그리

CHRISTIAN NEWSPAPER 1996年6月2日

「教會協」가입 결의

하나님의 성회 제45차 총회

지역총회제도 도입 부결

제45차 정기총회 기사

17) 기독교대한하나님의성회 총회본부, "제44차 정기총회 보고: NCC연구위원회," 『제44차 정기총회 보고서 및 의사자료』, 429-30.

고 같은 해 11월 18일 소망교회에서 열린 NCCK 제46회 정기총회에서 기독교대한하나님의성회는 정식 회원 교단으로 가입되었다. 기독교대한하나님의성회는 당시 대한예수교장로회(통합), 기독교대한감리회, 한국기독교장로교, 구세군대한본영, 대한성공회, 기독교대한복음교회, 한국정교회와 더불어 NCCK의 정식 회원이 되어 참여와 협력을 이루어 나가기 시작하였다. NCCK 가입으로 인해 기독교대한하나님의성회는 에큐메니컬 정신에 입각하여 한국 교회와 세계 교회에 대해 더욱 열린 자세를 가질 뿐 아니라 사회참여에도 더욱 적극적으로 임하는 전기를 마련하였다.[18) 뿐만 아니라 오순절 성령 운동의 중요성과 진정한 에큐메니컬 운동은 성령 운동을 통해서만 가능함을 진보주의적인 교단에도 알리는 계기를 마련했다.

기독교대한하나님의성회는 1994년 북한 동포 탈출 돕기 운동을 전개하여, 총회적 차원에서 100명을 돕기로 결의하였다. 또한 '북한 교회 개척 운동 본부' 를 설치하여 북한 선교 비전을 구체화하기 시작했다. 이외에도 평화통일위원회, 환경대책위원회를 총회에 부설하여 한국 사회의 중요 문제들에 대한 연구와 기여에 힘쓰기로 결의했다.[19)]

18) 기독교대한하나님의성회 총회본부, "前회의록 낭독 및 수정: 제45차 정기총회 회의록(1996년 5월 21일)," 『제46차 정기총회 보고서 및 의사자료』(서울: 기독교대한하나님의성회, 1997), 21-24.

19) 기독교대한하나님의성회 총회본부, "보고사항," 『제44차 정기총회 보고서 및 의사자료』, 76, 94.

5. 사회복지, 문화 운동, 학술세미나

1995년 5월 22일부터 25일까지 엘림복지타운에서 열린 제44차 정기총회에서는 교단의 내실화를 위해 행정 조직을 정비하고 상회비 납부 체계를 더욱 효율적으로 만들기 위한 노력을 기울였다. 이 총회에서는 2003년 교단 창립 50주년을 바라보면서, 교단의 발전 전략으로서 오순절 신학과 신앙의 연구 및 성숙, 교회 개척 및 교회 성장 운동의 지속적인 추진, 교역자의 지도력 향상 전략 개발 등에 주력하고 선교 현황을 점검하였다. 제44차 총회에 앞서 1994년 8월에는 제1회 교단 교육 전문 지도자 워크숍이 진행되었는데, 이는 교단 교육 갱신과 발전을 위한 전문 지도자 교육 및 지도 위원회 구성을 위한 행사였다.

제44차 정기총회에서는 다음과 같이 여러 방면에 걸친 정책들이 제의되고 논의되었다. 총회 차원의 사회사업 정책으로는 기독교 문화 운동, 기독교 윤리 실천, 사회봉사 운동, 환경 운동, 평화통일 운동 등이 제안되었다.[20] 기독교 윤리 실천을 위해서는 정직, 절제, 사랑 운동, 순결 서약 운동 등을 전개하기로 하고, 사회봉사를 위한 활동으로는 국내 구호 사업 및 해외 구제 사업을 확

20) 기독교대한하나님의성회 총회본부, "총무 보고: 교단 성장 정책을 위한 회의," 『제44차 정기총회 보고서 및 의사자료』, 144.

대하기로 하였다. 이를 위해 전국 여선교회의 사랑의 손길 모으기 운동을 확산하고 사회복지관을 운영하기로 하였다. 또한 환경 운동과 평화통일을 위한 교단의 실천 방안들이 제안되었다. 교단이 평화통일을 위해 어떤 역할을 해야 하는지를 연구할 것, 북한 주민 돕기 운동 및 남북 나눔 운동을 전개할 것, 그리고 북한 복음화를 위해 북한 교회 개척 기금을 마련할 것 등이 논의되었다. 또한 한국 사회에 기독교 문화 보급을 위해 건전한 레크리에이션을 개발하여 보급하고 기독교 결혼 예식을 확산시키며 기독교적 소설, 연극, 영화 등을 활성화시키는 등 기독교 문화 운동을 전개하기로 하였다.

심장병어린이돕기로 무궁화 훈장을 받은 조용기 목사

기독교대한하나님의성회 소속 여의도순복음교회는 폐지 수집과 구제 헌금을 통해 1984년부터 1996년까지 2,320명의 심장병 어린이들에게 새 생명을 찾게 하는 사회복지 활동을 실천하였다. 이를 인정받아 기독교대한하나님의성회 증경총회장인 조용기 목사는 1996년 5월 3일, 국민훈장 무궁화훈장을 받았다. 이를 통해 사회적으로 기독교대한하나님의성회에 대한 긍정적 인식을 높이게 되었다.[21] 그 밖에 총회는 1996년 8월

21) 50년사 편찬위원회, 『기독교대한하나님의성회 50년사: 역사편』, 391.

과 9월에 걸쳐 교단 통일 공과 발행을 준비하고 결의한 후 1998년부터 새롭게 수정, 보완된 기독교대한하나님의성회 공과를 사용하기로 결정하였다.[22)]

기독교대한하나님의성회는 오순절 신학의 진흥을 위한 학술세미나 개최에도 힘써 왔다. 특히 여의도순복음교회 국제신학연구원은 국내 신학계뿐만 아니라 해외 신학계에서도 성령에 대해서 아직 주의를 기울이지 않던 1980년대부터 성령론을 주제로 하는 국제신학학술세미나를 개최해왔다. 정기적으로 열린 국제신학학술세미나는 오순절 학자들만이 아니라 교단을 초월하여 국내외의 저명한 신학자들이 교류하는 장이 되었으며, 동시에 한국의 오순절 운동을 세계에 알리는 계기가 되었다. 이외에도 기독교대한하나님의성회는 국내 학자들과의 교류를 활성화하기 위해서 순복음신학심포지엄(1999년), 전국 신학자학술세미나(2001, 2002년)를 개최하여 국내 다른 교단들과 학술적 토론의 자리를 마련해 왔으며 오순절 운동이 나아가야 할 방향을 모색했다. 아울러 1991년 출범한 한세대학교 오순절신학연구소는 2003년 영산신학연구소로 명칭을 바꾸었으며, 국제신학학술세미나를 영산 조용기 목사의 신학 연구 및 오순절 신학의 정립을 위한 영산국제신학심포지엄으로 변경, 개최해 왔다.

22) 50년사 편찬위원회, 『기독교대한하나님의성회 50년사: 역사편』, 393.

II

하나 됨을 위한 노력과 사회봉사의 확대
(1997-2007)

1. 하나 됨을 향한 지속적 발걸음

앞서 기술한 것과 같이 1992년, 여의도순복음교회가 소속하고 있는 예수교대한하나님의성회와 기독교대한하나님의성회 양 교단의 통합을 통해 이루어진 통합 기독교대한하나님의성회는 한국교회에서 장로교와 감리교 다음으로 큰 교단으로 자리 잡게 되었다. 그러나 당시 통합에 합류하지 않은 일부 총회원들이 수호 측이라는 이름으로 명맥을 유지하고 있었기 때문에 '기독교대한하나님의성회'라는 명칭을 쓰는 교단이 둘이 되는 상황이 생겨났다. 이에 교단의 온전한 하나 됨을 이루고 완전 통합을 이끌어 내기 위한 노력이 꾸준히 진행되었다. 1996년 5월 21일 여의도순복음교회 바울성전에서 열린 제45차 정기총회에서는 수호 측과의 교단 재통합을 실행해 나가기로 결정하였다. 1996년 11월 7일 열린 제2회 임시실행위원회[23]는 수호 측의 정통성을 인정하고 재통합을 결의하였다. 그 결과 수호 측 대부분의 총회원들이 통합에 참여함으로써 1996년 11월 21일 여의도순복음교회에서 재통합 선언 예배를 드리기에 이르렀다.[24]

이후 1998년 5월 18일부터 21일까지 여의도순복음교회 바울성전에서 총회 대의원 831명 중 526명이 참석한 가운데 열린 제47차 정기총회에서는 1996년의 재통합 결의의 후속 조처로서 수호 측, 삼성 측, 예수교대한하나님의성회 측 교역자의 복귀 절차와 관련된 내용이 논의, 결의되었다. 1999년 5월 17일부터 20일까지 대전순복음교회에서 열린 제48차 정기총회에서는 수호 측과의 교단 통합을 실행위원회에 상정하기로 결의하였다. 또한 헌법개정특별위원회에서 헌법 개정안을 상정하여 1999년 11월 29일 제48차 임시(헌법개정) 속회총회에서 헌법 개정안이 통과되어 시대의 흐름에 맞는 통합 교단의 헌법을 마련하였다.

제48차 임시(헌법개정) 속회총회

23) 위원장: 박정근 목사, 위원: 조용기 목사, 김진환 목사, 문정렬 목사, 백승억 목사, 최성규 목사, 김경철 목사.

24) 기독교대한하나님의성회 연감발간위원회, 『기독교대한하나님의성회 1997년 교단연감』(서울: 기독교대한하나님의성회 총회출판국, 1997); 50년사 편찬위원회, 『기독교대한하나님의성회 50년사: 역사편』, 377에서 재인용.

한편 교단 창립 50주년을 맞이하여 시대적 상황과 교단의 위상에 적합한 헌법을 구성해야 한다는 총회원들의 요청에 의해, 2003년 5월 제52차 정기총회 당시 14명으로 구성된 헌법개정특별위원회에서 개정안을 만들었으며, 2004년 5월 제53차 정기총회에서 헌법을 개정하였다.[25] 2004년 개정된 헌법에서는 목사 안수 자격 기준, 지방회 소집 및 임원 자격, 헌법 위원회의 직무에 대한 개정이 이루어졌다. 또한 총회 교역자와 가족의 복지를 위해 재단법인 교역자 공제회를 설치하였으며 교회 성도들과 지역 주민의 복지 증진을 위해 사회복지 재단을 조직하였다.[26] 제53차 정기총회 총무보고서에는 2003년 『기독교대한하나님의성회 50년사』 편찬위원회 조직 및 『기독교대한하나님의성회 50년사』 총괄 내용 목차의 구성을 게재하였다. 『기독교대한하나님의성회 50년사』는 2004년 5월 말까지 모든 편집 및 출판을 완료하도록 계획되었다.[27]

2006년 말부터 기독교대한하나님의성회 통합 측과 수호 측, 예수교대한하나님의성회 측의 교단 통합안이 대두되기 시작하였다. 2006년 기독교대한하나님의성회 제55차 제4회 총회 정기실

---

25) 헌법위원회 편, 『헌법』 (서울: 기독교대한하나님의성회 총회출판국, 2004), 13.

26) 기독교대한하나님의성회 총회본부, "결의 사항: 헌법개정(안) 자료," 『제53차 정기총회 보고서 및 의사자료』 (서울: 기독교대한하나님의성회, 2004), 502-13.

27) 기독교대한하나님의성회 총회본부, "총무보고," 『제53차 정기총회 보고서 및 의사자료』, 202-11.

행위원회에서는 통합추진위원회를 구성하기로 결의하고, 통합추진위원회에서 두 교단(순복음 측과 예수교대한하나님의성회 측)에 통합의 뜻을 전달하기로 하였으며 위원 구성은 임원회에 일임하기로 했다.[28)]

2007년 5월 21부터 22일까지 여의도순복음교회에서 기독교대한하나님의성회 제56차 정기총회가 열렸다. 기독교대한하나님의성회와 예수교대한하나님의성회는 각각 교단통합추진위원회를 구성하여 통합을 위한 논의를 진행하고 있었다. 기독교대한하나님의성회 통합 총회 측은 총회 기간 동안 여의도순복음교회 대성전에서 진행된 '성령대축제'를 통하여 한국 교회에 기독교대한하나님의성회가 오순절 성령의 역사를 지키고 확산시켜

제56차 정기총회

왔음을 인식시키고 성령의 역사를 통하여 한국 교회에 제2의 부흥의 계기를 삼고자 했던 취지를 밝혔다. 그리고 예수교대한하나님의성회의 대표 격인 조용목 목사가 기독교대한하나님의성회 총회 첫날 '성령대축제'에서 말씀을 전함으로써 양 교단의 강단 교류에 활기를 불어 넣었다. 총회장 장희열 목사는 "오순절 성령

28) 기독교대한하나님의성회, "제55차 실행위원회 회의록(2006년 12월 22일)," 『제56차 정기총회 보고서 및 의사자료』(서울: 기독교대한하나님의성회, 2007), 69.

의 역사로 창립된 기독교대한하나님의성회가 초대 교회로 돌아가 성령의 열기를 확산시켜 한국 교회의 제2의 부흥을 일으키기를 기대한다."라고 밝혔다.[29)]

2007년 5월, 양 교단 총회는 헌법 개정에 대한 전권을 통합추진위원회에 위임하였다. 2007년 5월 이후에는 통합특별위원회에서 대통합을 위한 헌법 개정안을 제정하였다. 2007년 10월 15일 여의도순복음교회 대성전에서 대통합 선언 대회 및 감사 예배를 드리고 기독교대한하나님의성회 통합 총회 측, 수호 측, 예수교대한하나님의성회 측 3개 교단이 대통합을 선언함으로써 하나의 교단으로서의 출발을 알렸다. 이리하여 통합 교단을 이룬 기독교대한하나님의성회는 3천 교회, 150만 성도의 대형 교단으로 발돋움하게 되었다.[30)]

2. 다양한 사회봉사 사역

1997년 IMF 구제금융 사태로 인한 국가적 경제 위기 상황을 당하여 기독교대한하나님의성회는 '국가 경제 살리기 운동'을 전개하였다. 교단은 "IMF 협상 체결에 대한 우리의 입장"이라는 성명서에서 위기 극복 방안과 국가의 미래를 위한 비전을 제시하였다.

29) "기하성 순복음성령대축제 연다," 〈순복음가족신문〉 2007년 5월 20일자, 1면.
30) "우리는 한 형제 한 교단," 〈순복음가족신문〉 2007년 10월 21일자, 1면.

이 성명서는 위기의 원인을 나 자신으로부터 찾는 '나부터 회개 운동'을 전개하고, '경제 살리기' 기도 운동을 펼치며, 향락주의와 물실주의를 추방하고 근검, 절약하는 크리스천의 모범을 보일 것을 다짐하였다. 이를 위한 구체적 실천 지침으로는 소비적인 해외 연수 및 세미나 절제, 경쟁적인 자녀 유학 보내기 절제, 해외여행 절제, 투기 행위 배격, '아나바다(아껴 쓰고, 나눠 쓰고, 바꿔 쓰고, 다시 쓰는) 운동' 전개, 사치와 허례 배격 등을 선언하였다.[31] 또한 기독교대한하나님의성회 환경보전위원회는 한국 교회 환경선교협의회와 연대하여 전국적인 교회 네트워크를 형성함으로써 환경보존을 위한 캠페인 및 교육 특강을 실시할 수 있는 기반을 갖추었다. 이러한 네트워크를 통해 교단은 생활 쓰레기 수거 문제에서부터 핵 폐기물 문제에 이르는 크고 작은 환경 문제에 대해 선교적 책임을 가지고 적극 참여할 수 있게 되었다.[32]

기독교대한하나님의성회 총회 사회국에서는 2001년 7월 16일부터 8월 20일까지 수해를 당한 교회들을 돕기 위한 모금 운동을 벌였으며 양로원과 유아원을 방문하고, 장애인 선교 및 농아선교위원회를 지원하였다.[33] 또한 2002년 9월에는 가뭄과 굶주림으로 죽

---

31) 기독교대한하나님의성회, "총무 보고: 국가경제 살리기 운동," 『제47차 정기총회 보고서 및 의사자료』(서울: 기독교대한하나님의성회, 1998), 137-38.

32) 기독교대한하나님의성회, "각위원회 보고: 환경보전위원회 보고," 『제47차 정기총회 보고서 및 의사자료』, 328-31.

33) 기독교대한하나님의성회 총회본부, "각국 보고: 총회 사회국," 『제51차 정기총회 보고서 및 의사자료』(서울: 기독교대한하나님의성회, 2002), 290-91.

어가는 북한 동포를 살리고 여러 가지 실질적인 도움을 주기 위해 북한 동포 돕기 운동을 시작했다. 나아가 우리 사회의 어려운 현실에 동참하기 위해 열악한 환경에서 살고 있는 소년소녀 가장을 돕기 위한 후원 운동을 전개하였다. 이밖에도 NCCK 차원의 사회복지 운동에도 적극 동참함으로써 교단의 사회 공헌도를 높였다.[34)]

기독교대한하나님의성회는 2002년 성탄절 헌금의 절반을 북한 어린이 돕기 사업에 쓰기로 결정하고 8월 6일부터 9월 10일까지 모금 운동을 전개하였다. 이 운동은 성탄절을 맞이하여 헐벗고 굶주리는 2백만 북한 어린이를 위해 빵 공장을 건설하고 겨울 속옷 보내기 사업을 전개하여 예수님의 사랑을 전하고, 나아가 국내의 생활이 어려운 목회자 사모를 돕고 유자녀의 장학금을 지원한다는 취지 아래 진행되었다. 이를 위해 교단 내 73개 교회가 참여하여 5천 6백만 원을 모금하였다.[35)] 또한 총회 사회국은 2005년에는 미국 뉴올리언즈 수재민 돕기 모금 운동을, 2006년에는 폭설 피해를 입은 호남 지역 교회를 돕기 위한 모금 운동과 지원 활동을 전개하였다. 또한 한국기독교총연합회의 해당 위원회와 지속적으로 협력하여 사회복지 운동에 참여했다.[36)]

---

34) 기독교대한하나님의성회 총회본부, "각국 보고: 사회국 사업 계획서," 『제51차 정기총회 보고서 및 의사자료』, 293-94.

35) 기독교대한하나님의성회 총회본부, "각국 보고: 총회 사회국," 『제53차 정기총회 보고서 및 의사자료』, 269.

36) 기독교대한하나님의성회 총회본부, "각국 보고: 총회 사회국," 『제55차 정기총회 보고서 및 의사자료』(서울: 기독교대한하나님의성회, 2006), 227-30.

기독교대한하나님의성회의 사회봉사는 단순히 재난 피해 복구나 불우이웃 돕기를 넘어, 한국 사회의 장기적인 과제를 연구하고 그 해결에 기여하는 수준으로 발전하였다. 일례로 2006년 1월 20일, 조용기 목사 외 8명의 한국 교회 목회자들이 저출산 문제 해결을 위한 범시민 운동의 일환으로 '생명과 희망의 네트워크'를 발족하였다. 이는 저출산 현상과 그로 인한 경제 문제 및 국가의 미래 문제는 정부의 노력만으로는 해결할 수 없는 것이기에 한국 교회가 적극적으로 나서 협조해야 한다는 취지에서 조직되었다. 이날 발족식에서는 여의도순복음교회의 영유아 보육시설인 여의도순복음어린이집 관련 영상이 실천 사례로 방영되었다.

생명과 희망의 네트워크 출범식

여의도순복음교회는 이 밖에도 지역 사회를 위해 교회 건물을 개방하기로 하였다. 영유아 보육 시설과 방과 후 학교 개설 확대, 지역 사회를 위한 가정문화센터 운영 등 교회 울타리 낮추기 운동에 힘쓰기로 결정했다.[37)]

기독교대한하나님의성회의 사회봉사 사역에서 세계 최대의 교회인 여의도순복음교회의 특별한 공헌을 언급하지 않을 수 없

37) "저출산 문제 해결, 한국교회가 나선다," 〈순복음가족신문〉 2006년 1월 22일자, 1면.

굿피플 긴급구호

굿피플 북한 어린이 돕기

다. 여의도순복음교회는 1990년 NGO 굿피플을 설립한 이래 현재까지 국내외에서 다양한 구제 사역을 실천하고 있다.[38] 국내를 비롯하여 북한, 아프리카, 중동, 아시아 등 전 세계 가난한 나라들에서 보건 의료, 교육, 아동 보호, 재난 긴급 구조 및 구호 사업을 통해 고통받는 사람들을 돕고 있다. 굿피플은 2003년부터 러시아 하바로프스크에서 추진했던 양돈 사업을 필리핀, 중국 등과 같은 국가 내의 저개발 지역 빈곤 계층의 경제 자립을 돕는 사업으로 발전시켰으며, 2005년에는 스리랑카에 대한 긴급 구호 활동을 인정받아 대통령상을 수상하였다. 또한 굿피플은 특히 북한 관련 사업을 활발히 추진했다. 1999년부터 북한 동포들을 위한 인도주의적 차원의 지원을 시작한 굿피플은 2005년에는 북한에 콩기름 공장 건실, 결핵 약품 및 옥수수 종자의 지급, 비료 공급, 영양 부족으로 발육이 부진한 북한 어린이들에 대한 식량 공급 등의 사역을 시행했다. 또한 탈북 이주민들을 위한 자유시민대학을 운영하여

38) 굿피플의 비전 및 국내외 사업 활동들에 대해서는 http://www.goodpeople.or.kr/ 굿피플 홈페이지를 참조.

인성 교육, 한국 사회 이해, 창업 및 취업 준비 등의 전인 교육을 실시하여 성공적으로 대한민국 사회에 정착하도록 돕고 있다.[39)]

굿피플 평양 콩기름 공장

자유시민대학 편의점 19호점 창업식

1984년부터 시작된 여의도순복음교회의 심장병 수술 지원 사업은 경제적 빈곤으로 인해 수술을 받지 못하고 죽어가던 한 어린이의 안타까운 소식을 들은 교회가 수술비 전액을 지원하여 새 생명을 선물한 것을 계기로 시작되었다. 이후 수많은 심장병 환자들에게 심장병 수술을 통해 새 소망을 주었다. 해마다 120명 정도의 심장병 환자들에게 새 생명을 주었고 2000년대부터는 해외로 확대하여 중국, 베트남, 캄보디아, 몽골, 필리핀, 이라크, 말레이시아 등 제3세계 국가들의 환자들에게까지 심장병 수술을 지원하고 있으며 현재까지(2014년 2월) 4천 5백여 명의 심장병 환자들에게 새 생명을 주었다. 순복음새생명운동본부는 전

1984년 첫 무료시술을
받은 김영식 군

39) "소외된 이웃 있으면 어디든 간다," 〈순복음가족신문〉 2007년 6월 3일자, 9면.

새생명운동본부 몽골 심장병 환자 무료 검진

성도들의 자발적 참여로 모아지는 폐지와 우유팩, 헌옷 등을 수거, 분리하는 작업을 하는 남선교회 새생명실 및 사랑나눔실 등과 협력하여 지원 사업을 확대해 나갔다. 전인 구원의 복음을 전파하는 여의도순복음교회가 인간 삶의 토대인 사회의 발전과 성화에 기여하고 있다는 점에서 이러한 사역들은 신학적으로나 사회적으로 긍정적 평가를 얻고 있다.[40]

굿피플 외에도 여의도순복음교회는 다양한 측면에서 사회복지 활동을 통해 우리나라뿐 아니라 세계를 예수 그리스도의 사랑으로 섬기는 디아코니아를 실천하고 있다. 기독교대한하나님의성회 소속 여의도순복음교회는 이미 1980년대부터 "이웃의 고통과 함께하는 교회"로서 사회복지 활동을 활발히 펼쳐왔다.[41]

여의도순복음교회는 1982년 12월 14일 농어촌선교회 안에 '나누어 갖기 운동' 본부를 설립한 이래 적극적인 구제 사역을 실행해왔다. 나누어 갖기 운동은 일회적 행사의 구호 사업이 아니라 교회 차원에서 지속적, 장기적으로 실시하는 사회복지 사업으로서 도움이 필요한 이웃과 사회에 그리스도의 사랑을 전하는 선교

40) "순복음 새생명운동본부," 〈순복음가족신문〉 2006년 2월 26일자, 3면.
41) 50년사 편찬위원회, 『여의도순복음교회 50년사: 위대한 소명 희망목회 50년』, 181-92.

의 역할을 실행해 왔다. 1997년에 이르기까지 전 성도의 적극적인 참여로 32만여 점에 이르는 각종 물품이 수집되었고, 이 물품은 전국의 보육원, 양로원, 도서벽지, 빈민촌, 농어촌교회, 저소득 가정, 소록도 나환자 수용소 등지로 보급되었다.[42)]

여의도순복음교회는 1988년부터 예수 그리스도의 십자가 희생의 정신을 본받아 이웃의 생명과 영혼을 구하기 위한 '사랑의 헌혈 운동'을 매년 전개해 왔다. 이 헌혈 운동을 통해 전 교계와 사회에 이웃 사랑과 '더불어 사는 삶'의 중요성을 환기시켰다. 또한 1992년 9월 15일부터 '은혜의 빵 나누기 운동'을 벌여 가난하고 헐벗은 이웃들에게 그리스도의 사랑을 베푸는 일에 동참해 왔다. 은혜의 빵 나누기를 통해 모금된 기금으로 가난, 질병, 재난, 전쟁 등으로 인해 고통받는 제3세계 이웃들에게 이재민 긴급구호, 식량 지원, 구호 물품 지원, 앰뷸런스와 의약품 지원 등의 활동을 펼침으로써 예수님의 사랑을 전하고 있다. 또한 1992년 5월부터 어려운 이웃들에게 예수님의 사랑을 전하고자 폐지 및 의류 수집 운동을 전개하였고, 10월에는 총무국 주관 아래 '사랑나눔봉

사랑의 헌혈 운동

42) 50년사 편찬위원회, 『여의도순복음교회 50년사: 위대한 소명 희망목회 50년』, 181.

사회' 로 정식 발족되었다. 폐지 수집을 통해 모인 수익은 전액 심장병 환자 무료 수술 및 구제비로 기탁되었으며, 수집된 2톤 트럭 분량의 의류는 국내외 특수 교회 및 단체, 난민들에게 전달되었다. 1992년 앙골라 난민들에게, 1993년 파푸아뉴기니의 하나님의성회 교회 소속 특별 구호 기관에, 1994년 파라과이에, 1995년 우즈베키스탄과 몽골 등 세계 각지에 의류를 지원하였다. 1996년 4월부터는 규모가 확대되어 '사랑나눔실' 로 명칭을 변경하고 남선교회 관리 하에 지속적인 사역을 실행하고 있다.

기독교대한하나님의성회 여의도순복음교회는 1984년부터 국내외 난민 돕기 운동을 전개해 왔다. 1984년 9월 집중호우로 수재를 입은 이웃들을 위해 순복음실업인선교연합회를 통해 성금과 의류를 중앙재해대책협의회에 전했으며, 1985년에 1월에는 굶주림에 허덕이는 에티오피아 난민들을 위해 구호금을 전달했다. 1990년 7월에는 '사랑의 쌀 나누기 운동본부' 에 성미 100가마를 기증했고, 1991년 4월에는 몽골 울란바토르에 사랑의 쌀 1만 가마를 기부하는 등 국내외에 도움이 필요한 이웃들에게 사랑을 전달해 왔다.

또한 1987년 7월 경기도 군포시 산본동에 직업훈련원, 경로원, 생활관, 강당, 후생관, 교직원 아파트 등의 시설을 갖춘 엘림복지타운을 준공하고, 1988년 8월과 9월에 걸쳐 엘림직업전문학교를 설치, 개교하여 불우 청소년들에게 숙식을 제공하면서 기능훈련을 통해 사회의 건실한 일원으로 제 몫을 할 수 있도록 돕고 있다.

엘림직업전문학교는 1995년 3월 26일 서울특별시립 엘림직업전문학교로 명칭을 변경하여 1년 과정으로 자동차 정비, 가구 디자인, 섬유 공예, 미용, 전산 건축 설계 학과를 개설하고 학생을 모집하였다. 엘림직업전문학교는 입교생들에게 교육비와 기숙사비를 전액 무료로 제공하고 국가기술자격 기능사 2급을 취득하게 한 후 전원 취업을 시키고 있을 뿐만 아니라 전문대를 포함한 상급 학교 진학에 이르기까지 도움을 주는 전문 인력 배출의 터전이 되었다. 1988년 9월에 엘림경로원을 개원하여 무의탁 노인들의 노후 생활을 지원하였으며, 1997년 9월에는 엘림요양원을 개원하여 거동이 불편한 노인들을 위해 첨단 의료 시설과 쾌적한 환경을 갖춘 요양 서비스를 제공하고 있다. 뿐만 아니라 1994년 5월 엘림선교원을 개원하여 영유아를 대상으로 신앙 교육과 조기교육을 실시하고 있다. 2003년 4월에는 서울 영등포구 신길동의 재가 노인 복지시설인 노인단기보호센터를 서울시로부터 위탁받아 개원했다. 이 센터는 가족들이 돌볼 수 없는 심신 허약 및 장애를 가진 노인에게 의료 서비스를 비롯한 각종 후생 서비스를 일정 기간 제공하고 있다.

엘림복지타운

1995년 여의도순복음교회는 기독교환경운동선교회(CGM선교회)를 세워 환경 보호 및 공해 추방 등의 사회 활동 및 복음 전도에 힘썼다. 또한 1987년 12월부터 장애인연합선교회를 설립하여 장애인들의 신앙생활을 도왔는데, 1992년 7월 1일에는 장애인대교구로 확대 개편하여 장애인 및 그 가족들에게 전인구원의 복음을 전했다. 1995년부터는 '소망의 집' 을 통하여 장애인들의 재활을 지원하였으며, 1997년에 '사랑의 교실' 로 새롭게 개원하여 장애아동의 교육 및 사회 적응력 향상을 통한 자활을 돕고 있다.[43)]

여의도순복음교회는 2003년 3월 8일 순복음의료센터를 개원하여 웬만한 병원 못지않은 의료 장비를 갖추고 성도 및 외국인 노동자, 장애인, 농어촌 교회 및 무의촌 지역에 대한 의료봉사를 실시하고 있다. 나아가 선교사의 건강 검진 및 선교지의 의료봉사 활동까지 시행하고 있다. 또한 2004년부터 복지사업국 주관으로 사랑의 호스피스 자원봉사 활동을 전개하고 있다.[44)] 2006년 2월 22일에는 심장병 환자 수술 지원 사업을 보다 효과적으로 운영하기 위해 '순복음새생명운동본부' 를 발족하여 본격적인 활동에 들어갔다.[45)] 부천 세종병원, 인천 길병원, 세이브더칠드런(Save the Children), CBMC(기독실업인회)와 연합하여 국내외 지원 사업을 더욱 적극적으로 펼치고 있다. 2006년 4월에는 중국 단둥 지역의 심장병 어린이 17명을 3년에 걸쳐 지원하기로 결정하고 실행했다.

---

43) 50년사 편찬위원회, 『여의도순복음교회 50년사: 위대한 소명 희망목회 50년』, 242-43.

44) 50년사 편찬위원회, 『여의도순복음교회 50년사: 위대한 소명 희망목회 50년』, 346-47.

45) "순복음새생명 운동본부 출범," 〈순복음가족신문〉 2006년 2월 26일자, 3면.

2007년부터는 20억 원의 기금을 들여 제3세계 심장병 어린이 250여 명의 수술 지원을 단계적으로 실행하고 있다.[46)]

또한 2004년 8월 여의도순복음교회 프뉴마청년선교회 회원들이 춘천시 신북읍 천전리 '소망마을'에 대한 '사랑의 집짓기 운동'에 참여한 이래 2007년에는 '해비타트(Habitat for Humanity)' 국제 본부와 동아리 협약식을 맺기도 하였다.[47)] 이뿐 아니라 여의도순복음교회 사회사업선교회는 2004년 10월부터 독거노인이나 소년소녀가장의 주거 환경 개선을 위해 '사랑의 집수리 운동'을 전개하고 있다.[48)]

이와 같이 기하성 여의도순복음교회는 1980년대부터 적극적으로 전개하기 시작한 사회복지 및 사회봉사 활동을 1990년대와 2000년대에 들어와 더욱 다양하고 확장된 차원에서 시행하였다.

3. 복음 전도, 통일 및 북한 복음화를 위한 노력

1990년대에 들어 기독교대한하나님의성회는 교단 차원에서 북한

---

46) 50년사 편찬위원회, 『여의도순복음교회 50년사: 위대한 소명 희망목회 50년』, 351-52.

47) "청년국 해비타트 동아리 협약식 가져," 〈순복음가족신문〉 2007년 6월 24일자, 9면.

48) 50년사 편찬위원회, 『여의도순복음교회 50년사: 위대한 소명 희망목회 50년』, 352-55.

돕기를 더욱 적극적으로 실천했다. 1998년 개최된 제47차 정기총회에서는 기아에 허덕이며 고통당하는 북한 동포들의 아픔을 나누고 돕기 위해 전 교인 1인 1구좌 1만 원 헌금 운동에 교단 산하 전 교회가 참여하기로 결의하였다. 290개의 교회가 참석하여 1997년부터 1998년까지 약 1년간 헌금 운동을 실시한 결과 헌금 3천 687만 6,760원이 모였다. 교단은 이 헌금을 NCCK를 통해 북한 동포들에게 송금하였다. 2007년 6월 19일 열린 제56차 제1회 정기실행위원회에서는 교단 차원에서 북한 선교를 위한 창구를 설치한다는 취지로 북한 선교위원회를 신설하고, 순복음의정부교회의 박종선 목사를 위원장으로 선임하였다.[49]

교단화합·농촌교회 지원 역점

하나님성회 총회, 권문집총회장 선출

제47차 정기총회 기사

2003년 창립 50주년을 맞이하게 된 교단은 기독교대한하나님의성회의 희년을 선포하고 희년의 기쁨을 교단 및 사회와 함께 나누기로 결정하였다. 2002년 3월부터 2003년 5월 2003기하성희년대성회를 개최하기까지 희년 대회 본부를 설치하고 대성회를 준비하였다. 2003년 상암동 서울월드컵경기장에서 개최된 기하성 희년대성회는 오순절 성령 운동의 확산과 지속적인 선교, 교단 발전을 다짐하는 계기가 되었다. 이 성회에서 기하성은 한국 기독교

49) "기하성 제1회 정기실행위 열어," 〈순복음가족신문〉 2007년 6월 24일자, 3면.

의 연합과 일치, 오순절 성령 운동을 통한 남북한 통일 및 민족 복음화, 세계 선교 등을 다짐했다.[50)]

2003기하성희년대성회

기독교대한하나님의성회는 국내 전도와 복음화 사역을 지속적으로 펼쳐왔다. 기독교대한하나님의성회 총회 교회개척국은 효과적이고 성공적인 교회 개척을 위해 재정적인 지원만이 아니라 개척자의 자질을 높이는 훈련을 함께 실시해 오고 있다. 매년 '교회개척학교'를 열어 개척 대상자들을 위해 교회 개척을 위한 정보 및 전략을 교육하며 '교회 개척의 날 및 개척 목회자 세미나'를 열어 이미 개척한 목회자들과 개척 정보를 나누고 교류하는 기회를 제공하고 있다.[51)] 이를 위해 교회성장연구소 주최로 CGLA(Church Growth Leadership Academy) 교육을 실시하여 교회 성장에 대한 기초적이고 체계적인 이론을 습득하게 하고, 성장하는 교회

50) 기독교대한하나님의성회, "총무보고: 2003기하성희년대회 보고서," 『제52차 정기총회 보고서 및 의사 자료』(서울: 기독교대한하나님의성회, 2003), 208-9.
51) 2013년 12월 현재 제17기 교회개척학교, 제10회 교회 개척의 날 및 개척목회자 세미나 개최.

현장을 탐방하고, 주제별 워크숍을 통해 참석자들 간에 긴밀한 교류 및 지속적인 네트워크를 형성하도록 했다. 또한 지속적으로 진행되고 있는 여의도순복음교회 교회개척학교에 위탁 교육을 통해 보다 전문적으로 교회 개척에 대한 준비를 갖추도록 돕기로 결의했다. 나아가 교회 개척 후보지에 관한 정보 및 자료 제공, 상담, 목회자 자가 컨설팅 세미나까지 제공하기로 하였다. 총회 교회개척국은 2001년 현재 52개 교회에 대해 개척 지원금 57억 4백만 원을 지원하였다. 또한 2002년부터 2003년까지 제51차 사업 계획을 세우고 교단 소속으로 개척하는 모든 교회가 성공적으로 개척하고 자립 성장하도록 지원하는 사업을 수행하였다.[52)]

교회 개척의 날

기독교대한하나님의성회 여의도순복음교회는 1993년 교무국 내에 '국내선교부' 를 신설하고 여의도순복음교회 출신 목회자들의 개척 지원을 시작했다. '국내선교부' 는 개척 희망자들을 위해 개척지를 물색하고 현지 상황을 사전 답사하며, 개척 교회를 위한 부흥회를 여는 등 개척 교회의 정착을 지원하였다. 이후 '개척지원부' 로 명칭을 변경하고 개척 교회를 위한 지속적인 지원 사역을 행하였다. 1999년 9월까지 여의도순복음교회 출신 목회자들을

52) 기독교대한하나님의성회, "각국 보고: 교회 개척 지원국," 『제51차 정기총회 보고서 및 의사자료』, 284-88.

통해 57개 교회가 세워졌다.[53] 개척지원부는 1999년 12월 1일부터 다시 '교회개척국'으로 개편되어 5백 교회, 5천 교회 개척을 목표로 교회 개척에 힘을 기울였다. 이는 일차적으로 남한에 500교회를 세우고, 통일 이후 북한 교회 재건을 통해 5천 교회로 확대한다는 비전 아래 계획되었다. 교회개척국과 순복음실업인선교연합회 산하 국내선교회들의 적극적인 협력 가운데 교회 개척은 매년 증가하였다. 2002년 말 현재 여의도순복음교회 지원 교회 개척은 213개 교회였다.[54]

교회개척국은 개척 지원팀, 교육 훈련팀, 행정팀으로 나누어 팀별로 개척 지원 업무를 수행했다. 개척 지원팀은 교회개척학교를 수료한 개척 지원자들을 위해 전국 500여 곳의 개척 후보 지역을 답사하고 선정하여 데이터베이스로 축적한 후 개척 지원자들의 개척지 확정을 도왔다. 교육 훈련팀은 교회개척학교를 통해 교회 개척 전반에 관한 지식과 전략을 준비하도록 지원했다. 행정팀은 실제적으로 교회 개척 지원금 지급 및 각종 행정 처리를 도왔다. 2004년 271개 교회 개척을 이루었고, 2006년에는 300개 교회 개척, 2007년에는 346개 교회 개척을 이루어 나갔다.[55]

---

53) 50년사 편찬위원회, 『여의도순복음교회 50년사: 위대한 소명 희망목회 50년』, 226.
54) 50년사 편찬위원회, 『여의도순복음교회 50년사: 위대한 소명 희망목회 50년』, 291.
55) 50년사 편찬위원회, 『여의도순복음교회 50년사: 위대한 소명 희망목회 50년』, 292.

교회개척국은 500교회 개척 목표를 이루기 위해 2000년 1월부터 교회개척학교[56]를 운영해 오고 있다. 2000년 1월 11일부터 3월 28일까지의 제1기 교회개척학교에서 48명의 수료생을 시작으로 2007년에 이르기까지 400여 명의 개척 교육 수료자를 냈다. 교육 내용은 크게 목회 및 교회 운영, 교회 개척 실무, 개척 교회 탐방의 세 분야로서 개척 지원 목회자들에게 교회 개척의 원리와 전략, 노하우 등을 훈련하여 성공적인 개척을 할 수 있도록 지원하는 데 초점을 맞추고 있다. 개척학교 수료자에게는 여의도순복음교회의 규정에 의해 일정 금액의 개척 지원금을 지원하고 있다. 나아가 2002년 12월부터 '교회 개척의 날' 행사를 매년 개최하여 개척 교회 목회자들을 격려하고 세미나 및 성령 대망회, 개척 교회 목회자들 사이의 지역별 네트워크 형성 등을 통하여 개척 이후에도 지속적인 동기 부여를 하고 있다.[57]

---

56) 2013년 2월 17일에 14명이 제17기 교회개척학교를 수료했고, 11월 12일 제18기 교회개척학교 교육이 실시되었다. 2013년 12월 22일 현재, 2000년 개척학교 이전에는 여의도순복음교회 출신 목회자 71명이 교회 개척을 했다면, 2000년 개척학교 교육 이후 2013년 12월 22일 현재까지 여의도순복음교회 출신 335명, 타 교회 출신 98명, 타 교단 출신 22명 도합 455명이 교회 개척을 실행하였다. 성별로는 남자 목회자가 339개 교회를, 여자 목회자가 116개 교회를 개척하였다. 지역별로는 경기도가 208개 처소로 가장 많았고, 인천 44개처, 충청남도 43개처, 대전 32개처, 강원도와 충청북도가 각각 24개 처소이며 서울은 1개처, 울산은 2개처로 나타났다. 교회개척실 자료, "교회개척실 사역 연혁 및 교회 개척학교 수료 및 개척 현황, 개척자 분류, 지역별 교회분포 현황"

57) 50년사 편찬위원회, 『여의도순복음교회 50년사: 위대한 소명 희망목회 50년』, 292-93.

기독교대한하나님의성회 여의도순복음교회는 1994년부터 전국 각지의 농어촌 미자립 교회들을 초교파적으로 후원해 오고 있다. 농어촌미자립 교회지원분과위원회를 통해 지원 요청이 들어올 경우 해당 교회를 직접 방문하여 조사한 후, 지원금을 전달하고 있다. 뿐만 아니라 2002년부터 농어촌 목회자를 초청하여 세미나를 개최함으로써 교회 성장의 원리 및 성공 사례의 발표 등을 통해 농어촌 목회자들을 격려하고 있고, 2005년부터는 자비량 전도대를 조직하여 미자립 교회들을 찾아가 전도와 일일부흥회를 개최하는 등 교회 부흥을 적극 지원하고 있다.[58)]

기독교대한하나님의성회 여의도순복음교회는 남한 교회가 통일을 대비하여 북한 복음화에 관심을 가지고 적극적으로 나서자는 취지로 2006년 3월 '북한 인권 강좌'를 열었다. 북한 인권 강좌는 북한을 제대로 알고 구체적으로 기도해야 한다는 취지로 개최되었다.[59)] 이 강좌는 북한의 현 체제의 성격, 인권 탄압의 실상, 북한 선교의 필요성 등을 큰 주제로 하여 강의가 진행되었다. 강좌에서는 북한 체제의 개관 및 인권 말살 정책, 정치범 수용소의

---

58) 50년사 편찬위원회, 『여의도순복음교회 50년사: 위대한 소명 희망목회 50년』, 294.

59) 강사로는 관동대 북한학과 교수인 박완신 교수, 한기총 통일 선교 정책 부위원장인 최경일 목사, 한기총 통일정책전문위원 권석철 장로, 전 인민군 호위사령부 소좌 출신 주순영 성도, 북한민주화운동본부 상임위원 김영순 성도가 초청되었다. "북한, 제대로 알고 복음 전하자," 〈순복음가족신문〉 2006년 2월 26일자, 3면.

실태, 북한 지하 교회 실상 등이 제시되었다.60)

4. 교회 협력 및 일치 활동

기독교대한하나님의성회는 1990년대에 들어 NCCK 가입과 더불어 국내적, 국외적 차원에서 교회 협력을 확대하고 사회봉사 및 선교 활동을 추진해 나갔다. 1997년 9월 24일부터 28일까지 제2회 세계하나님의성회 브라질대회가 브라질 상파울루에서 열렸다. 교단 대표들은 또한 10월에 일본 하나님의성회 교단을 방문하고, 12월에는 필리핀 선교부 정기총회에 참석하여 교단 간 상호 교류와 복음 전도를 위한 협력을 논의하였다.61) 교단 총무 백종선 목사와 NCCK 국제위원 강영만 목사는 1998년 12월 3일부터 28일까지 아프리카 짐바브웨 하라레에서 개최된 제8차 WCC 정기 총회에 공식 초청을 받아 참석하였다.62)

1999년에 기독교대한하나님의성회는 한국 사회에 복음 운동, 사랑 실천 운동을 범교단적으로 전개하기 위해 한기총, NCCK, 한국기독교북한동포후원연합회 등과의 연대를 강화했다. 또한 CBS

---

60) "북한, 제대로 알고 복음 전하자," 〈순복음가족신문〉 2006년 2월 26일자, 3면.
61) 기독교대한하나님의성회 총회본부, "총무보고: 해외관련," 『기하성 제47차 정기총회 보고서 및 의사자료』, 129.
62) 기독교대한하나님의성회 총회본부, 『기하성 제48차 정기총회 보고서 및 의사자료』 (서울: 기독교대한하나님의성회, 1999), 207, 223.

방송을 통해 '1천만 사이버 인간 띠 잇기' 대회와 '새천년 평화와 통일을 위한 공동 기도주간' 행사에 참여하였다. 그 밖에 단군 상 건립 반대를 위한 기독교대책위원회에 참석했으며, NCCK와 단군 상 문제 대책을 위해 협력하고 청년 선교를 위한 대책 회의를 가졌다.[63] 나아가 NCCK 및 한기총의 21세기 특별선교전략위원회 회의, 세계선교협의회 정책 협의회 및 21세기 선교 정책 개발을 위한 세미나에 참여하는 등 한국 교회의 세계 선교 사역에 범교단적으로 협력하였다.[64]

세계하나님의성회연합회는 전 세계 하나님의성회 성도들이 모이는 축제로서, 1994년 9월 여의도 광장에서 1백만 명이 모인 제1차 대회를 시작으로 매 4년마다 열리게 되었다. 제4차 대회는 세계적인 찬양 사역자로 유명한 브라이언 휴스턴 목사가 시무하는 호주 시드니 힐송 교회에서 개최되었다. 이 대회에 기독교대한하나님의성회의 목회자가 다수 참여하여 기독교대한하나님의성회를 알리고 그 국제적 위상을 제고하는 활동을 펼쳤다.[65] 이 밖에도 기독교대한하나님의성회의 회원들은 환태평양권 하나님의성회 교단 선교부들의 선교 컨설팅 및 전략 회의인 AGAMA 및 한

63) 기독교대한하나님의성회, "총무보고: 교계관련," 『기하성 제49차 정기총회 보고서 및 의사자료』(서울: 기독교대한하나님의성회, 2000), 228-33.
64) 기독교대한하나님의성회, "총무보고: 총회 선교국," 『기하성 제48차 정기총회 보고서 및 의사자료』, 224.
65) 기독교대한하나님의성회 총회본부, "각국 보고: 총회 선교국," 『제54차 정기총회 보고서 및 의사자료』(서울: 기독교대한하나님의성회, 2005년), 230.

국 세계선교협회의 주요 전략 회의, NCCK, 한기총 세계선교회원회, 선교 한국 등 여러 공식 기구들과 선교 단체들의 사역에 적극적으로 참여하는 등 여러 교단과 활발한 협력 활동을 펼쳤다.[66)]

또한 2006년 4월 25일부터 29일까지 미국 로스앤젤레스 컨벤션 센터와 각 교회에서 열렸던 '아주사 거리 부흥 운동 100주년 기념대회'에 기독교대한하나님의성회 교단 임원 및 다수의 회원들이 참석하였다. 아주사 거리 부흥 운동 100주년 기념대회는 조용기 목사(여의도순복음교회), 프레드릭 프라이스(Frederick K. C. Price, 크랜쇼 크리스천 센터), 찰스 블레이크(Charles E. Blake, 웨스트 엔젤레스), 짐 리브(Jim Reeve, 페이스 커뮤니티 교회), 잭 해이포드(Jack Hayford) 목사 등이 주강사로 "성령과 함께 교회 부흥을 열자"는 표어 아래 열렸다.[67)]

아주사 100주년 기념대회에서 설교하는 조용기 목사

103개국 40만 명이 모인 아주사 100주년 기념대회

66) 기독교대한하나님의성회 총회본부, "각국 보고: 총회 선교국,"『제54차 정기총회 보고서 및 의사자료』, 234.

76) 총회본부, "각국 보고: 총회 선교국,"『제55차 정기총회 보고서 및 의사자료』, 205.

5. 해외 선교 사업 지원

기독교대한하나님의성회 여의도순복음교회는 1990년대부터 그동안 미국 또는 유럽 중심으로 진행하던 선교 사역을 제3세계로 전환하였다. 여의도순복음교회는 1976년 북미에 선교연합회를 구성하고 한인 목회 중심으로 선교를 시행해 왔다. 그러나 1992년 조용기 목사가 세계하나님의성회연합회 총재로 피선되고, 1993년 제20회 세계선교대회를 기점으로 해외 한인 동포 중심 목회에서 제3세계 원주민 선교로 방향을 전환하게 된 것이다.[68)] 이를 위해 선교 신학과 정책 수립, 선교 훈련 및 교육, 선교의 정보화 및 문서 작업을 추진하였다.

여의도순복음교회는 1994년 1월에 '순복음세계선교학교'를 설립하여 3월부터 순복음 영성 훈련, 언어 훈련, 선교 신학 정립, 타 문화 사역 훈련, 선교 현장 실습훈련 등을 통해 제3세계 원주민 선교를 위한 전문 선교사를 훈련하고 양성하기 시작했다. 또한 1990년대 전 세계적으로 선교의 장벽이 높아지고 있는 현실을 감안하여, 1992년 우즈베키스탄(중앙아시아신학교), 1993년 카자흐스탄(엘림순복음신학교), 볼리비아(볼리비아순복음신학교), 아르헨티나(아르

---

68) 50년사 편찬위원회, 『여의도순복음교회 50년사: 위대한 소명 희망목회 50년』, 196.

세계선교대회에 참석한 선교사들

세계선교대회 개막

헨티나신학교), 파라과이(순복음파라과이신학교), 1994년 케냐(조용기선교센터), 1997년 일본(순복음신학대학교), 인도네시아(순복음신학교), 대만(순복음신학원) 등에 신학교를 세우고 원주민 목회자를 양성하기 시작했다. 또한 1975년 제1회 세계선교대회를 시작으로 해마다 개최되고 있는 세계선교대회가 한인 목회 사역을 감당하는 선교사 중심으로 진행되었다면 1993년 세계선교대회부터는 원주민 선교 사역을 펼치는 선교사들을 대상으로 하는 행사로 개최되었다.[69]

기하성 여의도순복음교회는 2000년대로 들어오면서 세계 선교의 영역을 더욱 확장하게 되었다. 1989년 여의도순복음교회 대학선교회와 대학선교회 졸업생들의 모임인 코이노니아선교회를 중심으로 선교의 비전을 품고 기도하던 청년들의 기도 모임이 1990년부터 '월드미션' 단기선교의 시작을 낳게 되었다. 1990년 7월 3개국에 5개 팀 75명이 해외 단기 선교를 행한 것을 시작으로,

69) 50년사 편찬위원회, 『여의도순복음교회 50년사: 위대한 소명 희망목회 50년』, 198-99.

해마다 규모가 늘어나 2007년에는 35개국에 82개 팀, 1천 1백 명이 월드미션 단기 선교를 행하였다. 또한 싱가포르, 인도, 동남아시아, 오세아니아, 아프리카, 중국, 구 소련 지역, 남미, 일본, 대만, 중동 지역, 솔로몬 군도에 이르기까지 전 세계에 조용기 목사의 선교 대성회 및 이들 지역에 대한 선교회들의 선교 사역이 활발하게 진행되었다.[70)]

월드미션 파송식

여의도순복음교회는 선교를 교회의 가장 중요한 사명으로 인식하고 복음 전도와 해외 선교에 열심을 기울여 왔다. 1971년 12월 박여호수아 장로를 평신도 선교사로 파송하여 미국 샌프란시스코에 해외 이민 교회를 개척한 것을 시초로, 1975년 4월 1일 순복음세계선교회를 설립하면서 본격적인 선교사 파송을 시작하였다. 1976년 3월 5일에는 미국 나성순복음교회에서 조용기 목사가 참석한 가운데 16명의 선교사가 모여 '순복음북미연합회'를 결성하였다. 이를 필두로 1976년에는 '순복음구주연합회'가 설립되고 곳곳에 순복음 선교사들이 파송되어 복음을 전하였다. 2007년에 이르러 여의도순복음교회는 전 세계 55개국에 641명의 선교사가

70) 50년사 편찬위원회, 『여의도순복음교회 50년사: 위대한 소명 희망목회 50년』, 248-57.

775교회를 개척하고 있었다.[71)]

이외에도 여의도순복음교회는 1997년 5월 20일 정보통신선교회를 창립하고, 1997년 6월 29일 여의도순복음교회 홈페이지(http://yfgc.fgtv.com)을 개설하여 국내는 물론 해외의 회교권, 불교권, 공산권 등 복음 전도와 선교사 파송이 어려운 지역에 인터넷을 통해 복음에 접할 수 있는 기회를 제공하고 있다. 또한 1996년 7월 28일부터는 위성방송을 시작하여 여의도순복음교회의 지성전 및 개척 교회, 지방 교회, 일본과 아시아 지역의 교회 및 북한 지역에까지 복음을 전하고 있다.[72)]

1999년 기독교대한하나님의성회 제48차 정기총회에서는 총회 선교국을 기독교대한하나님의성회 해외선교부로 독립시키고 제48차 총회 수입 예산의 10퍼센트를 해외 선교부 매월 예산으로 책정하는 내용이 청원되었다. 이는 해외 선교사 수의 증가와 선교 행정 확대에 대비하고 선교사들의 사역을 보다 체계적으로 지원

---

71) 50년사 편찬위원회, 『여의도순복음교회 50년사: 위대한 소명 희망목회 50년』, 258. 2007년 9월 당시, 기하성 여의도순복음교회 산하 해외 선교지 총회는 남미 총회, 유럽 총회(동구권), 아프리카 총회, 아세안 총회, 중국 총회, 북미 총회, 유럽 총회(대륙 및 북구), 아시아 총회, 오세아니아 총회 등이 있었으며, 55개국 638선교사 772교회 8만6천여 성도를 포함하고 있었다. 2013년 12월까지 여의도순복음교회는 63개국에 682명의 선교사가 1,152교회를 개척했다. 선교국 자료, "선교국 역대 교세현황 및 선교대회 일정".

72) 50년사 편찬위원회, 『여의도순복음교회 50년사: 위대한 소명 희망목회 50년』, 234-36.

하기 위한 조치였다.[73] 제48차 총회 선교국 연간 사역 방향은 국내 교회와 총회 차원의 행정력을 최대한 선교 현장에 투입하여 현장 선교 역량을 강화하고, 6개 해외 지역 지회의 역할과 임무를 강화하여 조직화된 선교 정책, 효율적 협력을 추구하며, 21세기 사역 전략의 일환으로 미전도 종족 복음화를 향한 전문 인력을 발굴, 육성시킨다는 것이었다.[74]

2003년 기독교대한하나님의성회 제51차 선교국 분야별 사역 계획에는 10/40창 지역권 미전도 종족에 선교사를 파송하고, 중국 내륙 소수 민족 전담 사역자 파송, 이슬람권 사역자 파송을 위한 계획 및 후원 전략이 포함되었다. 교단에서는 '2003희년성회'를 맞이하여 해외 선교사 대회를 개최하고 선교 동원 및 전략 세미나를 가질 것을 계획하였다. 특히 지방회와 신학교별 선교 현장 연결 프로그램을 활성화하여 지방회 및 교회 차원의 선교 후원 활성화를 꾀하기로 결정하였다. 또한 지역 교회 차원에서 '1교회 1선교사 가정 국제 의료보험 들어 주기 운동'을 전개하기로 결정

73) 특히 제47차 정기총회에서 인준된 해외 지회 설립안에 의해 전 세계 선교대상 지역을 6개의 광역권으로 묶어 해외 선교 사역을 펼치며, 그에 따라 소속 선교사들을 보다 체계적으로 후원하기로 하였다. 7개 해외 지회는 동아시아 지회(마원석 선교사), 중앙아시아 지회(이호선 선교사), 유럽 지회(오형석 선교사), 아프리카 지회(임태순 선교사), 오세아니아 지회(박노영 선교사), 아메리카 지회(김성길 선교사), 필리핀 국가 지회(이민수 선교사)로서, 이들 지회들은 총 13명의 임원(총대)을 가지게 되었다. 기독교대한하나님의성회 총회본부, "총무보고: 총회 선교국,"『기하성 제48차 정기총회 보고서 및 의사자료』, 222.

74) 기독교대한하나님의성회 총회본부, "총무보고: 총회 선교국,"『기하성 제48차 정기총회 보고서 및 의사자료』, 225.

하였다. 나아가 희년 성회와 발맞추어 '해외선교백서' 발간을 추진하고 이로써 1980년대부터 본격화된 해외 선교의 발자취를 정리하며, 21세기 선교 전략을 소개하기로 하였다.[75)]

2003년 5월 1일부터 2004년 4월 30일까지의 제52차 회계 연도 기독교대한하나님의성회 총회 선교국 보고에 따르면 총회 선교국에서는 44개 국가에 240명의 선교사를 파송하였고, 순복음세계선교회(여의도)는 55개 국가에 114명의 선교사를, 기독교대한하나님의성회 세계선교회(대조동)는 17개 국가에 29명의 선교사를 파송하였다.[76)] 제53차 회계 연도 기독교대한하나님의성회 총회 선교국 사업 보고에 따르면 기독교대한하나님의성회 교단은 116개 국가에 387명의 선교사를 파송하였다.[77)] 2005년 기독교대한하나님의성회 제54차 정기총회 연간 사역 방향 보고에서, 총회 선교국은 주요 사역 정책을 다음과 같이 정하였다. 해외 선교의 보다 효과적인 실현을 위해 해외 지회 조직의 활성화 및 행정 역량을 극대화시키는 데 주력할 것, 현장 선교사들의 복지 후원을 위한 정책 실현에 총력을 기할 것, 해외 선교사 양성을 위한 프로그램의 효율성을 높이기 위해 양질의 선교사 양성 기틀을 마련할 것

75) 기독교대한하나님의성회 총회본부, "각국 보고: 총회 선교국," 『제51차 정기총회 보고서 및 의사자료』, 266-67.
76) 기독교대한하나님의성회 총회본부, "각국 보고: 총회 선교국," 『제53차 정기총회 보고서 및 의사자료』, 246-55.
77) 기독교대한하나님의성회 총회본부, "각국 보고: 총회 선교국," 『제54차 정기총회 보고서 및 의사자료』, 219.

등이다. 특히 원주민 선교, 미전도 종족 선교와 정탐 선교사로 주력할 수 있는 선교사의 육성을 위해 오순절 세계선교훈련원을 가동시킬 것을 결성하였다.[78)]

2005년 11월 21일부터 24일까지 필리핀 앙겔레스 폰타나 지역에서 필리핀 선교지회 회장 오상훈 목사 등 36명의 선교사들과 기독교대한하나님의성회 총회장과 선교국장이 참석한 가운데 필리핀 선교지회 제15차 정기총회가 개최되었다. 이 총회에서 참석자들은 매년 발전하는 세계 선교의 행정적 조직화와 의료 보험 지원, 비자 관련 업무 및 선교사 단합과 영적 성장을 도모하는 뜻깊은 시간을 가졌다. 또한 미국 하나님의성회가 지원하는 APTS신학교(Asia Pacific Theological Seminary) 측에서 기독교대한하나님의성회 총회 파송 선교사를 위한 선교 체험 및 선교사 양성 프로그램을 위탁 교육 체제로 운영하기로 합의하였다.[79)] 2005년 8월 16일부터 18일까지 일본 하나님의성회 교단의 임원들이 기독교대한하나님의성회 총회 및 여의도순복음교회를 비롯한 소속 대형 교회를 방문하고 일본 선교를 위해 다짐하는 계기를 가졌다. 양국의 교단 대표는 "한·일 하나님의성회 교단의 만남의 장"을 정기적으로 마련하여 선교 자료 제공, 양 교단의 협력과 교류, 연 1회 상

78) 기독교대한하나님의성회 총회본부, "각국 보고: 총회 선교국,"『제54차 정기총회 보고서 및 의사자료』, 233.

79) 기독교대한하나님의성회 총회본부, "각국 보고: 총회 선교국,"『제55차 정기총회 보고서 및 의사자료』, 203.

호 방문 등을 통해 친밀한 관계를 이어가기로 결의하였다.80)

2005년 10월 31일부터 11월 3일까지 기독교대한하나님의성회 총회장 및 선교국장 등이 홍콩 벧엘순복음교회를 방문하여 선교지를 답사하고 앞으로 교단과 협력 체제하에 국제 신학교를 설립할 것을 논의하였다. 교단 임원들은 또한 2006년 3월 13일부터 15일까지 중국 상하이 지역 선교지를 방문하여 중국 선교 실태를 파악하고 점검하였다.81)

2007년 5월 14일부터 17일까지 총회 선교국은 충북 제천 순복음총회신학대학원에서 제1회 기독교대한하나님의성회 총회 세계선교대회(World Mission Korea 2007)를 개최하였다. "일어나라, 세계 선교의 선두주자가 되자!"라는 표어를 가지고 개최된 이 선교대회에는 전 세계 50여 개국에 파송되어 있는 기독교대한하나님의성회 총회 파송 해외 선교사들이 참석하여 해외 선교사 환영의 밤, 선교 보고대회, 체육 대회, 문화 관광, 캠프파이어 등 다양한 행사와 함께 축제의 장을 마련하였다.82)

2006년 7월에는 말레이시아 현지 교회 창립예배가 드려졌다. 2007년 3월 8일부터 10일까지 기독교대한하나님의성회 임원들은

---

80) 기독교대한하나님의성회 총회본부, "각국 보고: 총회 선교국," 『제55차 정기총회 보고서 및 의사자료』, 203.
81) 기독교대한하나님의성회 총회본부, "각국 보고: 총회 선교국," 『제55차 정기총회 보고서 및 의사자료』, 203.
82) 기독교대한하나님의성회 총회본부, "각국 보고: 총회 선교국," 『제56차 정기총회 보고서 및 의사자료』, 222.

산하 중국 선교지회를 구성하고 방문하였다. 광동, 남경 등 중국 각지에서 활발히 활동하고 있는 선교사들이 모여 중국 지회를 결성하고 지회장, 총무, 지부장을 뽑고, 선교사 상호 연락 등에 대해 논의하였다. 또한 총회 선교국은 2007년 3월 20일부터 27일까지 독일 선교 현장을 방문하고 독일 선교지회를 구성, 지회장을 세우고 유럽 지부 관련 선교 정책을 수립하였다. 또한 독일 다름슈타트 하나님의성회와 총회 직속 신학교, 선교 현장을 방문하여 선교사를 위로하고 특히 한국 선교국과의 전략적 선교 협력에 대한 다양한 정보를 교환하였다. 선교지회가 설립됨으로써 향후 효율적인 관리와 보호, 활발한 정보 교환 등을 통해 독일 선교의 부흥을 기대하게 되었다.[83)]

83) 기독교대한하나님의성회 총회본부, "각국 보고: 총회 선교국," 『제56차 정기총회 보고서 및 의사자료』, 221-22.

III

기독교대한하나님의성회(여의도순복음)의 지속적 성령 운동과 사회적 성화의 실천(2008-2013년 현재)

1. 기독교대한하나님의성회(여의도순복음)의 독자적 출범과 발전

(1) 창립총회에 이른 과정

2009년 이후 2013년 현재까지 교단은 기독교대한하나님의성회(여의도순복음), 기독교대한하나님의성회(서대문), 그리고 예수교대한하나님의성회의 세 교단이 통합을 이루지 못한 채로 운영되고 있다. 이러한 결과에 이른 과정은 다음과 같다. 2007년 대통합 선언대회 이후 2008년 3월 31일 제10차 통합특별위원회의 겸 제8차 헌법위원회 회의에서 헌법 개정안을 마지막으로 심의하고 만장일치로 가결하였다. 같은 해 5월 19일부터 20일까지 이천순복음교회에서 열렸던 제57차 정기총회에서는 대통합을 위한 마지막 회무를 처리하기로 하였으나 일부 총대원들이 통합특별위원회에서 가결한 109조 특별법[84]에 반대하였다. 그러한 가운데 5월 20일 여의도순복음교회에서 열린 행정총회는 개정 헌법을 공포하였다. 이후 2008년 10월 6일 기독교대한하나님의성회 2008년 성총회 및 임시총회가 여의도순복음교회 대성전에서 열려 교단 헌법 개정 및 2007년 10월 통합선언대회 추인을 만장일치로 결의하였다. 2008년 기독교대한하나님의성회 성총회는 전국 66개 지방회 교역자 및 장로 4천 2백여 명이 참석한 가운데 열렸으며, 오순절 성령 운동의 확산을 결의하였다. 또한 통합총회 이후 회원

기독교대한하나님의성회 2008 성총회 및 임시총회

84) 109조 특별법: 예수교대한하나님의성회의 조용목 목사를 임기 3년의 통합 기독교대한하나님의성회의 '대표총회장'으로 추대하고, 1년 임기의 총회장 등 여타 임원진의 임면권을 비롯한 전권을 부여한다. 또한 '최고운영이사회'를 두어 총회 운영에 관한 제반 정책을 수립, 결정하고, 통합특별위원회의 해체 이후에는 당연직 이사 외의 이사를 대표총회장이 임명하도록 규정한다. 통합 측에서는 '통합 자체에 반대하는 것은 아니다' 라는 뜻을 밝히면서도 한 사람에게 전권을 부여하는 특별법에 대해 강한 거부감을 표시하고, 특별법을 통합 교단의 운영 체제로 삼을 것이 아니라 먼저 '헌법'을 만들고 이 헌법의 시행세칙에 특별법 시행 기간을 3년이 아닌 1년으로 정할 것을 주장하였다. "특별법 둘러싸고 충돌, 통합총회 개회 불투명," 〈기독교신문〉, 2008년 4월 16일자. http://www.gidoknews.kr/bbs/board.php?bo_table=a03&wr_id=5516&page=381; 이 특별법을 둘러싼 기하성 통합 측과 예하성 측의 입장이 서로 강경하여 일치점을 찾지 못하였고, 기하성 통합 측과 수호 측은 교단 통합 무산을 선언하였다. "특별법으로 인해 교단 통합무산 선언," 〈GODpia 뉴스〉, 2008년 8월 6일자. http://news.godpia.com/sub_con.asp?db _idx=32747&division=a001.

들 간 상호 교류가 활발히 이루어졌다.[85)]

이후 2009년 4월 2일 은혜와진리교회 수양관에서 개최된 제58차 정기총회에서는 여의도순복음교회를 지역 총회로 인정하는 법이 공포되었다. 그러나 여의도 지역 총회는 대의원 전체의 뜻을 따라 2009년 5월 19일 여의도순복음교회 예루살렘성전에서 독립적인 기독교대한하나님의성회(여의도순복음) 총회를 창립하고 새로운 헌법을 제정, 공포하게 되었다.[86)] 여의도순복음교회를 비롯하여 제자 교회들은 창립총회에서 기독교대한하나님의성회(여의도순복음) 총회의 독자적 출발을 선언하고 교단의 완전 통합을 위해 전력할 것을 결의하였다. 여의도순복음교회 당회장인 이영훈 목사는 총회 헌법 제82조 제2항을 따라 기독교대한하나님의성회(여의도순복음) 총회장으로 취임하였다.

여의도순복음 총회의 독자적 출범은 2007년 통합 선포 후 특별법을 둘러싼 이견으로 인한 논쟁과 소송으로 혼란하게 된 상황을 정리하고, 교단의 원래의 목적인 성령 운동에 집중하기 위한 조처였다. 이에 따라 창립총회에 참석한 총대원들은 주님의 지상명령인 복음 전파에 순종하여 민족 복음화와 세계 복음화를 이루는 일에 전력하고 예수님의 사랑의 실천을 통하여 세상을 섬기겠

---

85) "기독교대한하나님의성회 2008 성총회 및 임시총회 열려," 〈순복음가족신문〉 2008년 10월 12일자, 1면.

86) "기독교대한하나님의성회(여의도순복음) 총회 연혁," http://www.agk.or.kr/a1/a1_03.asp.

다는 각오를 재확인하였다.

이 자리에서 총회장 이영훈 목사는 기독교대한하나님의성회(여의도순복음) 총회가 예수 그리스도의 십자가를 널리 전파하고 특별히 조용기 여의도순복음교회 원로목사의 51년 사역을 계승하여 성령 사역에 힘쓰며 모든 교단과 교계에 본이 되는 총회가 되도록 힘쓸 것임을 밝혔다. 조용기 원로목사는 "이영훈 목사를 중심으로 여의도순복음교회에 강력한 성령 운동이 일어나 제2의 부흥을 맞고 있는 것과 제자 교회 담임 목사 인준과 독립 절차가 순조롭게 이루어진 것을 하나님께 감사"하고 기독교대한하나님의성회(여의도순복음)가 국내 복음화와 세계 선교에 진력하기를 당부하였다.[87)]

(2) 하나 됨을 위한 계속적인 노력과 제자 교회들의 독립

오랜 진통 끝에 교단의 완전 통합이 실현되지는 못했으나 화합과 하나 됨을 위한 노력은 결코 중단되지 않았다. 일례로 2010년 9월 13일에는 '기독교대한하나님의성회 교단 발전과 회복을 위한 특별기도회'가 개최되었다. 기독교대한하나님의성회 여의도순복음 총회(총회장 이영훈 목사)의 주최로 기독교대한하나님의성회 서대문 총회(총회장 박성배 목사)와 기독교대한하나님의성회 통합 총회(총회장 최성규 목사)가 하나가 되어 교단의 발전과 회복을 위해 특별기

87) "여의도(순복음)총회 독자적으로 출범," 〈순복음가족신문〉 2009년 5월 24일자, 1면.

기독교대한하나님의성회 교단 발전과 회복을 위한 특별기도회

도회를 가졌다. 이 기도회에서 이영훈 목사는 우리의 유일한 희망은 성령 운동이며, 따라서 성령 운동의 근간이 되는 전도 운동과 신유 운동, 회개 운동에 전념하자고 제안하였다. 또한 한국에서 장로교단에 이어 두 번째로 큰 교단으로 성장한 교단답게 2백 5십만 오순절 성도들이 힘을 합하여 한국 사회와 교회를 변화시키자고 강조하며 기독교대한하나님의성회가 한국 교회의 희망임을 또한 강조하였다.[88)]

한편 2010년 1월 7일 이영훈 목사는 기독교대한하나님의성회(여의도순복음) 총회장으로서 제자 교회 목회자들과 함께 기자 회견을 열어 제자 교회 독립 및 운영 방안을 밝혔다. 여기서 이영훈 목사는 각 제자 교회는 자체적인 당회를 구성하고 재정, 인사를 위임받아 독자적인 사역을 전개하되 선교와 구제 등 공동 목적 사업은 연합하여 진행하는 새로운 목회 패러다임을 제시하였다. 대형 교회가 20개 제자 교회를 한 번에 독립시키는 일은 한국 기독교 역사상 유례가 없는 일로서, 교계의 언론들도 이 사건을 중요한 뉴스로 보도하였다.[89)]

---

88) "기독교대한하나님의성회 회복 시작되다," 〈순복음가족신문〉 2010년 10월 3일자, 12면.

89) "20개 제자 교회 독립은 전무후무한 일," 〈순복음가족신문〉 2010년 1월 10일자, 9면; 〈국민일보〉 2010년 1월 7일자; 〈뉴스파워〉 2010년 1월 7일자; 〈뉴스앤조이〉 2010년 1월 8일자 등.

(3) 기하성 교단 창립 60주년

2012년 1월 9일, 기독교대한하나님의성회(여의도순복음)는 교단 창립 60주년을 맞이하여, 여의도순복음교회 베들레헴성전에서 2012년 신년 하례 및 시무 예배를 드리고 새롭게 도약할 것을 결의하였다. 총회장 이영훈 목사는 60주년을 맞이하는 교단의 부흥은 오직 하나님의 은혜였음을 고백하고, “오순절 성령 운동은 세계 복음화를 위한 선교 운동이며, 귀신을 쫓고 병을 고치는 신유 운동임”을 강조했다. 나아가 교단이 앞으로 통일을 준비하고 세계 선교에 앞장서야 함을 역설하였다.[90)]

같은 해 4월 13일, 2013기하성순복음60주년대회 조직 위촉식이 CCMM 빌딩에서 열렸다. 대표대회장 이영훈 목사는 요엘서 2장 28절부터 32절을 본문으로 ‘성령의 시대’라는 제목의 말씀을 전하고, 기독교대한하나님의성회(여의도순복음)가 성령 운동의 대표 주자로 앞장설 것을 촉구하였다. 또한 “교단이 하나님의 영광을 위해

2013기하성순복음60주년대회 조직 위촉식

거룩한 꿈을 꿔야 하며, 성령 충만 받아 거룩한 꿈을 꾸면 미래가 변화되고, 하나님의 큰 부흥의 역사를 이루게 될 것”임을 강조하였

---

90) “성령 운동 앞장선 기하성 창립 60주년,” 〈순복음가족신문〉 2012년 1월 15일자, 10면.

다. 나아가 교단 창립 60주년을 맞아 모두 힘을 합해 성령 운동을 한국 및 세계에 확산시키자고 격려했다. 이 자리에서 조용기 원로 목사는 "기하성순복음60주년대회가 제2의 성령 운동을 일으키는 기폭제가 될 것"이며 "이 대회를 기점으로 부흥을 거듭하게 될 것이므로 모든 교회와 성도들이 기도하기를 바란다"고 격려했다.[91)]

기독교대한하나님의성회(여의도순복음)는 2012년 9월 7일 임시 이사회를 열고 이사장 이영훈 목사를 비롯하여 이사 6명, 감사 2명이 참석한 가운데 행정상의 불편과 조직 및 업무의 혼돈을 피하기 위해 "재단법인 여의도순복음총회"로 법인 명칭을 변경하기로 결정하였다.

2013년에는 기독교대한하나님의성회 60주년을 맞이하여 다양한 행사가 진행되었다. 총회는 성령님께서 인도하신 60년을 감사하는 순복음성령대성회를 5월 22일 여의도순복음교회 대성전에서 개최했다.[92)] 5월 21일에는 기하성순복음60주년 제2회 체육대회가 오산리최자실기념금식기도원 운동장에서 열렸다.[93)] 또한 창립 60주년을 맞아 기하성 성령 운동의 역사를 재고하고자 하는 취지로 4월 15일 여의도순복음교회 예루살렘성전에서 신학심포지엄이 개최됐다. 신학심포지엄은 '기하성 성령 역사 60주년, 한

---

91) "2013년은 기하성 성령역사 60주년 맞는 은혜의 해," 〈순복음가족신문〉 2012년 4월 15일자, 10면.

92) "기하성 60주년 '순복음의 부흥은 성령의 역사'," 〈순복음가족신문〉 2013년 5월 26일자, 1면.

93) "기하성순복음60주년 제2회 체육대회 열려," 〈순복음가족신문〉 2013년 5월 26일자, 7면.

기하성60주년 심포지엄

국 오순절 성령 역사 85주년' 이라는 주제로 개회 예배, 네 번의 발제, 총평의 순서로 진행됐다.[94)] 6월 21일에는 2013기하성순복음60주년 기념 설교집 및 교단 60년사 출판 감사 예배가 렉싱턴호텔 센트럴파크 홀에서 열렸다. 교단 60년사 편찬위원회(위원장 한상인 목사)는 교단 60년사를 편찬했다. 60년사는 기독교대한하나님의성회 60년사, 순복음 선교사들의 발자취, 영산 조용기 목사의 생애와 사역, 기하성과 한국 교회 등 4부로 구성되었다.[95)] 8월 1일부터는 기존의 〈순복음신문〉을 정식 교단지로 양도받아 발간하기 시작하였다.

기하성순복음60주년 기념 설교집

교단지 〈순복음신문〉 발간

기하성 60년사 출판감사예배

---

94) "기하성 60주년 기념 신학심포지엄 개최," 〈순복음가족신문〉 2013년 5월 5일자, 12면.

95) "성령과 함께한 기하성 60년사," 〈순복음가족신문〉 2013년 6월 23일자, 10면.

(4) 교단의 통합 및 제2부흥을 위한 노력

2011년 5월 16일 여의도순복음교회에서 총대원 1,022명 중 865명이 참석한 가운데 기독교대한하나님의성회(여의도순복음) 제60차 정기총회가 열렸다. 총대원들은 여의도 총회와 서대문 총회의 통합 건에 대하여 큰 틀에서 통합은 찬성하나 절차 문제에 대해서는 다시 추진하는 것을 거수로 표결하였다. 출석 865명 중 찬성 859명, 반대 6명으로 통합은 원칙적으로 찬성하되 이날 올린 통합에 대한 안건은 폐기하고 다시 추진하기로 결의하였다.[96)]

제60차 정기총회

2012년 10월 15일, 기독교대한하나님의성회(여의도순복음) 제61차 제3회 정기실행위원회는 지난 8월 20일 제2회 정기실행위원회에서 결의했던 한기총 행정보류를 재확인하고 교단 헌법 수정을 위한 보고회를 가졌다.[97)] 2012년 10월 현재, 기독교대한하나님의성회(여의도순복음)에는 국

---

96) 기독교대한하나님의성회, "前회의록 낭독 및 수정: 제60차 정기총회 회의록 (2011년 5월 16일)," 『제61차 정기총회 보고서 및 의사자료』(서울: 기독교대한하나님의성회, 2012), 19-25.

97) 기하성(여의도)총회의 이 같은 결정은 당시 한기총 대표회장인 홍재철 목사가 조용기 원로목사와 관련된 협박성 문서를 보내왔을 뿐 아니라 나아가 조용기 원로목사를 방문해 이영훈 목사에 대한 음해성 발언을 한 것이 밝혀진 데에 따른 조처였다. "기하성 제61차 제2회 정기실행위원회서 의견 모아," 〈순복음가족신문〉 2012년 8월 26일자, 10면 "기하성여의도, 한기총 행정보류," 〈디지털 성결〉 2012년 8월 30일자(866호). http://www.kehcnews.co.kr/news/articleView.html?idxno=14866.

내 1,897교회, 국외 804교회 등 총 2,701교회가 소속되어 있으며 성도 수는 126만 3,526명으로 집계되고 있다.[98] 총회장 이영훈 목사는 회의에 앞서 열린 예배의 설교를 통해 지속적으로 성령 운동을 하는 교단을 만들어 나갈 것임을 강조하였다. 아울러 교단 차원에서 미자립 교회와 개척 교회를 돕고 수혜자들을 계속 확대하는 일, 은퇴 교역자를 돕는 일에 대한 계획과 실천 과정을 설명하였다. 무엇보다 다시 한번 모두가 예수님의 마음을 품고 하나 되어 성령 운동을 실천해 나가자고 촉구하였다.

2013년 1월부터 기독교대한하나님의성회(여의도순복음)와 기독교대한하나님의성회(서대문)는 기하성 60주년을 맞이하여 교단의 제2부흥을 위한 교단 통합을 추진하고 있다. 기독교대한하나님의성회는 2013년 3월 25일 제61차 제2회 임시총회를 여의도순복음교회 대성전에서 개최하고, 총재 조용기 목사를 기하성 60주년 행사와 교단 통합을 위한 임시 총회장으로 추대하였다.[99] 총회에 앞서 이영훈 목사는 하나님께서 교단을 통하여 놀라운 성령 운동을

조용기 원로목사 임시통합총회장으로 추대

98) "총회, 연합운동 입장정리…한교연은 '가입 보류'," 〈순복음가족신문〉 2012년 10월 21일자, 6면.

99) 기독교대한하나님의성회(여의도순복음), "前회의록 낭독 및 수정: 제61차 제2회 임시총회 회의록," 『제62차 정기총회 보고서 및 의사자료』(서울: 기독교대한하나님의성회, 2013), 28-30.

주도하게 하심을 감사드리고, 또한 60주년을 맞이한 교단이 앞으로 어떤 방향으로 나아가야 할지를 깊이 생각하고 기도할 것을 강조하였다. 또한 교단의 갈등과 나누어짐은 하나님의 뜻이 아니므로 성령 안에서 하나가 되어야 함을 역설했고, 기독교대한하나님의성회가 조용기 원로목사의 50년 사역을 계승하여 성령의 폭발적인 역사를 다시 한번 일으키자고 촉구하였다.[100)]

2013년 5월 22일 순복음성령대성회가 여의도순복음교회 대성전에서 개최되었다. 총재 조용기 원로목사와 총회장 이영훈 목사를 비롯한 교단 중진들 및 목회자, 성도들이 자리를 함께하였다. 조용기 원로목사는 어렵고 힘든 환경 가운데서 시작했던 기독교대한하나님의성회가 60년 만에 대형 교단으로 성장하고 한국과 세계 복음화에 크게 기여할 수 있었던 비결은 성령 운동에 있었다고 역설하며 "순복음이란 성령님을 인정하고 환영하고 모셔 들이는 것"이라고 강조하였다. 총회장 이영훈 목사는 기독교대한하나님의성회(여의도순복음)가 창립 60주년을 맞이하여 한국에서 두 번째로 큰 교단으로 성장한 것은 십자가 중심, 말씀 중심의 사역과 강력한 성령 운동을 전개했기 때문이었다고 설명하며 교단 성장에 기여한 조용기 원로목사에게 감사의 인사를 전하였다.[101)]

---

100) "조용기 목사를 기하성 통합총회장으로 추대," 〈순복음가족신문〉 2013년 3월 31일자, 6면.

101) "기하성 60주년 "순복음의 부흥은 성령의 역사," 〈순복음가족신문〉 2013년 5월 26일자, 1면.

(5) 세계교회협의회(WCC)에 대한 기하성(여의도) 교단의 입장 발표

기독교대한하나님의성회(여의도순복음) 제62차 정기총회가 2013년 5월 20일 오산리최자실기념금식기도원에서 개최됐다. 총회는 WCC 총회와 관련하여 "총재 조용기 목사의 뜻에 따라 부산 총회가 일부의 우려와 오해를 말끔히 씻어 내고 성공적으로 치러지기를 희망한다."는 내용의 성명서를 발표하고 WCC에 대한 교단의 입장을 발표하였다. 또한 한국 교회 연합 운동의 중요성과 필요성을 재확인하고 연합 운동에 있어 기하성 본 교단이 지도적인 역할을 하자고 결의하였으며, 한교연과 한기총의 통합을 전제로 한 한기총 행정보류 해제를 결의하였다. 총회장 이영훈 목사는 성령 운동에 기초한 교단의 정체성을 강조하며 교단이 본래의 설립 목적대로 강력한 기도 운동, 신유 운동, 성령 운동, 선교 운동을 전개해야 함을 역설했다.[102)]총회는 또한 "2013년 WCC 부산 총회에 바라는 우리의 입장"이라는 제목의 성명에서 종교다원주의 거부, 종교 통합 및 종교혼합주의 경계, 공산주의 인정 불가,

제62차 정기총회 개최

102) "기하성(여의도순복음) 제62차 정기총회 개최," 〈순복음가족신문〉 2013년 5월 26일자, 7면.

개인과 영혼 구원을 위한 전도와 복음 전파의 사명 고취, 예수 그리스도의 십자가 중심, 성경 중심, 성령 역사를 강조하는 교단의 신앙적 입장을 발표하였다.

2. 교회 연합 및 일치 운동

기독교대한하나님의성회(여의도순복음)는 2010년 세계하나님의성회연합회에 재가입하였다. 세계하나님의성회연합회 죠지 우드 총재는 기독교대한하나님의성회(여의도순복음) 총회에 기하성여의도순복음총회가 세계하나님의성회연합회의 정식 회원이 되었다는 공문과 회원증을 보내왔다. 이로써 여의도순복음교회를 중심으로 한 기독교대한하나님의성회(여의도순복음)는 한국을 대표해 세계하나님의성회연합회 총회 때 투표권 및 대표권을 행사하게 되었다.[103)]

기독교대한하나님의성회(여의도순복음)는 교회의 연합과 일치를 위해 교단 가입의 문턱을 낮추는 조치를 취하였다. 2010년 8월 9일 여의도순복음교회 예루살렘성전에서 열렸던 임시총회에서는 이를 위한 헌법 개정안을 만장일치로 통과시켰다. 이날 임시총회의 헌법 개정의 주된 이유는 교회의 문호를 개방하고 당회의 기능

103) "기하성(여의도순복음) 세계하나님의성회(WAGF) 정식 회원 가입," 〈순복음가족신문〉 2010년 4월 11일자, 1면.

을 부활시키기 위함이었다. 그동안 교회의 크기나 규모로 제한되었던 지방회와 총회 임원의 자격을 '무흠히 15년 이상 시무한 조직 교회 담임목사'로 개정하고, 기타 총회 임원들과 주요 위원장 자격도 넓혀 교단 가입의 문턱을 낮추고 외부 교회의 가입을 보다 용이하게 하였다.[104)]

2011년 1월 28일 총회장 이영훈 목사는 NCCK 회장에 취임하였다. 2월 24일 연세대학교 백주년기념관에서 드려진 취임 감사 예배에는 여의도순복음교회의 조용기 원로목사를 비롯하여 방지일 목사 등 교계 지도자들은 물론 정·관계 인사들이 참석하였다. 조용기 원로목사는 설교를 통해 자유주의 신앙에 입각한 NCCK의 수장에 보수적 성향의 이영훈 목사가 취임한 일은 획기적 사건이며 장차 보수와 진보가 협력하여 한국 교회를 섬기는 아름다운 모습이 나타날 것이라고 긍정적 평가를 내렸다. 길자연 한기총 대표회장, 김삼환 NCCK 증경회장은 축사를 전하였다. 이영훈 신임 회장은 취임사에서 보수와 진보를 아울러 사회의 현안을 푸는 일

한국기독교교회협의회(NCCK)
회장 취임 감사예배

104) "임시총회 헌법개정 '교단개방' 골자로," 〈순복음가족신문〉 2010년 8월 15일자, 1면.

에 교회가 힘을 다하겠다는 각오와 함께 홈리스 문제, 한국 교회의 성장과 성숙, 한국 교회의 일치와 연합, 남북 평화 통일 등 네 가지 현안 해결을 위해 노력하겠다고 다짐하였다.[105] 2013년 3월 4일 순복음금정교회에서 열렸던 기독교대한하나님의성회(여의도순복음) 제61차 제5회 정기실행위원회 회의에서는 교단이 NCCK와의 협력을 강화하면서 한국 교회의 각종 연합 사업에 중추적인 역할을 하고 있음이 보고되었다.[106]

2013년 WCC 제10차 총회가 10월 30일부터 11월 8일까지 '생명의 하나님, 우리를 정의와 평화로 이끄소서' 라는 주제로 10일 동안 부산 벡스코에서 열렸다. 이 총회에는 140개국 349개 교단, 5억 9천만 명을 대표하는 2천 8백여 명의 지도자들이 참석했다.[107] 총회 기간 기하성(여의도순복음) 교단은, 11월 4일 제1전시홀에서 총회장 이영훈 목사가 말씀을 전한 오순절 교단의 날 저녁기도회에서 순복음식 예배와 찬양, 통성 기도를 통해 오순절 예배의 진수를 보여 줬다는 평가를 받았다. 이 예배는 WCC 역사상 최초로 한국의 오순절 교단이 모든 순서를 맡아 오순절 교회의 영성을 소개한 뜻깊은 기회였다. 이 예배에서 이영훈 목사는 '너희가 믿을 때에 성령을 받았느냐' 라는 제목으로 오순절적 메시지를 전하

105) "이영훈 목사 NCCK 신임 회장 취임," 〈순복음가족신문〉 2011년 2월 6일자, 12면.

106) 기독교대한하나님의성회(여의도순복음), "실행위원회 회의록: 제61차 제5회 정기실행위원회 회의록," 『제62차 정기총회 보고서 및 의사자료』, 88.

107) "30일 WCC 제10차 총회 개막," 〈순복음가족신문〉 2013년 10월 27일자, 1면.

며 살아 계신 하나님과의 인격적 만남과 성령 충만을 통한 체험적 신앙에 대해 강조했다. 또한 메시지 선포 후 '주여 삼창'으로 성령 충만, 세계 선교, 생명·정의·평화를 위한 통성 기도를 드렸다.[108] 이를 통해 WCC를 비롯하여 WEA 등 전 세계 교회가 오순절 성령 운동에 대해, 그리고 한국 오순절 교단에 대해 큰 관심을 가지고 있음이 알려졌으며 교회의 연합과 일치는 진실로 성령 안에서 이루어질 수 있음을 확인시키는 계기가 되었다.[109]

WCC 제10차 부산 총회 개막

2013 WCC 제10차 부산 총회
오순절 교단 저녁기도회

3. 선교 및 교회 개척 운동, 은퇴 교역자 지원

2009년 기독교대한하나님의성회(여의도순복음) 제58차 정기총회에서 총회 선교개척국은 2009년 5월부터 2010년 4월까지 35명의 선교사 파송 현황 및 14개의 교회 개척 현황을 보고하였다. 2010년

108) "'순복음식 예배' WCC서 빛났다," 〈순복음신문〉 2013년 11월 17일자, 1면.
109) "WCC 부산 총회를 다녀와서," 〈순복음신문〉 2013년 11월 17일자, 7면.

4월 현재 총회는 51개의 농어촌 교회 및 기타 미자립 교회에 매월 십만 원씩 지원하고 있으며 그 밖에도 산하 24개 교회에 대해 전도를 지원하고 있다. 전도 지원이 필요한 교회에 순복음영산신학원생 15명을 1개 조로 만들어 교회와 연결해 주어 매주 노방 찬양, 축호 전도 등을 지원하고 있다. 총회 농어촌선교국은 농어촌 및 기타 미자립 교회에 대한 헌금 지원, 산하 교회의 전도 지원 및 부흥 집회, 농어촌 목회자 초청 기도회 및 세미나 연 1회 개최, 전국 각 지방회에 속한 미자립 교회를 연 1회 방문하는 사역 등을 중점적으로 실행하고 있다.

총회는 2011년 6월 21일 여의도순복음교회 베들레헴성전에서 제60차 제1회 정기 실행위원회를 개최하고, 미자립 교회 지원을 위한 특별후원금 모금 등의 안건을 처리하였다. 이 자리에서 목회자들의 최저생활비 및 은퇴 목회자들의 은급비 지원 방안이 논의되었다.[110] 은퇴 목회자들의 거처 마련을 위한 사업도 활발히 추진되었다. 2012년 11월 18일 '은퇴 목회자들을 위한 복지주택 건축협약' 이 체결되었으며, 같은 해 12월 7일 경기도 안성시 양성면에서 '굿피플 실버하우스' 착공식이 이루어졌다. '굿피플 실버하우스' 는 1년 후인 2013년 12월 24일에 준공되어 은퇴 목회자들과 사모들, 혹은 홀로 된 사모들을 위한 안식처 역할을 하게 되었다. '굿피플 실버하우스' 의 준공은 또한 은퇴 목회자들에 대한 교

---

110) "기하성 제60차 제1회 정기실행위원회 개최," 〈순복음가족신문〉 2011년 7월 3일자, 12면.

회적 관심을 환기시키는 계기가 되었다.

2012년 5월 22일 잠실 체육관에서 선교대성회가 개최되었다. 선교대성회는 기수와 선교사들의 입장으로 시작되었다. 선교대성회에 참석한 아시아, 오세아니아 등 각 대륙의 총회 선교사들은 한국 교회의 선교 열정이 더욱 확산되기를 한마음으로 기도하였다. 총재 조용기 목사는 선교대성회 설교에서 한국 교회와 기독교대한하나님의성회가 "성령 충만을 받아 세계 선교의 사명을 기억하고 전 세계 복음화와 제자 양성에 앞장서야 한다"고 강조하였다. 조용기 목사는 "오순절 영성으로 복음을 전하고 선교에 전력을 기울이는 기하성 교단이 타 교단에 비해 짧은 기간에 한국의 4대 교단 중의 하나가 되고 세계적으로 알려진 것은 오직 성령의 역사"라고 역설하였다. 나아가 성령의 역사는 능력 주심과 꿈, 환상을 보게 하는 것이며, 모두가 민족 복음화와 세계 선교의 구체적인 꿈을 마음에 품고 온 천하 만민에게 복음을 증거하며 사회 참여 운동에 적극적으로 참여해야 한다고 말하였다.

총회장 이영훈 목사 역시 오순절 성령 운동의 주역인 기독교대한하나님의성회(여의도순복음)가 다시 일어나 강력한 성령 운동의 역사를 온 세계에 펼쳐 나가야 함을 강조했다. 또한 강력한 기도 운동, 회개 운동, 전도 운동, 교회 일치 운동, 사회 개혁 운동을 통해 세상에서 빛과 소금의 역할을 다해야 할 것임을 역설했다. 2012년 현재 기독교대한하나님의성회(여의도순복음) 차원에서는 46개국에 190명의 총회 선교사를 파송했고, 여의도순복음교회는

62개국 712명의 선교사를 파송하여 총 78개국 900여 명의 선교사들이 전 세계에서 성령 운동을 펼치고 있다.[111)]

기하성 순복음 60주년 전진대회

기독교대한하나님의성회 여의도순복음교회는 2013년 12월 16일 케냐 투르카나에 임연심 굿피플 미션스쿨을 완공하고 준공식을 거행하였다. 케냐에서 "투르카나의 어머니"라고 불리며 사역하다 소천한 임연심 선교사의 유지를 이어받아 케냐의 최북단 투르카나 나페이까르에 세워진 중고등학교는 15만평의 대지에 교실과 기숙사, 과학실, 도서실, 교사 숙소 등을 포함하고 있다. 200여 명의 학생을 수용할 수 있는 임연심 굿피플 미션스쿨의 건축을 위해 약 100만 달러(한화 약 11억 원)의 건축비가 투입되었다.[112)]

케냐 임연심 굿피플 미션스쿨 착공식

111) "교단 창립 60주년 앞두고 한자리… '오직 성령'," 〈순복음가족신문〉 2012년 6월 3일자, 12면.

한편 기독교대한하나님의성회는 복음의 문이 급속도로 열리고 있는 중국 선교에 박차를 가하고 있다. 일례로 총회장 이영훈 목사는 한국 목회자로서는 처음으로 중국 당국으로부터 종교비자를 받아 2013년 1월 20일 중국을 방문하였다. 중국 국가종교사무국과 중국기독교협회의 공식 초청으로 이루어진 2013년의 중국 선교 여행에서 이영훈 목사는 저장성 항저우 숭일당교회(담임 고요셉 목사)와 위항시의 교회를 방문하여 주일예배에서 말씀을 전했다.[113)]

케냐 임연심 굿피플 미션스쿨 준공식

4. 사회복지 활동

2000년대 한국 사회는 여러 방면에서 비약적인 발전을 계속하고 있지만 발전과 더불어 해결해 나가야 할 사회적 과제도 안고 있다. 한국 사회의 사회적 환경을 살펴보면 사람들의 종교적 관심은 줄어들고, 특히 개신교에 대한 대중의 신뢰가 떨어지고 있다. 한국 국민의 정신적, 사회적 환경은 포스트모더니즘의 상대주의, 주

112) "케냐 투르카나에 위대한 소망 세워져," 〈순복음가족신문〉 2013년 12월 22일자, 6면.

113) "우리교회와 中 숭일당교회 동시화상예배 드려," 〈순복음가족신문〉 2013년 1월 27일자, 1면.

관주의, 다원주의의 영향력 아래서 절대적 기준과 공동체성이 상실되어 가는 상황이다. 또한 인구의 노령화 추세로 인한 노인 문제와 국제결혼을 통해 증가되고 있는 다문화 가정에 대한 사회적 배려의 부족 역시 한국 사회의 과제이다. 한국 교회는 이 같은 사회적 과제들에 주목하고 섬김과 돌봄, 나눔의 사역을 실천해야 할 사명을 안고 있다. 나아가 범람하는 물질문화 속에서 목표를 찾지 못하고 방황하며 자아 정체성을 잃어버린 수많은 청소년들, 극심한 취업난으로 인해 꿈과 희망을 잃고 좌절하고 있는 청년들을 위해 한국 교회가 영적 재무장을 하고 일어서서 행동할 때이다. 이러한 상황 속에서 기독교대한하나님의성회(여의도순복음)는 다방면에 걸친 사역들을 통해 섬김과 나눔의 사역과 사회적 성화에 힘쓰고 있다. 기독교대한하나님의성회 여의도순복음교회는 전술한 바와 같이 1980년대와 90년대에 걸쳐 개교회 차원의 사회복지 사역을 확장, 발전시켜 왔으며 2000년대에 이르러서는 개교회 차원에서 실행해 온 복지 사역을 지속적으로 행할 뿐 아니라 교단 차원에서 한국 교회 타 교단과 연합, 협력하면서 지속적으로 사회적 봉사를 확대, 실행하고 있다.

(1) 한국교회희망봉사단 활동 참여

기독교대한하나님의성회(여의도순복음)는 2009년 5월부터 2010년 4월까지 "한국교회희망봉사단"의 활동에 참여하였다. 한국교회희망봉사단은 여러 교단들 및 기관들과 연합하여 강력한 지진으로 큰 피해를 입은 아이티에서의 긴급 구호, 교회 재건, 고아원 신축 및 운영, 생태 복원과 복지 지원 등의 사역을 진행하였다.[114] 이러한 연합 사역에 발맞추어 본 교단도 아이티의 재난 집중 지역에 두 차례에 걸쳐 총 5만 5천 481달러 지원, 70개 피해 교회를 위한 교회 재건비 및 콜레라 긴급 구호 자금 지원, 고아원 지원 등의 사역을 펼쳤다.

한국교회희망봉사단 출범

본 교단은 2010년 8월에는 일본군 성노예 피해자 쉼터 '우리집'을 방문하여 가전제품 및 식료품 등의 선물을 전달하고, 일본 정부의 성노예 문제 공식 인정 및 사과 촉구 서명 운동을 전개했으며, 2011년부터는 성노예 피해자 쉼터에 월 200만 원의 운영비를 지원하고 있다. '이웃과 함께하는 거리의 성탄 잔치'는 2008년부터 매년 실시하였는데, 2010년 12월 24일에는 전국 17개 장소에서 노숙자 9천 명을 대상으로 1천 명의 봉사자들이 예배 및 행사 후 무료 급식을 제공하고 노숙자들에게 각 2만 원 상당의 성탄 선물을 증정하였다.[115] 이외에도 구제역 확산 방지를 위한 특

---

114) 기독교대한하나님의성회, "총무보고: 한국교회희망봉사단," 『제59차 정기총회 보고서 및 의사자료』(서울: 기독교대한하나님의성회, 2010), 87.

115) 기독교대한하나님의성회, "총무보고: 한국교회희망봉사단 2010년도 사업보고," 『제60차 정기총회 보고서 및 의사자료』(서울: 기독교대한하나님의성회, 2011), 173-75.

노숙자들을 위한 봉사활동

별 기도회 및 구제역 사태에 대처하기 위한 캠페인과 구제역 피해 농가들의 목회적 돌봄을 위한 워크숍도 개최하였다. 또한 대지진의 피해를 입은 일본기독교협의회(NCCJ), 일본기독교단(UCCJ), 재일대한기독교회(KCCJ)에 각각 성금을 전달하였다. 또한 지진 피해 지역 재일 동포들을 위한 지원금도 전하고, 센다이그리스도교연합 지원네트워크 및 피해 현장을 방문하였다.[116] 본 교단은 또한 근육무력증인 루게릭병 환자들에게 '생명의 희망을 주자' 라는 표어 하에 2011년 3월 1일부터 신경근육계 희귀난치성 질환자 지원을 위한 캠페인을 전개하였다. ARS 및 기독교방송을 통하여 모금 운동을 전개, 200여 명의 소외계층 질환자들의 치료비를 지원하였다.[117]

2011년 6월 27일부터 30일까지 한국교회희망봉사단과 연세대학교 신과대학 공동 주최로 "교회와 디아코니아"라는 주제의 2011년 미래 교회 컨퍼런스가 열렸다. 이 컨퍼런스에는 한국 교회 목회자 및 교계 지도자 7백여 명이 참석하였으며, 총회장 이영훈 목사는 "성령과 디아코니아"라는 제목의 논문을 발제하였

---

116) 기독교대한하나님의성회, "총무보고: 한국교회희망봉사단 2010년도 사업보고," 『제60차 정기총회 보고서 및 의사자료』, 175-76.

117) 기독교대한하나님의성회, "총무보고: 한국교회희망봉사단 2010년도 사업보고," 『제60차 정기총회 보고서 및 의사자료』, 176.

다.[118]

2012년 5월부터 2013년 4월까지 기하성(여의도순복음)은 한국교회희망봉사단 사업에 협력하여 교회와 지역자원봉사센터 연계 활성화를 위한 협력 모형 개발 연구, 일본군 성노예 문제 해결을 위한 집회, 태풍 피해 농민 돕기 '낙과 구매' 캠페인 등 사회 문제에 적극적인 관심을 가지고 해결을 위해 노력하였다.[119] 같은 해 9월 17일부터 30일까지는 11개 대표적 사회적 약자 및 사회적 위로 대상자 그룹 6천 8백 9십여 명의 이웃들과 추석 사랑의 선물을 나눴다. 이 행사를 통해 기하성(여의도순복음)은 전국 7개 다문화 이주 여성 쉼터의 108명의 여성들, 일본군 성노예 피해 할머니들, 경북·경남 지역 원폭 피해자 2세 환우 61명, 노동 현장에서의 희생자 유족, 천안함 희생자 유족, 연평도 포격 희생자 유족, 홈리스 및 쪽방 주민 등 광범한 사회적 약자들에게 그리스도의 사랑을 전달하였다. 나아가 KBS 러브 인 아시아 기부 협찬 및 이주민 사랑나눔한마당 등 외국인들에 대한 관심과 돌봄 또한 지속적으로 수행하였다.

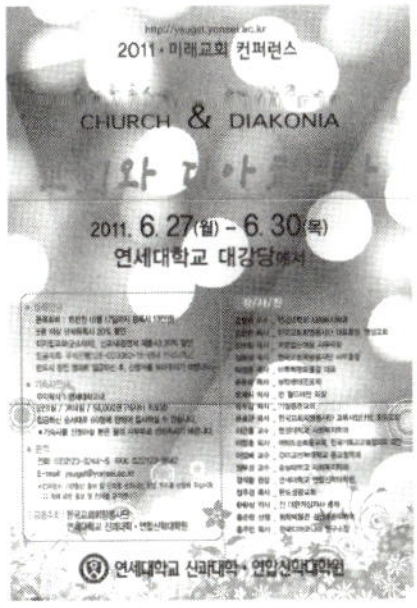

2011 미래 교회 컨퍼런스 포스터

118) 기독교대한하나님의성회, "총무보고: 한국교회희망봉사단 2011년도 사업보고," 『제61차 정기총회 보고서 및 의사자료』, 159-60.

119) 기독교대한하나님의성회(여의도순복음), "총회보고: 한국교회희망봉사단," 『제62차 정기총회 보고서 및 의사자료』, 178-92.

(2) 한국기독교교회협의회 사업 참여

기독교대한하나님의성회(여의도순복음)는 2010년 5월부터 2011년 4월까지의 한국기독교교회협의회 2010년도 사업에 다음과 같이 협력하였다. 5월부터 7월까지 WCC 10차 부산 총회 주제에 관한 토론, 생명의 강 살리기 기독교 행동회, 화해와 통일, 정의와 평화와 관련한 심포지엄 및 기도회에 참여하고 활동하였다. 2010년 11월에는 WCC 제10차 부산 총회 주제 연구를 위한 아시아신학자 협의회 활동 등에 참여하였다.

총회장 이영훈 목사는 2011년 한국기독교교회협의회(NCCK) 회장으로 취임한 이후 곧이어 4월 6일 NCCK 홈리스대책위원장으로 선출되었다.[120] 같은 날 열린 홈리스대책위원회 간담회에서 총회장 이영훈 목사는 한국 교회의 지도력 상실 문제가 제기되고 있는 상황을 깊이 반성하고 이런 때일수록 사회가 요구하는 홈리스 문제 해결에 더욱 힘써야 함을 강조했다. 홈리스대책위원회는 여러 전문가들의 의견을 수렴하여 홈리스 당사자들의 필요에 맞는 자활 방식을 연구하고 자활과 주거를 함께 지원하는 지원 정책, 여성 홈리스를 위한 쉼터 확보, 정신 장애인 및 만성질환자, 알코올 중독자

홈리스대책위원회 사무실 개소

120) 기독교대한하나님의성회, "총무보고: 한국기독교교회협의회 2010년도 사업보고," 『제60차 정기총회 보고서 및 의사자료』, 178-86.

등에 대한 특성화된 보호 체계 마련, 실무자 지원 필요성 등의 문제에 대한 심도 있는 논의를 진행했다. 나아가 국회 보건복지위원회에 상정되어 있는 홈리스 복지 법안 및 관련 법안의 정기국회 통과 지지 방안 등을 논의하였다.[121)]

2011년 3월 25일 여의도순복음교회 베들레헴성전에서 개최된 기독교대한하나님의성회(여의도순복음) 제59차 제5회 정기 실행위원회에서는 일본 대지진과 쓰나미 사상자 및 이재민 돕기 모금 운동을 결의하였다.[122)] 총회장 이영훈 목사는 2011년 9월 7일 도쿄를 방문해 일본 기독교협의회(NCCJ) 의장 고시이시 이사무 목사에게 동일본 대지진 구호 성금 3억 원을 전달하였다.[123)]

(3) 다양한 사회봉사 활동

2011년 기독교대한하나님의성회(여의도순복음)는 한국의 다른 교단들(예장, 기감, 기장, 기성, 구세군, 성공회, 루터, 복음 등 11개 교단)과 협력하여, '한국교회사회봉사협의회' (한사협)를 조직하였다. 한사협은 각 교단별로 진행되고 있는 사회봉사 사역의 중복을 피하고 체

---

121) "노숙자들을 가정과 사회로 돌려보내자," 〈순복음가족신문〉, 2011년 4월 10일자, 1면.

122) 기독교대한하나님의성회, "실행위원회 회의록: 기독교대한하나님의성회 제59차 제5회 정기실행위원회 회의록(2011년 3월 25일)," 『제60차 정기총회 보고서 및 의사자료』, 125-27.

123) "이영훈 목사, 동일본 대지진 구호성금 전달," 〈순복음가족신문〉, 2011년 9월 18일자, 10면.

계적으로 역할을 분담하여 한국 교회의 섬김 사역에 있어 보다 큰 효과를 내기 위해 만들어졌다. 기하성(여의도순복음)이 한사협에 적극적으로 참여하고 협력함으로써 앞으로도 한국 교회의 연합 및 사회봉사에 큰 기여를 할 것으로 기대된다. 사회봉사에 관한 이러한 전문적 연합 활동은 사회봉사의 여러 분야에 대한 정책을 공동으로 개발하고 정부의 사회복지 정책에 대한 기독교의 입장을 논의하고 대변할 수 있다는 점에서도 의의가 크다.[124)]

한국기독교사회봉사회는 국내외의 어느 곳에서든 한국 교회의 도움을 절실히 필요로 하는 이들을 그리스도의 사랑으로 돕는 것을 목적으로 설립되었다.[125)] 그 전신인 한국기독교봉사회는 1963년 한국기독교교회협의회 회원 교단 대표 30명이 주축이 되어 조직되었으며, 최초 회원 교단은 예장 통합, 기감, 기장, 구세군, 성공회였다. 이후 1972년 한국기독교사회봉사회로 개칭되었으며, 2012년 2월 16일에 제49회 정기총회에서 기독교대한하나님의성회(여의도순복음)의 회원 가입이 완료되었다. 이후 기하성(여의도)은 한국기독교사회봉사회를 통해 한국의 사회복지가 나아갈 바람직한 방향과 역할을 연구하고 있으며, 일본의 지진 피해 구호와 희귀난치병을 앓고 있는 빈곤 아동을 돕기 위한 후원 사업 등

---

124) 기독교대한하나님의성회, "총무보고: 한국교회희망봉사단 2011년도 사업보고," 『제61차 정기총회 보고서 및 의사자료』, 163-64.

125) 기독교대한하나님의성회, "총무보고: 한국기독교사회봉사회 2011년도 사업보고," 『제61차 정기총회 보고서 및 의사자료』, 167.

실제적인 복지 및 구호 활동을 전개하고 있다.[126)]

기독교대한하나님의성회(여의도순복음)는 교단 차원에서 국내의 극빈아동 및 저소득 소외 계층에 대한 결연 사업을 펼치고 있다. 극빈 소외 계층의 아동 및 노인, 부모의 부재와 가난으로 학업과 생계에 어려움을 겪고 있는 소년소녀 가장, 사회나 정부 지원체계의 사각 지대에 있는 계층, 사회 활동이 힘든 중증 장애인 가정 등 도움이 필요한 이들에게 매달 학원비 및 생계비 등을 개인, 교회 및 기관 후원자들을 통해 지원하고 있다. 또한 해외 빈민아동 결연 후원 사업을 통해 빈곤과 자연재해로 인해 고통당하고 있는 인도(35명), 네팔(11명), 필리핀(4명) 등지의 빈민층 아동들에게 매달 정기적으로 교육비 및 생활비를 지원하고 있다. 본 교단은 또한 2010년 태풍 곤파스로 심한 피해를 입은 북한 신의주 지역 빈곤층 어린이들을 위한 후원금으로 밀가루 8톤을 구입하여 2011년 2월 28일, 해당 지역에 전달하였다.

또한 2011년 3월 일본 동북 지방에 일어난 진도 9.0의 강진과 쓰나미로 수만 명의 사망자와 실종자, 60만여 명의 이재민이 발생하자 모금을 펼쳐 일본기독교협의회에 구호금을 전달하였다.[127)] 교단은 또한 서울역 '따스한 채움터' 에서 자원봉사자들과 함께

126) 기독교대한하나님의성회, "총무보고: 한국기독교사회봉사회 2011년도 사업보고," 『제61차 정기총회 보고서 및 의사자료』, 168-70.

127) 기독교대한하나님의성회, "총무보고: 한국기독교사회봉사회 2011년도 사업보고," 『제61차 정기총회 보고서 및 의사자료』, 168-70.

땅끝지역아동센터 전경

홈리스들에게 무료 급식을 제공하고 그리스도의 사랑을 전하였다. 아울러 중증 장애인을 위한 휠체어 지원 사업 및 빈곤 지역 가정들을 위한 월동용 연탄 배달 사업을 실행하였다.[128)]

교단은 소외된 아동들의 복지에도 힘쓰고 있다. 그 일환으로 2009년 11월 20일 총회장 이영훈 목사는 전남 해남군 송지면 송호리에 위치한 땅끝지역아동센터 준공 예배에서 말씀을 전하고 아이들과 봉사자들을 격려하며 지속적인 후원을 약속했다. 굿피플의 후원으로 마련된 아동센터는 조손 가정, 위기 가정의 아이들 70여 명에게 따뜻한 보금자리와 교육 프로그램을 제공해 주고 있다.[129)]

여의도순복음교회의 NGO 굿피플은 2012년 11월 21일 필리핀 카파스시 산타훌리아나에 거주하는 아이따족을 위해 '필리핀 아이따족 자립기반 지원사업 준공식'을 거행하였다. 이 사업은 굿피플이 아시아나항공, KOICA(한국국제협력단)와 함께 3년 동안에 걸쳐 진행해 온 필리핀 아이따족 자립기반 지원 사업의 일환이다. 굿피플은 이를 위해 이전의 지원에 더하여 주택 10채를 짓고 주민 및 아동들의 문맹률을 낮추기 위해 마을 도서관을 건축하는 등

---

128) 기독교대한하나님의성회, "총무보고: 한국기독교사회봉사회 2011년도 사업 보고,"『제61차 정기총회 보고서 및 의사자료』, 171.

129) "굿피플, 해남 땅끝지역아동센터 준공," 〈순복음가족신문〉 2009년 11월 29일자, 7면.

땅끝지역아동센터 방문

다양한 주민 편의 시설들을 마련했다.

더불어 아이따족 주민들이 안정적인 소득원을 확보해 자립할 수 있도록 옥수수 및 고구마 재배와 염소 사육을 지원했으며 축대

필리핀 카파스 시립병원 준공식

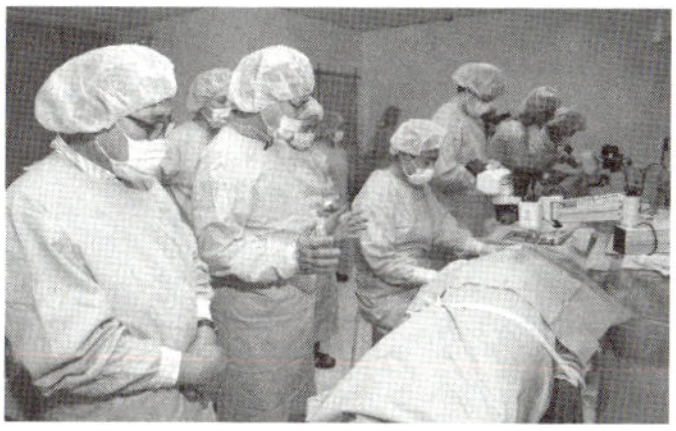

필리핀 주민들을 위한 무료 백내장수술

및 배수로를 설치해 주고 의약품을 제공하는 등 기초 보건 의료 프로그램을 지원했다. 또한 무분별한 벌목으로 인해 산림이 파괴된 마을에 나무를 심는 산림 복원 사업을 실시해 마을 환경 개선에 힘썼다.[130)]

---

130) "굿피플, 아이따족의 희망이 되다," 〈순복음가족신문〉 2012년 11월 25일자, 7면.

필리핀 아이따족을 위한 주택 건립

5. 기독교대한하나님의성회(여의도순복음)의 전망

이제까지 기독교대한하나님의성회(여의도순복음)는 오순절 영성으로 무장하여 복음 전파 사역에 힘쓰면서도 동시에 사회의 다양한 과제들을 끌어안으며 그 해결을 위해 교계 및 사회와 적극적으로 협력해 왔다. 교단은 복음 전파와 사회적 성화의 실현을 위해 앞으로도 선교와 구제, 그리고 다양한 형태의 사회 참여를 계속할 것이다. 여의도순복음교회는 매년 교회 예산의 3분의 1을 사회적 약자 구제와 선교 사업에 쓰겠다고 밝혀 교계 안팎에서 긍정적 평가를 받고 사회적으로는 큰 반향을 일으켰다.[131] 교단 산하 여의도순복음교회의 굿피플은 국내외에 걸친 구제 사업, 교육 사업, 의료 사업, 지역 개발 사업, 해외아동결연을 통한 복지 사업을 지속적으로 펼쳐 나가고 있으며, 북한 동포 돕기 및 북한 복음화를

131) "단독 인터뷰: 세계 최대 여의도순복음교회 이영훈 담임목사 '가진 자의 사회적 책임 이젠 교회가 아낌없이 내놔야'," 〈주간동아〉 890 (2013.6), 30.

위한 노력을 실행해 나가고 있다.

기독교대한하나님의성회(여의도순복음)는 21세기 세계 교회 성령 운동을 주도해 나아가며, 강력한 복음 전파를 통한 지속적인 교회 성장과 함께 건강한 교회 세우기에 앞장 서 나갈 것이다. 교단의 정체성인 오순절 성령 운동을 계속 펼쳐 나가되, 복음 전파와 더불어 사회적 약자를 향한 섬김과 나눔의 사회적 성화 사역과 남북통일을 위한 간절한 기도와 북한 지원, 생태계 보존에 대한 관심과 실천, 성령 운동을 통한 교회 일치 운동에 앞장 서 나갈 것이다.

기독교대한하나님의성회가 가지고 있는 가장 중요한 자원은 바로 성령의 임재와 권능이다. 성령의 임재와 권능을 계속적으로 의지할 때 기독교대한하나님의성회는 장래에도 하나님 나라의 확장을 위해 지속적으로 쓰임 받는 교단이 될 것이라 확신한다.

결론

창립 60주년이 지난 기독교대한하나님의성회는 이제 새로운 역사를 향해 나아가야 할 시점에 와 있다. 이에 기독교대한하나님의성회로 대표되는 한국 교회의 성령 운동이 끼친 영향, 직면한 도전들, 그리고 앞으로의 신학 및 선교 사역에 대한 제언, 세계를 향한 사명을 제시함으로써 기독교대한하나님의성회 역사서의 결론을 맺고자 한다.[1)]

1. 성령 운동이 끼친 영향

성령 운동은 한국 기독교에 다음과 같은 지대한 영향을 끼쳤다. 첫째, 영적 각성이다. 한국 개신교 역사의 중요한 순간마다 성령

1) 이 부분의 보다 상세한 내용은 Young-Hoon Lee, *The Holy Spirit Movement in Korea: Its Historical and Theological Development* (Oxford: Regnum, 2009), 137-44에서 찾아볼 수 있다.

운동은 영적으로 무기력한 일부 한국 교회들을 깨우는 데 중요한 역할을 해왔다. 열정적인 믿음을 격려하는 오순절 성령 운동은 한국 교회에 생기를 다시 불어넣었다. 성령 운동은 하나님의 말씀을 이성적으로 이해하는 데 그치지 않고 체험적으로 받아들이도록 격려했다. 또한 오순절주의자들은 강단에 선 성직자에 의해 주도되던 기존의 형식 위주의 예배를 성도들이 찬양하고 기도하며 적극적으로 참여하는 예배로 바꾸어 놓았다. 그 결과 예배는 하나의 엄숙한 행사에서 모든 사람이 참여하는 영적인 축제로 변화하였다. 오순절적 영적 체험은 신앙생활에 확신을 주고, 기독교인들로 하여금 하나님의 영광을 위해 헌신하도록 하며, 복음을 전하도록 적극적으로 격려함으로써 영적 각성을 일으켰다.

둘째, 성령 운동은 교회일치 운동에도 긍정적인 영향을 미쳤다. 한국 교회 부흥 운동의 원류를 이룬 성령 운동이었던 1903년의 원산대부흥, 1907년의 평양대부흥은 교단의 장벽을 넘어선 연합 집회로 이루어졌다. 1970년대 이후의 수많은 초교파 대성회들도 성령 운동이 교회일치 운동에 대단히 긍정적인 역할을 했음을 보여 준다.

셋째, 성령 운동은 교회 성장을 이끌었다. 성령 운동은 성장하는 교회들의 공통점이다. 특히 성령 운동을 통해 전파된 강력한 기도 운동과 구역 시스템은 교파를 초월하여 한국 교회의 성장에 크게 기여하였다.

2. 한국의 성령 운동이 직면한 도전들

한국의 성령 운동은 다음의 도전에 직면하고 있다.

첫째, 과거 한국의 성령 운동에는 사회 문제에 대한 관심이 부족했다. 오순절 교회들은 개인구원과 영적 체험만 편향되게 강조한다는 비판을 받기도 했다. 오늘날 기독교대한하나님의성회를 비롯한 성령 운동 교단들은 적극적인 사회 참여를 강조하며 과거의 부족함을 극복하려 노력하고 있다. 이러한 고무적인 방향의 전환은 앞으로도 계속되어야 할 것이다.

둘째, 지속적인 교리적, 신학적 연구가 요청된다. 성령 운동은 빠른 양적 성장을 이룩했지만 체계적인 신학적 연구 및 신학 발전에는 다소 소홀한 면이 없지 않다. 성령 운동은 부단한 신학 연구와 대화를 통해 신학을 발전시키고, 특히 깊이 있는 성령론을 정립해야 한다.

셋째, 성령 운동의 영향을 받은 일부 기독교인들의 신앙이 지나치게 신비 체험에 의존하고 감정적인 경향을 보인다는 문제가 있다. 그러므로 영적 체험과 성경적 지식으로 균형을 맞춘 성숙한 신앙인의 모습을 갖추는 것이 시급한 과제이다.

3. 기독교대한하나님의성회 신학에 대한 제언

기독교대한하나님의성회, 더 나아가 오순절 운동은 앞으로도 다음과 같은 연구를 계속해야 한다.

첫째, 성령론 연구를 강화하되 성령론적 사유의 폭을 넓혀야 한다. 기독교대한하나님의성회는 성령의 인격과 사역에 대한 전통적 강조를 계속하되 보다 폭넓은 신학적 시야를 갖출 필요가 있다. 동시에 진정한 오순절 성령론을 전개하기 위해서 철저한 성경 중심적 신앙관을 바탕으로 오순절 성령 체험을 성령에 대한 신학적 성찰과 연결 지어 발전시켜야 한다.

둘째, 기독교대한하나님의성회는 한국적 토양에 뿌리내린 오순절 교단으로서, 한국적인 성령 운동의 모습을 유지해야 한다. 예컨대 평양대부흥은 기독교대한하나님의성회와 오순절주의가 한국에 전파되기 이전의 사건이지만 말씀과 회개를 통한 성령 체험에서 시작된 오순절적 부흥 운동이었다. 이와 같은 역사적 사실을 인지하고 또한 본 교단이 걸어온 성령 운동의 역사와 그 결실을 바탕으로 한국적 성령 운동의 특성을 찾아내고 이를 발전시키는 것이 중요하다.

셋째, 기독교대한하나님의성회의 성령 운동은 한국의 전통적인 무속적 성향이 성령 운동에 유입되지 않도록 신학적 분별력을 갖추어야 한다. 기독교대한하나님의성회는 어떤 주제에 대해서든지 본래의 성경적이고 정통적인 이해가 약화되지 않도록 신학적으로 검증하고 평가해야 한다. 동시에 기독교 신앙에 무리 없이 수용될 수 있는 한국적 전통에 대해서는 재평가하고 건전한 성령운동을 선도하는 것이 필요하다.

넷째, 기독교대한하나님의성회가 강조해 온 축복 개념을 개인적 차원뿐 아니라 공동체적 차원으로 확장하고 심화하는 신학적 노력이 필요하다. 특히 축복의 신학은 개인의 삶을 넘어 사회적 관심, 섬김과 돌봄의 중요성을 포괄해야 한다. 사회적 관심을 도외시하면서 개인적 성공만을 추구하는 경향은 오순절 운동 및 기독교대한하나님의성회의 본래 신앙과 일치하지 않는다. 영, 혼, 육의 전인적 축복은 그리스도의 증인이 되게 하려는 하나님의 능력 부으심으로 이해해야 한다.

4. 기독교대한하나님의성회의 선교 사역에 대한 제언

첫째, 기독교대한하나님의성회 및 한국의 오순절 운동은 한반도의 가장 큰 선교적 과제인 남북 화해와 교회 협력에 공헌해야 한다. 앞의 장들에서 상술한 바와 같이 기독교대한하나님의성회는 이러한 분야들에서 이미 활발한 사역을 전개하고 있다. 급변하는 국제 정세와 남북 관계에 대해 예언자적 혜안을 가지고 평화와 통일에 기여하는 일은 기독교대한하나님의성회를 향한 시대적 요구이다.

둘째, 기독교대한하나님의성회는 교회의 사회봉사와 참여를 한층 강화해야 한다. 기독교대한하나님의성회가 사회 정의에 대해서 무관심하거나 억압받고 소외된 사람들에 대한 돌봄과 섬김의 정신을 잃는다면 기독교대한하나님의성회의 사회 선교는 벽에 부딪히게 될 것이다. 기독교대한하나님의성회의 오순절 운동은 좁은 의미의 성령 운동이 아니라, 우주와 세계 역사 전체를 품으시는 성령의 역사를 깊이 의식하는 넓은 의미의 성령 운동의 관점을 가지고 보다 더 적극적인 사회봉사와 생태계 구원에까지 확대되어 나아가야 한다.

셋째, 기독교대한하나님의성회는 개교회의 교인수 증가에 대한 관심을 넘어서는 새로운 교회 성장 모델을 사회에 제시해야 한다. 지난 수십 년간 한국 교회는 폭발적인 양적 성장으로 주목을 받았다. 그러나 현재는 이 같은 '양적인 교회 성장' 개념에 대해 부정적인 인식도 확산되고 있다. 기독교대한하나님의성회는 교회 성장에 대한 한 차원 높은 인식 과정을 통해 지역사회 봉사와 사회에 대한 기독교적 섬김 실천 등과 같은 사회적 기여도를 높이는 방향으로 '질적인 교회 성장' 을 추구해야 한다.

넷째, 기독교대한하나님의성회는 해외 선교에 대한 열정을 이어 가야 한다. 오순절 운동은 본질적으로 선교 지향적이다. 기독교대한하나님의성회는 선교적 교단으로서의 역할을 감당해 왔다.

앞으로도 기독교대한하나님의성회는 영적 활력을 잃은 서구를 위한 선교 사역을 비롯하여 '10/40창'의 2/3가 넘는 미전도 종족들에게 복음을 전하는 해외 선교 사역을 활발히 전개해야 한다.

5. 세계를 향한 기독교대한하나님의성회의 사명

기독교대한하나님의성회 및 오순절 운동은 세계 기독교의 새로운 중심이라는 사명 의식을 가져야 한다. 세계 기독교의 중심이 아시아와 아프리카, 남미 등 비서구권으로 이동하게 된 데에는 하나님의성회를 비롯한 오순절 운동의 세계적 확산이 결정적인 영향을 미쳤다. 이런 특수한 상황 속에서 한국 교회, 특히 기독교대한하나님의성회는 앞으로 또한 전세계에 가장 많은 인구를 갖고 있는 중국과 중화권의 기독교 지도자들과 힘을 합하여 제3세계 교회들뿐만 아니라 세계 기독교에 큰 영향을 끼치게 될 것이다. 기독교대한하나님의성회는 세계를 향한 새로운 기회를 인식하고 세계 교회를 섬길 역량을 계속해서 키워 나가야 한다.

기독교대한하나님의성회가 미래의 기독교를 선도하고 세계 교회를 섬기는 중요한 통로가 되기 위하여 제3세계 교회들을 지원해야 한다. 그 한 예로서, 현재 여의도순복음교회의 선교 정책은 원주민 선교 대상지를 우선적으로 지원하는 방향을 채택하고 있다. 이를 위해 원주민 신학교를 설립하고 원주민 사역자 및 지도자를 양성하는 사역이 활발히 진행 중이다. 세계 교회를 향한 서구 교회들의 영향력과 리더십이 급격히 축소되고 있는 상황에서 기독교대한하나님의성회는 신학 교육과 선교의 장을 세계로 확대해야 한다.

기독교대한하나님의성회는 변화하는 국내적, 세계적 상황에 부응하여 신학적, 사회적, 선교적 사명은 물론이요 세계를 향한 사명을 되짚어 볼 필요가 있다. 기독교대한하나님의성회가 가지고 있는 가장 중요한 자원은 바로 성령의 임재와 권능이다. 성령의 임재와 권능을 계속적으로 의지할 때 기독교대한하나님의성회는 장래에도 하나님 나라의 확장을 위해 지속적으로 쓰임 받는 교단이 될 것이라 확신한다.

성령 운동의 발자취

참고문헌

국내서

국제신학연구원 편저. 『여의도순복음교회 교육백서(1993-1994)』. 서울: 국제신학연구원, 1993.

______. 『하나님의성회 교회사』. 서울: 서울말씀사, 2008.

______. 『조용기 목사 일대기: 여의도의 목회자』. 서울: 서울말씀사, 2008.

기독교대한하나님의성회 30년사 편찬위원회. 『기독교대한하나님의성회 30년사』. 서울: 종려문화사, 1981.

기독교대한하나님의성회 50년사 편찬위원회. 『기독교대한하나님의성회 50년사: 역사편』. 서울: 기독교대한하나님의성회, 2005.

기독교대한하나님의성회 60주년사 편찬위원회. 『성령과 함께한 기독교대한하나님의성회 60주년사』. 서울: 기독교대한하나님의성회(여의도순복음), 2013.

기독교대한하나님의성회 연감발간위원회. 『기독교대한하나님의성회 1997년 교단연감』. 서울: 기독교대한하나님의성회 총회출판국, 1997.

맨지스, 윌리엄 W. 『오순절 성경교리』. 총회 총무국 역. 서울: 기독교대한하나님의성회 총회출판국, 1994.

박명수. 『급하고 강한 바람: 조용기 목사, 여의도순복음교회, 그리고 오순절운동』. 서울: 서울말씀사, 2012.

변종호. 『한국의 오순절신앙운동사』. 서울: 성광, 1972.

브루너, 프레데릭 D. 『성령신학』. 김명용 역. 서울: 나눔사, 1993.
블레어, 윌리엄 · 브루스 헌트. 『한국의 오순절과 그 후의 박해』. 김태곤 역. 서울: 생명의 말씀사, 1995.
서철원. 『성령신학』. 서울: 총신대학출판부, 1995.
송길섭. 『한국신학사상사』. 서울: 대한기독교출판사, 1987.
순신대학교. 『순신대학교 요람(1993-1994)』. 군포: 순신대학교, 1993.
안준배. 『나부터 회개 성령으로 평화통일: 97민족통일성령복음화대성회 총람』. 서울: 예전사랑, 1998.
여의도순복음교회 30년사 편찬위원회. 『시련과 영광의 발자취 여의도순복음교회 30년사』. 서울: 여의도순복음교회, 1989.
여의도순복음교회 50년사 편찬위원회. 『여의도순복음교회 50년사: 위대한 소명 희망목회 50년』. 서울: 여의도순복음교회, 2008.
용, 아모스. "구원, 사회 그리고 성령 : 클리블랜드에서 버밍햄으로, 스프링필드에서 서울로 이르는 오순절적 상황화와 정치신학." 〈영산신학저널〉 17(2009). 35-64.
이영훈. "현대 성령 운동의 역사적 고찰." 『성경과 신학』 20(1996). 139-70.
______. "여의도순복음교회의 신앙과 신학." 『제7회 국제신학학술세미나』 (1998). 122-58.
______. "오순절 운동이 한국 교회에 미친 영향." 『오순절신학논단』 1(1998). 81-124.
______. "오순절 운동의 확산과 아주사 부흥 운동." 『21세기를 향한 성령의 사역』. 국제신학연구원 편. 서울: 서울말씀사, 1998.
______. "한국 오순절 운동과 신유." 『성결교회와 신학』 11(2004). 171-93.
______. "한국교회의 부흥과 교회성장." 『성령과 신학』 21(2005). 177-213.
______. "조용기 목사의 성령론이 한국 교회에 미친 영향." 『영산의 목회와 신학 II』. 군포: 한세대학교 말씀사, 2008.
______. "여의도 순복음교회, 새로운 50년을 바라보며." 〈기독교사상〉 606(2009. 6). 208-15.
______. 『성령과 교회』. 서울: 교회성장연구소, 2013.

이재범. 『성령운동의 역사』. 서울: 보이스사, 1985.
전택부. 『한국교회발전사』. 서울: 대한기독교출판사, 1987.
조용기. 『교회성장 진정 원하십니까?』. 서울: 서울말씀사, 1990.
최자실. 『나는 할렐루야 아줌마였다』. 서울: 서울말씀사, 2010.
한국교회사학연구회. 『한국 기독교 사상』. 서울: 연세대학교출판부, 1998.
한국기독교역사연구소. 『한국기독교의 역사 I』. 서울: 기독교문화사, 1989.
헌법위원회 편. 『헌법』. 서울: 기독교대한하나님의성회 총회 출판국, 2004.

영문서

Anderson, Allan. *Spreading Fires: The Missionary Nature of Early Pentecostalism*. London: SCM Press, 2007.

______. *An Introduction to Pentecostalism: Global Charismatic Christianity*. Cambridge: Cambridge University Press, 2008.

Anderson, Robert M. *Vision of the Disinherited*. Peabody: Hendrickson Publishers, 1992.

Batleman, Frank. *What Really Happened at Azusa Street?* Northridge: Voice Christian Publications Inc., 1962.

______. *Azusa Street: The Roots of Modern-day Pentecostal*. Plainfield: Logos International, 1980.

Blumhofer, Edith L. *The Assemblies of God*. Vol. I. Springfield: Gospel Publishing House, 1989.

Brumback, Carl. *A Sound from Heaven*. Springfield: Gospel Publishing House, 1961.

Bruner, Frederick D. *A Theology of the Holy Spirit*. Grand Rapids: William. B. Eerdmans Publishing Company, 1982.

Burgess, Stanley M. and Gary B. McGee. Eds. *Dictionary of Pentecostal and Charismatic Movements*. Grand Rapids: Zondervan Publishing House, 1988.

______. "Pentecostalism in India: An Overview." *Asian Journal of Pentecostal Studies* 4/1(2001).

Cho, Yonggi. *To God be the Glory: The World Pentecostal World Conference*. Seoul, Korea. September 1973.

Dart, John. "Charismatic and Mainline." *Christian Century* 123-5 (March 2006).

Dayton, Donald W. *Theological Roots of Pentecostalism*. Grand

Rapids: Baker Academic, 1987.

Dempster, Murray A. and Byron D. Klaus, Douglas Peterson. Eds. *Called & Empowered: Global Mission in Pentecostal Perspective*. Peabody: Hendrickson, 1991.

Foster, Thomas. *Report of The Special Committee on the Work of the Holy Spirit to the 182nd General Assembly*. New York: General Assembly of the United Presbyterian Church in the USA, 1970.

Frodsham, Stanley H. *With Signs Following*. Springfield: Gospel Publishing House, 1946.

Hollenweger, Walter J. *The Pentecostals*. Peabody: Hendrickson Publishers, 1988.

______. *Pentecostalism: Origins and Developments Worldwide*. Peabody: Hendrickson Publishers, Inc., 1997.

Jackson, Thomas. Ed. *The Works of the Rev. John Wesley A.M.* London: John Mason, 1829.

Kim, Ig Jin. *History and theology of Korean pentecostalism*. Zoetermeer: Uitgeverij Boekencentrum, 2003.

Lee, Young-Hoon. *The Holy Spirit Movement in Korea: Its Doctrinal and Historical Development*. Ph.D. Dissertation, Temple University, 1996.

______. *The Yoido Full Gospel Church and the Pentecostal Movement*. 순신대교수논총10(1997).

______. *The Holy Spirit Movement in Korea: Its Historical and Theological Development*. Oxford: Regnum, 2009.

McClung, L. Grant. Ed., *Azusa Street and Beyond: Pentecostal Missions and Church Growth in the Twenties Century*. South Plainfield: Logos Publishing, 1986.

McGee, Gray B. *This Gospel Shall Be Preached: A History and*

Theology of Assemblies of God Foreign Missions Since 1959. Vol. 2. Springfield: Gospel Publishing House, 1989.

Menzies, William W. *Anointed to Serve*. Springfield: Gospel Publishing House, 1971.

Nichol, John T. *The Pentecostalism*. Plainfield: Logos International, 1966.

Nienkirchen, Charles W. *A. B. Simpson and the Pentecostal Movement: A Study in Continuity, Crisis, and Change*. Peabody: Hendrickson, 1992.

Outler, Albert. *Theology in the Wesleyan Spirit*. Nashville: Tidings, 1975.

Pierson, Arthur T. *Forward Movement of the Last Half Century*. London: Garland Publishing, Inc., 1984.

Poewe, Karla. Ed. *Charismatic Christianity as a Global Culture*. Columbia: The University of South Carolina Press, 1994;

Riggs, Ralph M. *The Spirit Himself*. Springfield: Gospel Publishing House, 1949.

Synan, Vinson. *Aspects of Pentecostal-Charismatic Origins*. Plainfield: Logos International, 1975.

______. *The Holiness-Pentecostal Movement in the United States*. Grand Rapids: Wm. B. Eerdmans Publishing Co., 1989.

______. *In the Latter Days*. Ann Arbor: Servant Publications, 1991.

______. *The Holiness-Pentecostal Tradition*. Grand Rapids: William B. Eerdmans Publishing Co., 1997.

______. Ed.. *The Century of the Holy Spirit: 100 Years of Pentecostal and Charismatic Renewal, 1901-2001*. Nashville: Thomas Nelson, 2001.

Torrey, Reuben A. *Baptism with the Holy Spirit*. New York:

Fleming H. Revell, 1897.
______. *What the Bible Teaches*. Grand Rapids: Fleming H. Revell, 1898.
______. *The Person and Work of the Holy Spirit: As Revealed in the Scriptures and in Personal Experience*. London: James Nisbett, 1910.
______. *The Holy Spirit, Who He is and What He Does*. Westwood: Revell, 1927.
Wagner, Peter. *The Third Wave of the Holy Spirit: Encountering the Power of Signs and Wonders Today*. Ann Arbor: Servant Publications, 1988.
Williams, Ernest S. *Systematic Theology*. Vol. Ⅲ. Springfield: Gospel Publishing House, 1953.

기사

"남미 최대 개신교 부흥 성회." 〈순복음소식〉 1991년 1월 13일자.
"하나님의 성회 통합선언." 〈순복음소식〉 1991년 12월 29일자.
"교단통합감사예배 본교회 대성전에서 성대히 개최." 〈순복음가족〉 1992년 6월 14일자.
"크렘린에 울려 퍼진 복음." 〈순복음가족〉 1992년 6월 21일자.
"조다윗 목사, 과테말라 대통령 초청, 만찬 베풀어." 〈순복음가족〉 1992년 8월 30일자.
"과테말라 세라노 대통령 금요 철야 예배 참석." 〈순복음가족〉 1992년 9월 6일자.
"저출산 문제 해결, 한국교회가 나선다." 〈순복음가족신문〉 2006년 1월 22일자.
"북한, 제대로 알고 복음 전하자." 〈순복음가족신문〉 2006년 2월 26일자.

"순복음 새생명운동본부." 〈순복음가족신문〉 2006년 2월 26일자.
"기하성 순복음성령대축제 연다." 〈순복음가족신문〉 2007년 5월 20일자.
"소외된 이웃 있으면 어디든 간다." 〈순복음가족신문〉 2007년 6월 3일자.
"기하성 제1회 정기실행위 열어." 〈순복음가족신문〉 2007년 6월 24일자.
"청년국 해비타트 동아리 협약식 가져." 〈순복음가족신문〉 2007년 6월 24일자.
"우리는 한 형제 한 교단." 〈순복음가족신문〉 2007년 10월 21일자.
"기독교대한하나님의성회 2008 성총회 및 임시총회 열려." 〈순복음가족신문〉 2008년 10월 12일자.
"여의도(순복음)총회 독자적으로 출범." 〈순복음가족신문〉 2009년 5월 24일자.
"20개 제자교회 독립은 전무후무한 일." 〈순복음가족신문〉 2010년 1월 10일자.
"기하성(여의도순복음) 세계하나님의성회(WAGF) 정식 회원 가입." 〈순복음가족신문〉 2010년 4월 11일자.
"임시총회 헌법개정 '교단개방' 골자로." 〈순복음가족신문〉 2010년 8월 15일자.
"기독교대한하나님의성회 회복 시작되다." 〈순복음가족신문〉 2010년 10월 3일자.
"이영훈 목사 NCCK 신임 회장 취임." 〈순복음가족신문〉 2011년 2월 6일자.
"노숙자들을 가정과 사회로 돌려보내자." 〈순복음가족신문〉 2011년 4월 10일자.
"기하성 제60차 제1회 정기실행위원회 개최." 〈순복음가족신문〉 2011년 7월 3일자.
"이영훈 목사, 동일본 대지진 구호성금전달." 〈순복음가족신문〉 2011년 9월 18일자.
"전국 여교역자회 땅끝마을에 예수님 사랑 전해." 〈순복음가족신문〉 2011년 12월 4일자.
"성령운동 앞장선 기하성 창립 60주년." 〈순복음가족신문〉 2012년 1월

15일자.
"2013년은 기하성 성령역사 60주년 맞는 은혜의 해." 〈순복음가족신문〉 2012년 4월 15일자.
"교단 창립 60주년 앞두고 한자리… '오직 성령'." 〈순복음가족신문〉 2012년 6월 3일자.
"기하성 제61차 제2회 정기실행위원회서 의견 모아." 〈순복음가족신문〉 2012년 8월 26일자.
"총회, 연합운동 입장정리…한교연은 '가입 보류'." 〈순복음가족신문〉 2012년 10월 21일자.
"굿피플, 아이따족의 희망이 되다." 〈순복음가족신문〉 2012년 11월 25일자.
"이영훈 목사, WCC 10차 총회 준비 위한 전진대회 참석." 〈순복음가족신문〉 2013년 1월 20 일자.
"우리 교회와 中 숭일당교회 동시화상예배 드려", 〈순복음가족신문〉 2013년 1월 27일자
"조용기 목사를 기하성 통합총회장으로 추대." 〈순복음가족신문〉 2013년 3월 31일자.
"기하성 60주년 기념 신학심포지엄 개최." 〈순복음가족신문〉 2013년 5월 5일자.
"기하성 60주년 "순복음의 부흥은 성령의 역사." 〈순복음가족신문〉 2013년 5월 26일자.
"기하성순복음 60주년 제2회 체육대회 열려." 〈순복음가족신문〉 2013년 5월 26일자.
"기하성(여의도순복음) 제62차 정기총회 개최." 〈순복음가족신문〉 2013년 5월 26일자.
"단독 인터뷰: 세계 최대 여의도순복음교회 이영훈 담임목사 '가진 자의 사회적 책임 이젠 교회가 아낌없이 내놔야'." 『주간 동아』 890(2013. 6). 30-36.
"성령과 함께한 기하성 60년사." 〈순복음가족신문〉 2013년 6월 23일자,

"30일 WCC 제10차 총회 개막." 〈순복음가족신문〉 2013년 10월 27일자.
" '순복음식 예배' WCC서 빛났다." 〈순복음신문〉 2013년 11월 17일자.
"WCC 부산 총회를 디녀와서." 〈순복음신문〉 2013년 11월 17일자.
"대형교회의 적극적인 나눔은 시대적 요구다." 〈월간 조선〉 405(2013. 12). 344-61.
존 허스톤. "존 허스톤 목사가 본 조용기 목사와 여의도순복음교회 (14)." 〈순복음가족신문〉 2003년 8월 24일자.

"Weird Babel of Tongue." *Los Angeles Times*, Apr. 18. 1906.
"Heart is Torn from Great City." *Los Angeles Times*, Apr. 19. 1906.

총회회의록

『총회의안 및 회의록 제1~26회』. 1953-1977.
『총회의안 및 회의록 제27~33회』. 1978-1984.
『총회의안 및 회의록 제34~37회』. 1985-1988.
『총회의안 및 회의록 제38~39회』. 1989-1990.
『총회의안 및 회의록 제40~41회』. 1991-1992.
『제42차 정기총회 보고서 및 의사자료』. 1993.
『제43차 정기총회 보고서 및 의사자료』. 1994.
『제44차 정기총회 보고서 및 의사자료』. 1995.
『제46차 정기총회 보고서 및 의사자료』. 1997.
『제47차 정기총회 보고서 및 의사자료』. 1998.
『제48차 정기총회 보고서 및 의사자료』. 1999.
『제49차 정기총회 보고서 및 의사자료』. 2000.
『제51차 정기총회 보고서 및 의사자료』. 2002.
『제52차 정기총회 보고서 및 의사자료』. 2003.
『제53차 정기총회 보고서 및 의사자료』. 2004.

『제54차 정기총회 보고서 및 의사자료』. 2005.
『제55차 정기총회 보고서 및 의사자료』. 2006.
『제56차 정기총회 보고서 및 의사자료』. 2007.
『제59차 정기총회 보고서 및 의사자료』. 2010.
『제60차 정기총회 보고서 및 의사자료』. 2011.
『제61차 정기총회 보고서 및 의사자료』. 2012.
『제62차 정기총회 보고서 및 의사자료』. 2013.

인터넷 사이트

"1993년 10대 뉴스." http://imnews.imbc.com/20dbnews/history/1993/index.htm.
"기독교대한하나님의성회 순복음총회신학교 '학교 발자취'." http://순복음총회신학교.com/introduce/int3_2.php. http://순복음총회신학교.com/introduce/int3.php.
"기독교대한하나님의성회(여의도순복음) 총회 연혁." http://www.agk.or.kr/al/al_03.asp.
"기하성여의도, 한기총 행정보류." 〈디지털 성결〉 2012년 8월 30일자(866호). http://www.kehcnews.co.kr/news/articleView.html?idxno=14866.
"순복음가족신문 및 홍보실 연혁." http//yfgc.fgtv.com/y10/05.asp.
"미국 하나님의성회 웹사이트." http://ag.org/top.
"특별법 둘러싸고 충돌, 통합총회 개회 불투명." 〈기독교신문〉 2008년 4월 16일자. http://www.gidoknews.kr/bbs/board.php?bo_table=a03&wr_id=5516&page=381
"특별법으로 인해 교단 통합무산 선언." 〈GODpia 뉴스〉 2008년 8월 6일자. http://news.godpia.com/sub_con.asp?db_idx=32747&division=a001.

"한국교회순교자."
http://www.kcmma.org/board/bbs/board.php?bo_table=bd1&wr_id=229.

Alex Murashko. "Assemblies of God Growing Faster Than U.S. Population." *The Christian Post*.
http://www.christianpost.com/news/assemblies-of-god-surpasses-3-million-followers-in-us-51791.

"Brief History of the Assemblies of God."
http://ag.org/top/about/History/.

"News from the National Council of Churches."
http://www.ncccusa.org/news/100204yearbook2010.html.

"Our 16 Fundamental Truths."
http://ag.org/top/Beliefs/Statement_of_Fundamental_Truths/sft_full.cfm#1.

Statistics of the Assemblies of God(USA).
http://agchurches.org/Sitefiles/Default/RSS/AG.org%20TOP/AG%20Statistical%20Reports/2012/Online%20Stats%202012.pdf.

The Pew Forum 웹사이트.
http://www.pewforum.org/Christian/Global-Christianity-exec.aspx.

연표

1900년대

1900. 10. 찰스 팔함(Charles F. Parham), 미국 캔자스 주 토페카 시에 벧엘성경학교(Bethel Bible College)을 세움.

1901. 1. 1. 벧엘성경학교 학생들이 성령 침례를 구하던 중 아그네스 오즈만(Agnes Ozman)이 처음으로 방언을 말함.

1906. 1. 4. 윌리엄 시무어(W. J. Seymour), 미국 로스앤젤레스 아주사 거리에서 부흥 운동 시작, 이후 3년 이상 지속.

1910년대

1914. 4. 12. 미국 아칸소 주 핫 스프링스에서 하나님의성회 창립

1920년대

1928. 3. 메리 럼시(Marry C. Rumsey) 선교사 내한.

1930년대

1930. 4. 미국 하나님의성회 소속 파슨(Parson) 선교사 내한.

1931. 6. 영국 오순절 교회 소속 메레디드(E. H. Meredith), 베시(L.

Vessey) 선교사 내한.

1933. 4. 럼시 선교사와 허홍을 중심으로 한국 최초 오순절 교회인 서빙고교회 창립.

일본에서 유학한 박성산이 서빙고교회 담임을 맡음.

1933. 5. 배부근, 수창동교회 개척.

1938. 10. 15. 허홍, 박성산, 배부근, 조선 오순절 교회 최초로 목사 안수를 받음.

일제 탄압으로 선교사들 강제 출국.

1940년대

1940. 12. 일제 종교 탄압으로 조선 오순절 교회 해산.

1945. 8. 일본에서 오순절 신앙을 전파하던 곽봉조, 윤성덕 목사 귀국.

1948. 윤성덕 목사, 전남 광주에서 진월교회 개척.

박귀임 전도사, 순천에서 오순절 교회 개척.

김성환 목사, 목포에서 오순절 교회 개척.

1949. 4. 대한오순절교회 재건.

1950년대

1950. 4. 9. 제1회 대한기독교오순절대회 개최(전남 순천).

1950. 9. 박헌근 전도사, 한국 오순절 교회 최초의 순교자가 됨.

1952. 12. 15. 미국 하나님의성회 소속 체스닛(A. B. Chesnut) 선교사, 정식으로 한국에 파송.

1953. 4. 8. 용산 남부교회에서 기독교대한하나님의성회 창립.

초대 총회장 체스닛 선교사 선임.

1953. 5. 순복음신학교 개교(초대 교장 체스닛 선교사).

1955. 3. 22 순복음신학교 제1회 7명 졸업생 배출.
1956. 4. 제2대 총회장 허홍 목사 선임.
1957. 11. 기독교대한하나님의성회와 대한오순절교회 분열.
종교법인 재단 등록.
1958. 5. 18. 조용기, 최자실 전도사 대조동에 천막교회 개척.
1958. 8. 제4대 총회장 존스톤(R. L. Johnston) 선교사 선임(4~5대).
1959. 3. 제6대 총회장 피터슨(H. Petersen) 선교사(6~7대) 선임.
1959. 12. 28. 미국 하나님의성회 아세아 선교부장 켓참(Maynard L. Ketcham) 목사, 한국을 세계복음화운동 지정국으로 선정.

1960년

1961. 4. 제8대 총회장 존 허스톤(J. Hurston) 선교사 선임.
1961. 9. 순복음신학교 대조동 교사로 이전.
부흥사 사무엘 토드(S. J. Todd) 내한, 서대문 네거리에서 40여 일간 대부흥 성회 개최(조용기 전도사 통역).
1962. 2. 18. 순복음부흥회관 준공, 헌당예배.
1962. 3. 제9대 총회장 베델(L. Bedell) 선교사 선임.
1962. 4. 26. 조용기 전도사, 목사 안수 받음.
1962. 5. 13. '순복음중앙부흥회관'에서 '순복음중앙교회'로 명칭 변경.
1963. 5. 제10대 총회장 존 스텟츠(John Stetz) 선교사 선임(10~11대).
1964. 9. 21. 월간 〈순복음〉 정기 발행.
1966. 5. 19. 제12대 총회장 조용기 목사 선임(12~17대).
1967. 2. 5. 월간 〈신앙계〉 창간.
1968. 서울·경기, 충청, 전라, 경상 지방회 분리.
1969. 5. 제18차 정기총회에서 헌법 개정 결의.

1970년대

1970. 5. 제19차 정기총회에서 헌법 개정안 인준 가결.

1972. 10. 대한오순절교회와 15년 만에 통합.

1973. 8. 순복음중앙교회, 여의도 신축 교회로 이전.

1973. 9. 제10차 세계오순절대회(PWC) 개최(순복음중앙교회 및 효창운동장).

1976. 5. 순복음신학대학 설립 기성회 구성.

1977. 12. 군포에 순복음신학교 건물 1동 신축 완공.

1978. 5. 제18대 총회장 박정근 목사 선임(18, 25, 26대).

1979. 5. 제28차 정기총회에서 교단 최초 여 목사 인준.

1980년대

1981. 4. 13. 교단 30주년 기념대회 개최.

1981. 10. 13. 순복음중앙교회 교단 탈퇴 선언.

1981. 12. 서대문 측과 반포 측으로 교단 분열.
학교법인 순복음학원 설립 및 4년제 신학교 인가.

1984. 10. 26. 여 목사 제도 정식 채택.

1985. 1. 순복음신학대학 4년제 대학학력인정교 승인.
예수교대한하나님의성회 교단 출범.

1988. 12. 10. 〈국민일보〉 창간.

1990년대

1990. 11. 28. 순복음신학대학 정규대학 승격.

1991. 12. 교단통합선언대회 및 감사예배(서울 올림픽공원 역도경기장).

1992. 9. 조용기 목사, 세계 하나님의성회 연합회 초대회장으로 선출.

1992. 9. 21. 기독교대한하나님의성회 제1차 성총회.

1993. 4. 기독교대한하나님의성회 40주년 기념대회.

1994. 10. 3. 10·3세계기도대회.
1996. 7. 11. 한국기독교교회협의회(NCCK) 가입.
1996. 11. 교단 수호 측과 통합.
1997. 9. 4. 순신대학교에서 한세대학교로 개명.
1999. 5. 교단 수호 측과 통합 측 통합총회.
1999. 11. 교단 통합에 따른 헌법개정안 통과.

2000년대

2003. 1. 6. 기독교대한하나님의성회 희년 선포식.
2003. 4. 10. 기독교대한하나님의성회 희년 50인 · 50교회 헌정식.
2003. 5. 22. 기독교대한하나님의성회 희년대성회(서울 월드컵경기장) 개최.
2006. 4.25-29. 아주사부흥100주년기념대회.
2006. 10. 20. 한국오순절100주년기도대성회.
2007. 10. 15. 대통합선언대회 개최(여의도순복음교회).
2007. 12. 4. 평양조용기심장전문병원 착공식.
2008. 5. 14. 조용기 목사, 여의도순복음교회 원로목사 추대 예배.
2008. 5. 18. 여의도순복음교회 창립 및 조용기 목사 성역 50주년 기념 대성회.
2008. 5. 20. 대통합행정총회(여의도순복음교회)에서 개정 헌법 공포.
2008. 5. 21. 이영훈 목사, 여의도순복음교회 담임목사 취임 예배.
2009. 5. 19. 기독교대한하나님의성회(여의도순복음) 총회 결성.
헌법 제정 및 공포.
이영훈 목사, 총회장 선임.
2009. 8. 25. 임시총회에서 헌법위원회와 실행위원회 헌법 일부 개정을 가결·공포.

2010년대

2010. 9. 13. 기하성 교단발전과 회복을 위한 특별기도회(여의도순복음교회).

2011. 1. 28. 총회장 이영훈 목사, 한국기독교교회협의회(NCCK) 회장 취임.

2011. 10. 14. 한반도 평화와 교회갱신을 위한 기도대성회(서울 월드컵경기장).

2012. 5. 22. 2013기하성순복음60주년 전진대회(잠실실내체육관).

2012. 10. 15~18 2013기하성순복음60주년 제1회 체육대회 및 전국목회자 컨퍼런스.

2013. 3. 25. 교단통합 및 성령운동60주년 행사를 위한 준비기도회.

2013. 4. 15. 기하성 60주년 기념 신학심포지엄(여의도순복음교회).

2013. 5. 22. 기독교대한하나님의성회 창립 60주년 기념대성회(여의도순복음교회).

2013. 6. 21. 2013기하성순복음60주년 기념 설교집 및 교단60년사 출판 감사예배.

2013. 8. 1. 교단지 〈순복음신문〉 발행.

2013. 8. 20. 기하성 총회 '통합을 위한 기도회' (오산리최자실기념금식기도원).

2013. 11. 4. 세계교회협의회(WCC) 제10차 총회에서 오순절 저녁기도회 주관.

색인

인명

ㄱ

ㄴ

ㄷ

ㄹ

ㅁ

ㅈ

ㅊ

ㅋ

ㅌ

ㅍ

주제

ㅇ

ㅈ

ㅊ

ㅋ

ㅌ

ㅍ

ㅎ

영문표기

성령 운동의

발자취